어떻게 다시 성장할 것인가

어떻게 다시

다시

박광기 지음

저성장을 극복할 대한민국 뉴패러다임

NEW PARADIGM

성장할 것인가

21세기북스

저성장 시대,
무엇을 할 것인가

　지난주 고향에 다녀왔다. 어릴 적 학교를 오가던 산등성이 고갯길을 걸으면 언제나처럼 나의 시계는 40년 전으로 돌아간다. 미래를 꿈꾸던 시골 청년과 50대 중반이 된 내가 오버랩된다. 지금 우리 청년들은 무슨 꿈을 꾸고 있을까?

　나는 베이비붐 세대의 막내로 농경사회, 산업사회, 정보화사회, 오늘의 지식사회까지의 변화를 모두 겪어왔다. 1987년 입사해서 지난 30여 년간 세계 93개국을 방문하고 최빈국부터 최선진국에 이르기까지 20여 년 동안 해외에서 주재원 생활을 했다. 1990년 글로벌 리더 양성을 위한 지역전문가 1기생으로 태국에 파견된 이래 글로벌 시장의 현장에서 변방 약소국의 한국기업이 일류기업으로 성장해나가는 과정을 지켜보았다. 영업, 마케팅, 인사, 관리, 사업운영 등을 두루 경험하면서 방콕 주재 시에는 인도차이나 시장을 최초로 개척했고, 싱가포르에 파견되었을 때는 동남아시아, 서남아시아, 오세아니아의 사업운영을 담당했다. 남아프리카공화국에 베이스를 두고 사하라사막 이남의 아프리카를 관장하는 등 주로 개발도상국에서 현장경영을 해왔다.

　특히 아프리카는 초대 지역장으로 사하라 이남 50개국 중 46개국을 직접 방문하고 21개국에 지사를 설립하는 등 글로벌 기업으로는 최초로 아프리카 대륙 전체에 대한 사업구도를 구축했다. 나는 넬슨 만델라를 포함해 동남아, 아프리카의 지도자들과 인연을 쌓으면서 빈곤으로 고통받는 저개발국의 경제개발 모델에 대해 고민하기 시작했다.

아프리카 저개발 국가들을 비롯하여, 1970년대 초만 해도 우리보다 잘 살았던 동남아 국가 등 세계 70%를 점하는 개발도상국 시장을 개척하면서 나는 이들에게 한국의 압축성장 노하우가 무엇보다 필요하다는 것을 확신하게 되었다. 이때부터 중국이나 선진국과는 차별화된 대한민국만의 해외진출 모델을 연구하게 되었다.

성장기에서 성숙기로, 변곡점에 서 있는 대한민국

베이비부머가 누린 한국식 성장방정식은 이제 끝이 났다. 우리 사회는 산업구조의 위기에 직면해 있으며 국내 저성장 문제는 국내가 아닌 국제사회에서 한국의 역할을 새롭게 정립하는 데 해결책이 있다. 그간 중소기업의 해외진출, 청년 고학력자의 해외취업, 베이비부머 은퇴자의 보유기술 활용 등에 대해 연구하면서 나는 한 가지 결론에 도달했다. 한국이 재도약하기 위해서는 중앙아시아, 동남아, 중남미, 아프리카와 같은 개발도상국의 산업화를 지원하고 도시화에 따른 인프라사업에 적극 진출하는 것이 최적의 윈윈 전략임을 확신하게 되었다. 그것은 압축성장의 경험·기술을 보유한 베이비부머 인력과 새마을운동 콘텐츠를 결합한 한국형 산업단지를 조성하고 개발도상국의 경제개발을 종합적으로 지원하는 사업모델이다. 2015년 초부터 국내의 관계, 정계, 재계, 학계 등 각계각층에 이 구상을 알리기 시작했다. 특히 UN과

아프리카 현지에는 새천년개발목표MDGs, The Millennium Development Goals 에 이은 지속가능발전목표SDG, Sustainable Development Goal 중의 하나로 '아프리카 빈곤퇴치를 위한 생필품 공단 이니셔티브'를 제안하고 있다.

나는 지난 30여 년간의 산업현장 경험을 바탕으로 우리 기업과 한국의 미래 설계에 일조한다는 신념으로 현직을 떠났다. 사업이 어려워지는데 무책임하게 리더가 떠난다는 주변의 비난도 있었다. 하지만 개발도상국 산업단지 프로젝트가 우리 기업의 미래이고, 여기에 대한민국의 미래가 달려 있다고 믿었기 때문이다.

지금 우리 사회는 10여 년간 계속되는 성장정체로 출구를 찾지 못한 채 위기 상황으로 치닫고 있다. 중소기업 경영난 악화, 청년실업, 베이비부머 은퇴자 실업, OECD 국가 중 자살률 1위, 세대 간 갈등, 분배논리 확대 등 성장기에 잉태된 각종 사회문제가 봇물 터지듯 쏟아져 나오고 있다. 실물경제 부문의 지속적인 악화로 고용, 성장, 복지 등 국내 문제는 확대일로에 있고 국제 금융위기 확산으로 대외의존도가 높은 한국 경제의 성장률은 추락하고 있다. 기업들은 위기 극복 대책으로 투자 축소와 고용 감소에 나서고 있고 빈부격차 심화로 사회불안도 가중되고 있다. 국민 생계의 88%를 책임지고 있는 중소기업의 경영난 악화는 곧바로 사회불안 요인으로 직결된다. 50대 이상 장년층의 조기퇴직과 20대 청년실업으로 가정경제의 붕괴까지 우려된다.

가격 면에서는 중국과, 기술 면에서는 선진국들과 경쟁하는 샌드위치 신세를 기존의 산업경쟁력을 더욱 강화하는 차원에서 해결할 수 있을까? 수출증가율이 마이너스로 가고 있으니 내수 진작을 통해 성장을 추진하고 있는데 얼마나 효과가 있을까? 청년실업 해결책으로 청년 창업 지원에 많은 세금이 투입되고 있다. 지원금을 끊는다면 계속될 수 있는 스타트업이 몇이나 될지 심히 우려스럽다. 중소기업 정책은 어떠한가? 정부의 정책자금으로 연명하는 중소기업에 미래가 있는가?

구조적인 개혁이 동반되지 않는 경제정책은 모두 밑 빠진 독에 물 붓기다. "경쟁력은 경쟁에서 나온다, 1등만이 살아남는다"고 믿었던 고도성장기 경쟁 패러다임이 시효를 다한 후 맞이하는 총체적인 한계국면이다. 우리가 경쟁사회에서 상생사회로 진화하기 위해서는 경제뿐만 아니라 사회 전 부문에 걸쳐 뉴패러다임이 필요하다.

제2의 국가부흥기를 마련할 절호의 기회

광복 70년을 맞이하여 국민을 일치단결시킬 대국민 비전 제시가 절실하다. 저성장기는 성장기의 양적 팽창을 질적으로 다지고 내실을 기해 제2의 국가부흥기를 마련할 절호의 기회다. 과거 경제개발 5개년 계획, 새마을운동, 금모으기운동과 같은 범국민적 프로젝트가 필요하다. 한국 경제는 저금리·저성장·노령화로 부채의 덫에 빠져 있다. 해결책은 소득 증대밖에 없다. 소득 증대는 국내가 아닌 해외에서 길을 찾아야 한다. 학계, 정계, 관계 등 사회 곳곳에서 문제점을 인식하고 대안을 제시하고 있다. 그러나 개별적인 대책이나 이미 문제가 터진 사안에 대해 예상되는 문제점을 적시하는 데 그쳐 경제를 살릴 구체적이고 근본적인 대책이 보이지 않는다. 내가 입사하던 1987년은 우리 경제개발 역사상 성장률이 최고점인 12.5%를 찍은 해였고, 내가 퇴임을 결심한 2015년은 2%대 성장률로 떨어져 있었다. 나는 대한민국 글로벌 1등 사업의 대표주자인 TV 영업을 책임지면서, 우리나라 TV 사업이 기존의 경쟁력으로는 성장의 한계점에 이르렀고 새로운 사업모델로 진화하지 못하면 일본의 전자업체 운명을 따를 수밖에 없다는 점을 글로벌 시장 최일선에서 가장 먼저 감지했다. 한국이 1등을 점하고 있는 조선, 철강, 핸드폰 등도 시간문제일 뿐, 같은 전철을 밟을 것이다. 가장 먼저 위기를 감지한 자가 경종을 울려야 할 책임이 있으며, 새로운 대안을 제시해야 할 책임 또한, 고도성장기의 가장 많은 수혜를 입은 베이비부머 세대인 내게 있다는 점도 깨달았다.

이 책은 필자가 변곡점에 서 있는 대한민국의 국가·사회·기업·개인 경영의 딜레마를 관찰하고 글로벌 기업활동으로 얻은 경험을 토대로 그 해결책을 제시한 것이다. 뉴패러다임 1에서는 신샌드위치론과 산업한류 프로젝트를 중심으로 국가경영 뉴패러다임을 제시한다. 산업한류 프로젝트란 한국의 압축성장 경험과 노하우를 가지고 세계로 진출하자는 전략이다. 뉴패러다임 2에서는 우리 사회가 성장기의 경쟁 패러다임에서 상생사회로 진화하기 위해 필요한 '사회적 자본과 융합상생'의 길을 제시하고 있다. 대표적인 사회 이슈들을 예로 들어 미래지향적인 패러다임을 소개한다. 뉴패러다임 3에서는 우리 기업이 진정한 사회적 기업으로, 즉 돈을 버는 기업에서 상생을 도모하여 돈이 벌리는 기업으로 진화하고, 새로운 성장동력을 찾는 데 필요한 기업경영 뉴패러다임을 알아본다. 뉴패러다임 4에서는 가속도로 진화하는 사회 속에서 우리 모두가 시대의 흐름을 타며 적자생존(適者生存)하기 위한 자기경영 뉴패러다임을 사회적응력의 관점에서 찾아본다. 이 책은 우리 사회의 뉴패러다임을 찾아가는 과정이자 내 인생 2막을 여는 시작이다.

2016년 새해를 맞으며
박광기

차례

뉴패러다임 1 N E W P A R A D I G M

국가경영
: 산업한류가 한국의 미래다

사회경영

: 경쟁사회에서 상생사회로

기업경영

: 저성장을 돌파할 힘, 융합경쟁력

자기경영

: 신(新)성공학은 사회연구와 사회지식에 있다

오늘의 시대정신과
뉴패러다임을 찾아서

　우리는 지금 어떤 시대를 살고 있는가? 우리가 살고 있는 이 사회도, 지구촌도 도입기－성장기－성숙기를 반복하며 진화하는 생명주기 곡선sigmoid curve을 그린다. 세계는 18세기 중엽 산업혁명이 시작된 이래 제2차 세계대전 이후 70년간 가파른 경제발전을 이루어왔다. 한국도 최빈국에서 선진국 문턱까지 오는 데 광복 이래 70년이 걸렸다. 제2차 세계대전 종료 이후가 지구촌 산업화가 폭발적으로 이루어지는 특이점(시그모이드 곡선상 도입기에서 고도성장기로 진입하는 기점)에 해당된다면 지난 70년간 고도성장을 이룬 한국은 이제 경제발전 100년을 향해 가기 위한 변곡점(성장기에서 성숙기로 넘어가는 기점)에 서 있다고 할 수 있다. 변곡점에서 새로운 성장동력을 찾지 못하면 쇠퇴해버리고 만다. 선진국이 주도하던 세계경제 또한 고도성장기를 지나 저성장기, 곧 성숙기로 넘어가고 있다. 고도성장기에 가려져 있던 정반(正反)의 모순과 갈등이 극에 달해 합(合)을 찾을 시점이 도래한 것이다. 우주팽창이 가속하듯이 사회도 가속으로 진화하고 있어 과거 10년의 변화가 이제는 100일마다 일어나고 있다 해도 과언이 아니다. 그렇다면 이 시대의 정세를 잘 판단하는 기준은 무엇일까?

우리 사회의 진화방향을 알려주는 시대정신은 무엇인가

지금은 일시적인 경기후퇴를 겪는 비정상적abnormal 상황이 아니라 산업계의 생명주기 곡선을 따라 일어나는 구조적인 변화로, 새로운 정상new normal, 즉 '뉴노멀'이라는 관점 전환이 필요하다. 성숙기는 양적 성장을 토대로 질적 변화를 일으켜 새로운 성장동력을 찾는 시기다. 뉴노멀이란 이렇게 변화된 새로운 질서에 누가 먼저 적응할 것이냐의 문제일 뿐, 누구를 탓할 일이 아니란 것이다. 성장기의 구패러다임에서 성숙기의 뉴패러다임으로 갈아타지 못하면 도태되는 것이 적자생존(the survival of the fittest, 스펜서의 진화사회학 개념)의 자연법칙이다.

우리 사회의 진화 방향을 알려주는 시대정신은 무엇인가? 이 시대의 불확실성을 헤쳐나갈 나침반이 되고 길잡이가 되어줄 새로운 패러다임은 무엇인가? 국가, 사회, 기업, 그리고 나 개인이 시대 흐름을 앞서 나갈 수 있는 뉴패러다임은 무엇인가? 뉴패러다임을 개발하려면 지구촌과 우리 사회의 진화 방향을 먼저 읽어야 한다. 주위를 둘러보자. 답은 자연법칙에 있다. 한 그루의 나무가 성장하고 나면 꽃을 피우고 열매를 맺어 그 과실을 여러 사람에게 제공하듯이 성숙기는 결실을 맺어 사회에 널리 공헌하는 시기다. 개인, 가족, 사회, 국가, 민족주의를 넘어 더 큰 인류공동체로 진화하는 데 기여하는 것이다. 각자 경쟁을 통해 성장시킨 역량을 이제는 서로 융합해 상생하는 지구촌 사회를 여는 것이다. 사람과 사람이, 사물과 사람이 상생을 위해 범지구적으로 링크되는 연결의 시대다. 산업화의 물질적 성장 토대 위에서 인간의 정신적 성장을 중시하는 인본주의 시대가 도래하고 있다. 사람을 알고 사람을 본격적으로 연구할 인문학의 시대이고 모순과 갈등에서 합을 찾아내는 운용과 활용의 시대다.

상생사회를 지향하는 시대정신

오늘날 우리 사회가 지향하는 바는 공동체의 상생이다. 상생사회를 이루는 요소는 융합 패러다임과 사회적 자본이다. 우리 사회는 기계, 돈과 같은 '물적 자본'을 중시하는 초기 산업화 시대로부터 고도성장기에 접어들면서 경쟁을 중심에 두고 학력, 스펙과 같은 개인의 능력을 중시하는 '인적 자본 시대'로 진화해왔다. 지금은 사람과 사람의 관계를 중시하는 성숙기의 '사회적 자본 시대'로 진화하고 있다. 사회적 자본이란 사회 구성원 개개인의 공인정신, 신뢰, 부정부패 근절, 상생적 노사관계, 법질서, 기업윤리 등 공동체의 상생을 위한 요소들이다. 한마디로 국가의 품격과 신뢰지수이며 사회의 성숙도를 나타낸다. 이러한 사회적 자본으로 사회운영 패러다임을 바꿔야 상생사회를 열 수 있다.

공급자와 수요자 간에 서로 상생하도록 연결해주는 플랫폼사업, 기기와 기기를 서로 연결하고 융합을 촉진하는 IoT사업, 방대하고 복잡해 분석하기 어려운 대규모 데이터를 활용해 유의미한 서비스 가치를 생산해내는 빅데이터사업, 하드웨어의 활용도를 결정짓는 소프트웨어사업이 산업계의 화두가 되고 있다. 이뿐만이 아니다. 사람 사이의 소통을 확대하는 SNS사업, 정보저장 창고를 공유하는 클라우드사업, 제품공급에 그치지 않고 제품을 활용한 서비스를 함께 제공하는 솔루션사업이 기술과 특허를 공유하는 개방정책과 맞물리며 시장 전체 참가자의 공생을 위한 생태계 구축 등도 산업계의 화두가 되고 있다. 이들은 경쟁 패러다임이 지배하던 성장기의 우리 사회를 성숙기의 상생사회로 진화시키는 동력으로 작용하는 비즈니스 모델들이다. 상생·융합, 연결·공유, 운용·활용의 가치들은 상생사회를 지향하는 시대정신이다.

자연이 진화하듯이 우리 사회도 진화하고 있다. 우리 경제는 압축성장을 통해 급성장해왔지만 우리의 의식은 아직도 성장기에 머물러 있지는 않는지, 우리의 산업 인프라는 선진국 수준인데 우리 사회의 성숙도를 나타내는 사회적 자본은 아직 후진국에 머물러 있지는 않는지 돌아볼 때다. 우리 사회가 겪고 있는 모든 갈등의 근본 원인은 결국 물질적 경제성장을 따라가지 못하는 우리의 의식 수준에 있다. 경제는 성숙기에 접어든 지 오래인데 우리의 의식은 아직도 성장기 패러다임에 매여 있어 성숙기의 경제를 이끌 수 없고 새로운 성장동력을 찾지 못하고 있는 것이다.

지금 지구촌은 그 어느 때보다도 빠른 속도로 공동체로 진화하고 있다. 전 세계 인구 수십 억이 글로벌 경제로 통합되고 있다. 얼마 전에는 세계 GDP의 40%를 점하는 12개국이 TPP(Trans-Pacific Partnership, 환태평양경제동반자협정)로 하나가 되었다.

고도성장기에 우리 사회를 지탱해오던 질서와 개념들이 송두리째 흔들리고 있다. 전통 제조업은 물론 금융, 의료, 교육 등 사회 전반에 걸쳐 기존 산업들이 ICT 기술과 접목 융합되어 새롭게 진화하고 있다. 시대정신이 산업진화의 동력으로, 사업이념의 진화로 작용하고 있는 것이다. 시대정신을 반영한 신사업들이다. 모름지기 시대정신을 앞서가면 성장하고, 역행하면 낙오되고 도태된다. 순천자흥 역천자망(順天者興 逆天者亡)이다. 적자생존은 결국 시대정신에 적응하는 국가, 사회, 기업, 개인의 몫이다.

오늘날은 과학기술의 빠른 발전으로 더 이상 혼자 하는 연구가 쉽지 않다. 노벨화학상 수상자인 아론 치에하노베르Aaron Ciechanover 이스라엘 테크니온 공대 교수는 "천재과학자 1명이 1만 명을 먹여 살리던 시대는 끝났다. 집단연구로 돌파해야 한다"고 했다. 각자 저마다의 소질

로 성장하고 나면 이제는 서로의 역량을 융합해야 새로운 가치를 만들
수 있다는 뜻이다.

양적 팽창에서 질적 변화로, 패러다임 전환의 시기

　사회가 성장기에서 성숙기로 넘어가면 열매를 맺는 결실, 곧 성공을
이루어야 할 때다. 성공은 바른 이념을 먼저 세우고 성장기를 통해 쌓
아온 역량과 자산을 잘 활용하고 운용하는 데 달려 있다. 이를 위해서
는 혼자가 아니라 상대방과 연결하고 융합해서 서로 상생하는 길을 찾
아야 한다. 세상 만물은 진화하는 것이니 모순도 답을 찾아가는 과정,
발전해가는 과정이다. 상처가 아물기 위해 곪는 과정일 뿐으로, 과거
는 현재의 토대이지 부정의 대상이 아니다. 성장기의 모순과 문제점들
이 성숙기 진화의 재료가 된다는 뜻이다. 성숙기는 양적 성장이 극에
달해 물리적 변화를 일으키고 새로운 성장동력으로 질적 성장을 이루
어내야 하는 시기다. 새로운 성장 곡선을 그리는 시기인 것이다.

　지금 우리 기업, 우리 사회가 처한 상황은 산업화 노력의 정상자리에
오른 궁극(窮極)의 상태다. 궁(窮)의 상태는 현실에 안주하려는 관성이
제일 강하게 작용하고 나아갈 방향을 잃게 될 수도 있는 가장 위험한
시기이기도 하다. 지금은 기존 방식의 변화가 아닌 차원과 궤도를 달리
하는 발상의 전환, 즉, 한계를 뛰어넘는 '패러다임 시프트paradigm shift'
가 필요한 때다. 드라마, 음악에서 시작한 한류는 이제 엔터테인먼트
이외의 산업으로 확대된 한류 2.0으로 거듭나고 있다. 경제사회 분야에
서도 우리의 압축성장 경험을 핵심역량으로 하여 개발도상국에 산업한
류를 일으키자. 이제는 과거 국제사회로부터 우리가 받은 원조를 환원

하고 진정한 선진국으로 도약하는 제2의 국가 부흥기를 맞이할 때다. 나는 50여 년 전 보릿고개를 겪던 농경사회의 빈곤과 오늘날 지식사회의 풍요에 이르기까지 우리나라의 경제성장 한복판에 있었다. 이 책을 통해 고도성장기의 주역인 베이비부머의 시각으로 우리가 새롭게 적응해가야 할 시대정신과 이를 선도하는 뉴패러다임을 제시하고자 한다.

우리 사회는 지금 무엇을 바라보며 뛰고 있는가? 문제의 진단만 무성하지 구체적인 대안이 보이질 않는다. 무엇을 할 것인가, 어디로 갈 것인가? 우리나라는 가장 최근에 산업화와 도시화를 이루었기 때문에 선진국도 가지고 있지 못한 경험과 노하우, 인적자원을 가지고 있다. 대기업과 중소기업이 힘을 모아 '대한민국 주식회사'의 이름으로 개발도상국으로 진출하자. 개도국에 한국형 산업단지를 구축해 그들의 경제 성장을 지원하고 성장 잠재력이 가장 큰 개도국의 인프라 시장으로 진출하자!

뉴패러다임

1

국가
경영

산업한류가 한국의 미래다

산업한류로
저성장 산업구조를
혁신하자

내가 군대를 제대한 때는 1980년대 후반이다. 제대를 1개월여 앞두고 부대로 배달된 입사 지원서를 일곱 군데나 썼던 기억이 난다. 지방대 출신이라는 점을 의식해서 남보다 더 많은 회사에 응모했다. 당시 ROTC 장교 출신은 회사에서 우선적으로 뽑아주는 추세이기도 했다. 군대 동료들이 대부분 4~5군데 합격을 해놓고 서로 어느 회사가 좋은지 갑론을박했던 기억이 난다. 당시 똑똑하지만 가난한 학생들은 장학생으로 공고를 갔는데, 이들 또한 여러 회사가 서로 데려가려고 경쟁을 하던 때였다. 우리 세대는 선배세대가 1970년대에 경공업에서 중화학공업으로 산업구조를 바꿔놓은 덕을 톡톡히 본 것이다.

내가 주재원으로 발령을 받고 태국에 도착한 때는 1991년 3월이었다. 3월인데도 우리나라 한여름 같은 무더운 날씨 속에서 나는 주재원 근무를 시작했다. 우리 제품을 OEM(주문자 상표 부착 생산판매) 브랜드로 팔던 그 시절부터 지난 30여 년간 우리 경제는 그야말로 눈부신 성장을 했다. 나는 세계 산업화의 훈풍을 등에 업고 가격 대비 성능을 경쟁력으로 한 한국 제품들이 선진국 소비자들로부터 인정받고 시장을 장악해나가는 과정을 현지에서 지켜보았다. 한편 개발도상국 지도자들이 아시아의 네 마리 용으로 부상한 한국을 선망의 대상으로 부러워하는 것도 보아왔다. 그러면서 우리가 압축성장을 통해 쌓아온 역량과 자산이 무엇인지, 개발도상국에 필요한 것이 무엇인지를 객관적으로 보게 되었다.

변곡점을 지나고 있는 한국 경제

지난 30년간 고도성장을 구가하던 대한민국 경제는 10여 년 이상 정체되고 있다. 한국의 산업구조는 1960년대 경공업, 70년대 중공업, 80년대 후반 첨단기술 제조산업으로 변천해왔다. 한국 경제를 선진국에 진입시킨 원동력은 섬유·가발·신발 수출 등 경공업 위주의 산업을 1970년대에 정부 주도로 자동차·조선·기계·제철·비철금속·전자·석유화학 등 중화학공업으로 전환시킨 산업구조에 있다. 70년대 산업구조 혁신으로 대한민국은 개발도상국, 중진국을 거쳐 선진국으로 진입하는 토대를 마련했다.

우리나라의 잠재성장률을 시기별로 보면, 1953~1961년 5%대(극빈국 시대), 1970~1979년 10%대(개발도상국 시대), 1980~1988년 9%대(중진국 시대), 1989~1997년(OECD 가입, 선진국 진입) 7%대, 1998~2007년 4%대, 2008~2015년 3%대로 IMF 이후 4% 이하로 떨어진 후 지속적으로 하락하고 있다.

그나마 한국 경제의 희망이었던 중국 시장도 밝지 않다. 한국의 중국 수출 비중은 26%, 특히 중간재인 소재 및 부품 수출의 35%를 중국에 의존하고 있다. 중국이 산업구조를 세계의 공장, 수출 주도에서 내수 중심으로 전환하면서 중국의 위탁가공무역에 의존하던 우리 수출이 큰 타격을 입고 있다. 중국 내수도 향후 6년 내 5%대까지 성장률이 떨어질 수 있다는 전망이다. 중국 시장만 바라볼 수 없는 이유다. 중국 정부의 가전 하향정책(소비보조금 정책)으로 도시 가구의 TV 보유율은 100%, 냉장고, 세탁기 등도 90%로 이미 가전제품은 포화상태다. 중국 가전시장의 로컬브랜드 비중은 오래전에 60%를 넘어섰고 가전생산에 들어가는 부품도 중국산 비중이 2009년에 이미 90%를 넘었다. 철강, 석유화학 산업자급률도 70%를 넘어섰다.

한국 경제가 직면한 도전은 두 가지로 요약할 수 있다. 우리나라 수출을 리드하던 대기업의 주력산업인 자동차·조선·반도체·전자 등 대부분이 글로벌 시장에서 수요 정체기를 맞고 있다. '제조 경쟁우위 + 선진국 시장 중심'으로 성장해오던 우리의 산업구조 모델이 시효를 다한 것이다. 한편 우리 중소기업은 매출의 87%를 내수에 의존하고 있다. 내수시장은 정체기에 접어든 지 오래다. 한국 경제가 10여 년 이상 정체를 겪고 있는 근본 원인이다. 앞서 언급했던 잠재성장률 추세를 보면 수년 내에 마이너스 성장률로 떨어질 수도 있다. 선진국 진입 문턱에서 한국 경제 엔진은 꺼져버릴 것인가?

성장이 정체되어 실업자가 늘고 먹고사는 문제가 힘겨워지면 사회적 긴장과 갈등은 커진다. 정치적 포퓰리즘이 더욱 기승을 부리고 대립으로 치닫는 사회환경이 조성된다. 지금 정부는 부동산시장 활성화, 기업 사내유보금의 가계소득화 유도, 확장적인 재정정책으로 내수를 살려보려 애를 쓰고 있다. 이미 성장기를 지난 내수를 진작하기 위해 단기적이고 인위적인 경기부양에 매달리다가 중장기적인 산업구조를 혁신할 시기를 놓치지 않을까 우려된다. 현재의 문제가 엊그제 생긴 게 아닌 구조적 문제이니 어렵더라도 장기적 안목으로 산업구조를 바꿔가려는 의지가 필요하다. 중소기업 적합업종 제도나 규제혁신만으로 성장을 가져오리라 믿고 있는가? 경쟁사회의 부작용인 과당경쟁이 이미 우리 사회의 기업생태계를 황폐화시키고 있다. 정권은 계속 바뀌는데 근본적인 산업구조에는 손을 대지 못하고 변죽만 울린다면 광복 70년의 영광은 있되 미래 30년의 희망은 없다.

개도국 인프라시장이 새로운 성장엔진

모든 산업은 발아기 – 성장기 – 성숙기 – 쇠퇴기를 거치며 새롭게 태어나고 사라진다. 산업구조 혁신은 '산업과 시장의 수요성장 곡선'에 선제적으로 대응해 그 구조를 변화시키는 것이다. 우리 기업이 살아남는 길은 보유업종의 시장수요가 아직도 성장기에 있는 시장을 찾아 해외로 나가든지, 시장수요가 정체기에 빠진 업종을 버리고 새롭게 성장하고 있는 산업으로 전환하거나 신기술 개발로 기존 산업에 대한 수요를 새로 창출하든지, 두 가지 길밖에는 없다.

한국을 재도약시키기 위한 산업구조 재편 방향은 성장엔진 전환이다. 한 국가의 성장엔진은 결국 국제사회에서 해당 국가의 역할 변화에 있다. 먼저 우리의 주력 시장을 선진국에서 지구촌 70%를 점하는 150여 개의 개발도상국(극빈국, 중진국을 포함하여 통칭함)으로 바꿔야 한다. 우리에게 3만 달러 GDP를 가져다준 제조 경쟁우위 산업은 대부분 선진국을 위시해 글로벌 시장수요가 정체기에 접어들었다. 그러므로 앞으로는 개발도상국 중심으로 급성장하고 있는 산업 인프라soc 및 교육, 복지 등 사회 인프라사업을 주력 성장엔진으로 삼아야 한다. 한국이 현재 1등을 하고 있는 스마트폰 세계시장 규모는 약 3,000억 달러, TV는 1,000억 달러가 조금 안 되는 규모다. 이에 비해 세계 최빈국 지역인 사하라사막 이남 아프리카의 SOC시장만 해도 3,000억 달러가 넘는다. 맥킨지 보고서에 의하면 2013~2030년까지 세계 인프라시장은 57조 달러에 이르고 아시아 인프라시장만 해도 2020년까지 8조 달러에 달할 것이라고 전망한다. 작금의 세계 경기와 무관하게 인프라시장은 무궁무진한 것이다.

개발도상국의 경제개발이 진행되면서 SOC시장이 급팽창하고 있다. SOC시장은 한 나라의 경제발전 단계에 따라 맞춤형 수요에 대응하는 역량이 중요하기 때문에 1960년대 최빈국, 70년대 개발도상국, 80년대 중진국 등 압축성장을 경험한 대한민국이 가장 잘할 수 있는 사업이다. 개발도상국 SOC사업은 대한민국에 3만 달러의 GDP를 가져다준 제조 경쟁우위 중심의 산업구조를 뛰어넘어 5만 달러, 7만 달러의 진정한 선진국으로 도약시키기 위한 성장엔진 산업이 될 수 있다.

SOC사업은 여러 개의 기업이 컨소시엄을 형성해 진출하는 게 통상적인 관행이다. 그만큼 복합적인 기술을 요하는 사업이다. 문어발로 비난받던 대기업의 관계사, 협력사, 그리고 중소기업의 다양한 사업 포트폴리오가 서로 융합되면 가장 잘할 수 있는 사업이다. 우리에게는 새마을운동과 같은 농촌개발 노하우도 있다. 이를 콘텐츠화하여 개발도상국에 전수하는, 교육 컨설팅을 중심에 둔 SOC사업이 바로 우리의 신성장엔진이다. 인프라 사업과 연계하여 국내 1,000여 개 이상의 공단운영 경험, 도시개발, 공공정책, 환경관리 등 한국은 개발도상국의 교육 허브로도 거듭날 수 있다. 얼마 전에 교육부가 유학생 20만 명 유치계획을 발표했다. 150여 개 개발도상국의 우수 학생과 공무원을 대상으로 100만 명의 유학생을 유치하는 '대한민국 개발도상국 하버드화 프로젝트'를 추진할 수 있다. 2015년 2월 현재 미국의 유학생은 113만 명 규모다. 세계 우수인재의 교육 허브가 되고 있는 미국처럼 우리나라에서 '압축성장 노하우'를 전공한 개발도상국의 우수 학생들은 귀국 후 각국의 SOC 건설을 주관하는 국가 리더로 성장할 것이다.

국내생산 – 해외수출 구조를 현지생산 – 현지판매 구조로 전환

한편 성장이 정체된 내수시장에 의존하는 중소기업은 과잉 생산시설로 인한 출혈경쟁에 시달리고 있다. 상생모델을 찾지 못하면 모두가 공멸할 수 있다는 위기감이 고조되고 있다. 경쟁력 회복을 소리 높여 외치지만 백약이 무효하다. 우리의 경쟁력을 탓하기 앞서 우리 중소기업의 업종이 포지셔닝한 시장을 보면 나오는 답은 냉정하다. 업종을 바꾸어 새로운 성장곡선을 그리는 시장에 합류하든지, 아직도 우리가 보유한 업종이 성장하고 있는 시장을 찾아 경제영토를 확대하는 길밖에 없다.

우리나라의 중소기업 업종 대부분이 저개발국, 개발도상국, 중진국에서는 아직 성장 중에 있다. 3D 업종에서 일하겠다는 국내 인력이 없어 방글라데시, 필리핀 출신의 이주노동자를 쓸 게 아니라 그 업종의 기술과 제품을 필요로 하는 국가로 나가 현지에서 생산하고 판매하는 것이 답이다. 즉 위탁가공무역을 중심으로 한 국내생산 - 해외 수출 구조를 현지생산 - 현지판매 구조로 전환해야 한다.

일부에서는 인구구조 변화(2018년 인구절벽 전망)에 대응하고 잠재성 장률을 높이기 위해 이민정책을 대안으로 내세우고 있다. 외국인 근로자 수입이 급격하게 늘어나고 있다. 2006년 외국인 주민수가 54만 명에서 2015년은 174만 명으로 10년 사이에 3배나 증가했다. 이 중 중국인이 100만 명이다. 대부분 내국인이 기피하는 중소기업 업종에 종사하고 있다. 얼마 전 조선족에 의한 끔찍한 살인 사건이 전파를 탔다. 오늘날 한국은 질적으로 고도화된 사회다. 상대적으로 교육 수준이 낮고 단순노동에 종사하는 이주자들이 과연 한국 사회에 잘 적응할지는 의문이다. 이들이 불러올 사회불안 잠재 요인을 아직 우리 사회는 진지하게 연구해본 적이 없다.

우리 중소기업은 개발도상국이 필요로 하는 모든 기술을 가지고 있다. 개발도상국 시장에서 판로를 열면 정부의 정책자금으로 연명하며 현상유지에만 급급한 중소기업이 고부가 제품으로 옮겨갈 수 있는 기반이 조성될 것이다. 국내 과잉 생산시설 중 30% 정도만 해외로 나가도 경쟁구도는 정상화되고 숨통이 트일 것이다.

중소기업이 독자적으로 해외로 나가 성공한 예는 많지 않다. 중소기업 해외시장 진출은 자금력, 브랜드력 모든 면에서 리스크가 높다. 우리 중소기업들이 정체된 내수시장을 두고 과당경쟁을 하면서도 해외로 나가지 못하는 이유다. 중소기업은 여러 업종이 모여 그룹으로 나가야 한다. 누가 중소기업이 해외로 나가도록 시스템을 만들어줄 것인가? 글로벌 브랜드를 키워온 대기업이 앞장서서 산업단지 형태로 중소기업과 동반진출하는 것이다. 이를 위해서는 우리 사회가 먼저 성장기의 경쟁 패러다임에서 성숙기의 융합상생 패러다임으로 거듭나야 한다. 민·관이 협업하고 대·중소기업이 힘을 합치며 중소기업들이 그룹으로 모여 사업과 기술의 포트폴리오 경쟁력을 배가할 수 있어야 한다.

개발도상국의 '산업화·도시화'를 지원하는 산업한류

국가를 상대로 하는 인프라사업은 현지 정부와 국민의 신용을 얻는 것이 선결 과제다. 중소기업을 해외에 대규모로 진출시키려면 경쟁국과 차별화되는 국제적인 명분도 있어야 한다. 기업만으로는 쉽지 않다. 민과 관이 힘을 합쳐 '대한민국 주식회사'처럼 움직여야 한다. 대규모 인프라사업인 원자력 발전소 건설, 고속철 건설 수주는 정부가 적극적으로 지원하지 않으면 불가능하다. 중국과 일본은 엄청난 자금력으로 수주 확보전을 벌이고 있는데 우리의 경쟁력은 무엇인가? 자금지원에서 중국보다 앞서 있는가, 기술에서 일본을 위시한 선진국에 앞서 있는가? 현지 정부의 신용을 확보하려면 현지에서 가장 필요로 하는 사업을 먼저 펼쳐야 한다. 대한민국이 진출하면 그 나라는 가난에서 벗어날 수 있다는 신화를 쓰는 산업한류를 일으키자.

마중물 투자 격으로 사하라 이남 저개발국부터 2~3개 '생필품 한국형 산업단지'를 시범적으로 조성한다. 생필품 중심의 경공업형 산업단지는 중화학 중심의 기술집약형 단지, IT전자 첨단제조 단지, 스마트 도시개발사업, 국가 경제개발 컨설팅사업으로 단계적으로 발전시킨다. 사하라 이남 아프리카에 우선 진출하고 중앙아시아, 남미, 동남아, 중동, 중국 등으로 시장을 확대해나간다.

개발도상국의 '산업화 · 도시화'로의 경제개발을 지원해줌으로써 우리도 같이 성장할 수 있는 기회를 얻는다. 산업단지가 만들어지면 도시화로 이어지고 인구가 점증하는 대도시는 인프라 업그레이드 수요가 급팽창한다. 발전송전 · ICT · 수자원 · 도로 · 항만 · 공항 · 도시계획 등 국가 발전계획에 따라 인프라사업을 전개한다. 개발도상국이 보유한 자원은 공단의 원부자재 개발과 연계시켜 개발하고 현지의 인프라사업 재원으로도 활용한다. 생필품 단지로 기아를 퇴치하고 현지 정부와 국민으로부터 신용을 쌓으면 현지의 자원개발권은 우리 기업에 우선권이 주어질 것이다. 3D업종과 중화학공업은 해외로 이전하고 국내는 첨단산업 중심 구조로 재편시키는 토대가 마련된다. 베이비부머 은퇴 기술인력이 중소기업과 함께 해외로 나갈 수 있는 길이 열리고 대졸청년들은 공단의 관리자로 진출해 개발도상국에서 성장할 기회를 찾게 된다.

현재는 한국인 외국 거주 인구가 15%, 700만 명이지만 해외공단이 활성화되면 우리 국민의 해외진출이 급격히 늘어난다. 좁은 국토, 과당경쟁으로 인한 실업, 부동산, 교통 등 사회문제는 새로운 해결책을 찾을 수 있다. 남북분단이 우리의 자의가 아니라 강대국의 이해관계에 의해서 일어난 일이듯, 통일도 국제사회의 신용이 전제되어야 그 분위기가 무르익을 것이다. 세계가 해결하지 못한 기아문제를 대한민국이 해결한다면, 개발도상국으로부터 그들의 경제발전을 지원하는 진정한 파트너로 신용을 확보한다면, 대한민국의 국격은 국제사회에서 빛날 것이다. 남북한의 평화공단으로 조성된 개성공단이 10여 년이 지난 지금, 그동안 개성공단에서 훈련된 북한기술인력을 포함시켜 남북한이 공동으로 개발도상국에 진출한다면 개성공단을 시발점으로 남북한 신뢰구축은 물론 국제사회에 갖는 그 의의는 더욱 클 것이다. 독일 통일도 주변국이 다리를 놓았듯 남북통일도 국제사회 신용확보가 선결 과제다. 광복 70년, 미래 30년을 여는 산업구조 혁신은 산업한류에 있다.

대한민국 재도약,
개발도상국으로 나가자

나는 유난히도 오지 시장, 저개발 시장과 인연이 많았다. 회사 내에서 신흥시장 개척전문가로 불리던 이유다. 1990년 지역전문가로 파견되었을 때부터 주로 개발도상국 시장을 담당하면서 그들이 발전해가는 과정을 지켜보았다. 2010년에는 아프리카 초대 지역장으로 부임하게 되었다. 유통 자체가 조직화되어 있지 않은 아프리카 대부분 시장은 글자 그대로 불모지대이고 처녀지였다. 시장에 대한 통계자료가 부족한 사하라 이남 시장 여건을 눈으로 직접 확인하고자 2010년 1년 동안 46개국을 방문하는 진기록을 세우기도 했다. 그들 국가들의 정부지도자, 기업인, 사회지도층 인사들을 만나면서 저개발국, 개발도상국, 중진국이 무엇을 필요로 하는지, 그들이 필요로 하는 것을 가지고 있는 나라가 어디인지를 직접 듣고 보았다.

그들은 한목소리로 가장 최근에 눈부신 산업화 발전을 이룩한 한국이 그들을 지원할 수 있는 최적의 국가라고 말했다. 한국 밖에서 한국의 개도국 업그레이드 능력을 재발견한 것이다.

오늘날 대한민국의 국가비전은 무엇인가

6·25전쟁으로 폐허가 되고 당시 아프리카보다도 못한 세계 최빈 국(1964년 1인당 GDP 68달러)이었던 대한민국이 산업화를 시작한 지도 50년이 지났다. 지금 우리는 원가 경쟁우위의 중국과 엔화약세로 경쟁력을 회복하고 있는 기술 우위의 일본 사이에 끼여 숨 막히는 샌드위치 신세가 되어가고 있다. 한국은 OECD국가 중 두 번째로 일을 많이 하는 나라다. 세계 경기가 불황이니 우리도 같이 정체되는 것이라고만 치부할 것인가? 우리 사회가 정체하는 근본 원인은 어디에 있는가?

소상공인은 왜 정체하는가? 대기업의 골목상권 침해를 탓하고 있다. 중소기업은 왜 정체하는가? 대기업의 납품단가 쥐어짜기 횡포를 탓하고 있다. 대기업은 왜 정체하는가? 정부규제를 탓하고 있다. 한국은 왜 정체하는가? 정치지도자와 사회를 탓하고 있다. 개인은 왜 더 어려워지는가? 가진 자를 탓하고 있다. 우리 사회는 언제부터인가 남 탓하는 사회로 변질되었다. 적자생존의 자연법칙은 우리에게 변화되는 환경에 민첩하게 적응할 것을 요구하고 있다. 환경을 탓하기만 하면 환경에 적응할 기회를 놓치는 결과를 가져온다. 고도성장기에는 남을 탓할 시간이 없었다. 각자 앞만 보고 달려왔다. 그러나 경제가 무한정으로 성장할 수만은 없다. 경제가 고도성장기를 지나 저성장의 성숙 단계에 이르면 성장기에 가려져 있던 사회문제들이 봇물처럼 터져 나오기 마련이다.

인간은 미래에 대한 희망, 비전으로 산다. 한 시대의 사회를 움직이는 동력은 사회 일원이 공유하는 가치관과 비전에 달려 있다. 우리는 전쟁의 폐허 속에서 우선 내 가족을 챙겨야 한다는, 잘 먹고 잘살기 위한 생계형 비전으로 빈곤을 벗어났다. 새마을운동의 '잘살아보세'가 1960~70년대 우리 의식을 지배하는 공동체 이념이었다. 빈곤을 벗어나 의식주가 해결된 80년대에 들어 우리 사회는 성장비전을 내세웠다. '제일이 되자, 1등이 되자, 일류가 되자, 글로벌 기업이 되자'는 성장이념은 경쟁을 독려하는 비전이었다.

우리 경제가 성장기를 지나 성숙기에 접어든 지 10년 이상이 지나가고 있다. 성장기는 서로가 경쟁을 통해 성장하고 역량을 쌓는 시기다. 성장기의 동력은 경쟁이다. 우리는 이제 '고도성장기의 구패러다임'에서 벗어나 '저성장의 성숙기에 맞는 뉴패러다임'을 열어야 한다. 지금 우리 기업의 제품과 기술 경쟁이 새로운 패러다임을 찾지 못하면 출혈경쟁으로 변질되고 우리 사회의 공멸을 자초할 것이다.

한국의 압축성장은 미완성 작품

성장기는 성숙기의 성공시대를 열기 위한 힘을 갖추는 과정에 불과하다. 여기서 성공이란 각자가 성장시켜온 기술과 역량으로 차별화된 역할을 개발해 소비자의 삶을, 공동체인 사회를 업그레이드하는 데 기여할 때 얻어지는 존경, 인정, 자아실현, 보람을 의미한다. 이렇게 될 때 성공의 경제적 보상인 매출성장과 이익은 자연히 따라온다. 일례로 페이스북이나 알리바바 같은 플랫폼기업이 아무것도 직접 생산해서 팔지 않고도 엄청난 부를 축적할 수 있는 비결은 바로 사람 사이를 소통시키고 중소기업의 판로를 열어주는 데 도움을 주었기 때문이다. 돈을 벌려고 하지 않아도 돈이 벌리는 구조가 자동으로 만들어지는 것이다. 나무가 성장해 꽃을 피우고 열매를 맺듯이 여러 사람에게 열매의 혜택을 제공하지 못하는 성장은 의미가 없다. 사회와 기업과 개인의 수명주기도 나무 한 그루가 겪는 그것과 다르지 않다. 한 국가의 성장도 이와 다르지 않다.

대한민국의 압축성장은 아직 성공하지 못한 미완성이다. 진정한 선진국으로 도약하지 못하고 2만 달러대에 갇혀 있다. 이러다가 자칫 우리도 일본이 밟은 '잃어버린 20년'을 되풀이할 수 있다. 저성장의 늪에서 헤처나오지 못하고 성장정체로 인한 온갖 사회갈등을 해결하지 못한다면 한국을 따라오는 지구촌 개발도상국들에는 압축성장의 롤모델이자 희망이 사라지게 되는 것이다. 우리의 실패가 우리만의 실패가 아닌 셈이다.

한 나라의 경제 수준과 삶의 질은 국민의 의식 수준과 비례한다. 우리의 의식 수준은 우리 사회를 지배하는 사고의 패러다임에 의해 결정된다. 진정한 선진국으로 도약하려면 우리 국민의 의식 수준이 먼저 선진화되어야 한다. 의식의 선진화는 우리 사회 각계각층에서 미래를 여는 뉴패러다임이 나올 때만 가능하다.

뉴패러다임을 찾지 못하면 우리 사회는 지금의 정체를 벗어날 수 없다. 성장기의 경쟁에 매몰되어 우리는 "어떻게 살겠다"라는 국가·사회·기업·개인의 비전과 가치관을 상실해버렸다. 지금 우리가 겪는 정체의 근본 원인은 담대한 비전을 재정립하지 못하고 그것을 실천할 시기를 놓치고 있는 데 있다.

개발도상국과 선진국 사이의 '기회의 신샌드위치론'

우리 경제의 위기를 샌드위치론으로 설명하는 말을 자주 듣는다. 선진국 경쟁자로 대표되는 일본과 개발도상국 경쟁자로 대표되는 중국에 끼여 있는 신세다. 그러나 다른 시각으로 보면 우리는 지구촌 30%의 선진국과 70%를 점하는 개발도상국의 경계에 위치한 샌드위치이기도 하다. 우리가 국제사회에서 놓여 있는 샌드위치 위상을 활용할 수 있는 역할을 찾는다면 이는 우리만의 차별화된 성장동력이 될 수 있다. 개발도상국과 선진국의 가교 역할을 할 수 있는 유일한 국가가 대한민국이 아닌가. 기존의 중국과 일본 사이의 '위기의 샌드위치론'이 아닌, 개발도상국과 선진국 사이의 '기회의 신샌드위치론'으로 우리의 위상을 재정립해야 한다.

한국의 성장엔진을 재점화시킬 돌파구는 어디인가? 대한민국이 10년 이상의 성장정체를 딛고 다시 성장하는 기회는 개발도상국에 있다. 시장이 포화된 국내에는 답이 없다. 답은 선진국이 아닌 150여 개의 신흥국 시장이다. 대한민국이 지금까지 성장하는 동안 주력 시장은 선진국이었다. 선진국 소비자들로부터 가격 대비 성능이 높은 제품을 공급하는 역할을 인정받은 것이다. 하지만 이제 우리의 역할은 세계의 공장인 중국에게로 넘어갔다. 국제사회에서 대한민국의 역할이 바뀌어야 한다는 뜻이다. 가장 단기간에 피원조국에서 원조국으로 발전한 우리의 개발 경험을 활용하자. 한국의 기술과 인재를 필요로 하는 개발도상국의 경제개발을 지원한다면 중장기적으로 개도국의 경제성장과 함께 성장할 수 있는 길이 다시 열린다.

대한민국이 차별화되게 개발도상국으로 진출하는 길은 무엇인가

중국, 일본 등 열강들도 개발도상국 선점을 위해 경쟁하고 있다. 우리만의 독특한 경쟁력과 명분이 있어야 한다. 해외진출에도 뉴패러다임이 필요하다. 개발도상국과 우리가 윈윈할 수 있는 상생 솔루션을 구축할 때 강대국들과의 경쟁을 피하고 현지로부터 환영받는다.

개발도상국이 필요로 하는 것은 무엇인가? 그들의 경제개발 단계에 맞는 기술이고 우리가 앞서 경험한 압축성장의 노하우다. 개발도상국과 경쟁하지 말고 우리 기술을 아낌없이 전수하고 그들의 경제개발을 진심으로 도울 때 우리도 같이 성장할 수 있다. 우리 사회가 경쟁에서 벗어나 서로가 보유하고 있는 역량들을 모아 힘을 합칠 때 개발도상국에 대한 우리의 지원역량은 배가된다.

대기업의 브랜드력과 중소기업의 다양한 업종이 융합하고, 베이비부머 기술과 국제감각을 갖춘 청년들이 융합하고, 민과 관이 융합할 때 우리는 차별화된 경쟁력을 구축할 수 있다. 우리 사회가 겪고 있는 문제들도 하나로 엮어서 풀 수 있는 토털 솔루션이 있을 때만 해결 가능하다. 여러 가지 대책들이 나오고 있지만 별 소용이 없는 이유는 모두 연결되어 있는 문제를 장님 코끼리 만지듯이 각각 대응하기 때문이다. 청년실업은 청년실업대로, 중소기업은 중소기업대로, 시대정신은 상생융합에서 답을 찾으라고 하는데 아직도 개별적으로 움직이고 있다. 각개전투는 각자가 성장하고 힘을 키울 때 필요한 행동방식이다. 이제는 범국가적 융합의 리더십이 발휘되어야 한다. 개발도상국으로 진출하는 길은 우리가 상생사회, 즉 우리 사회가 먼저 융합을 이룰 때만 가능한 솔루션이다.

우리의 압축성장 노하우를 개발도상국과 공유하고 나누어 개발도상국의 경제발전을 지원할 때 우리는 국제사회로부터 존경과 신뢰를 얻을 수 있고 대한민국은 비로소 성장 시대에서 성공 시대로 진화할 수 있을 것이다.

대기업 임원 100명,
미래 30년을 제안하다

　같은 해에 입사한 동기들은 공장에서 영업점에서, 대도시에서 벽촌에서, 국내에서 해외에서 각자 맡은 직분에 충실하며 묵묵히 일해왔다. 모두 앞서거니 뒤서거니 하면서 30여 년을 달려왔다.

　이제 50대에 접어든 우리 중에는 고참 부장으로 은퇴압박을 받고 있는 동기도 있다. 당장 그만두고 싶어도 아직 대학을 졸업한 아이들이 취직을 못하고 있으니 생계가 걱정되고 임원으로 승진한 동기들도 자식들 취직고민은 마찬가지다. 어쩌다 우리 사회가 이 지경까지 오게 된 것일까? 하루가 멀다 하고 들려오는 어두운 뉴스로 우리의 마음은 불안하고 답답하다. 이 사회를 대표하는 지식인들이 모두 한 마디씩 하고 있지만 현상 진단과 책임을 안 져도 되는 총론만이 무성하다.

　나는 뜻을 같이하는 분들과 함께 우리 사회에 새로운 대안을 제시하고자 연구조직을 만들기로 했다. 한국 기업을 대표하는 대기업의 현직 및 퇴임 임원들이 주축이 되어 경험과 비전을 모아보기로 했다. 아프리카에 주재한 경험이 있는 분들이 먼저 나서자 중앙아시아, 동남아 등 개발도상국 경험이 있는 분들이 자연스럽게 모여들었다.

모두 50대 이후 20~30년의 인생 2막을 어떻게 보람 있게 보낼 것인가, 우리 아이들인 청년취직 문제는 어찌할 것인가 등 베이비부머 세대들이 가진 공통된 고민들이 우리를 하나로 묶는 구심점이 되었다. 우리의 인생 1막이 소속기업의 성장을 위해 일해온 시간이었다면 앞으로 맞이할 인생 2막은 오늘까지 우리를 키워준 사회를 위해 공헌하고 싶다는 마음으로 모인 것이다. 모두 평생 몸담은 회사도 다르고 업종도 다르지만 대한민국을 국제사회로 내보내야만 국내문제가 해결된다는 절박한 우국충정(憂國衷情)은 같다.

2015년 6월 1일, 우리는 대한민국의 미래를 위한 국가 성장전략을 제시하기 위해 뉴패러다임미래연구소를 발족했다. 대기업 전·현직 100여 명의 상무, 전무급인 이들은 성장 시대 주역이며 우리 사회가 키워낸 신지식인 1세대다. 우리나라 대기업이 키운 베테랑으로 영업마케팅·제조·관리·물류·개발·건설·전력 등 각 분야별로 30여 년 실전 경험이 있는 이들은 대한민국의 최고 인재집단이며 국가 자산이다.

우리는 한국 사회의 문제와 나아갈 방향을 연구하여 선배세대가 후배세대에게 미래를 열어줄 뉴패러다임을 제시해야 한다는 강한 책임감을 느끼고 있다. 성장이냐 추락이냐, 백척간두에 서 있는 우리나라를 위해 대한민국 경제가 다음 단계로 도약하기 위한 뉴패러다임 개발을 최우선 과제로 하며 다음과 같은 세 가지 전략을 원칙으로 한다.

:: 대한민국 재도약을 위한 3대 성장전략

첫 번째 전략은, 대한민국의 주력 시장을 선진국에서 세계 70%를 점하는 150여 개국의 개발도상국으로 전환시키는 것이다. 한국의 압축성장 경험과 노하우를 살려 아프리카, 중앙아시아, 동남아와 같은 개발도상국의 경제개발을 지원하고 현지 신용을 쌓아 10~20년의 장기 비전으로 개발도상국의 경제성장과 더불어 성장한다. 현지가 필요로 하는 업종과 기술로 국가브랜드 신용을 쌓으면 국내의 첨단제품과 고부가제품의 시장도 선점하는 기반이 된다.

두 번째 전략은, 대한민국의 주력 성장엔진을 '단품제조 경쟁우위'에서 '인프라사업'으로 전환시킨다. 우리의 1970년대, 80년대, 90년대 산업화·도시화 경험을 살려 각국의 경제발전 단계에 맞는 맞춤형 인프라를 사업화하고 현지 자원을 개발해 한국 내 자원수요에 대응함은 물론 현지의 인프라개발 투자재원으로 활용한다.

세 번째 전략은 국내 저부가 고비용 업종에 대한 '국내제조 – 해외수출' 구조를 '현지제조 – 현지판매' 체제로 전환시킨다. 국내 기업의 해외진출로 과당경쟁이 해소되면 국내 산업은 첨단고부가산업, 창조경제산업으로 질적 변화를 일으키는 토대가 마련된다.

우리는 연구소를 발족하면서 머지않아 우리 국민이 다음과 같은 뉴스를 가장 듣고 싶어 할 것이라고 확신했다. 독자의 이해를 돕기 위해 연구소의 세 가지 원칙이 결합된 사업모델을 신문기사 형식으로 소개해본다.

2015년 8월 15일은 광복 70주년이다.
이날이 우리 경제의 새로운 출발점이 되기를 바란다.

광복 70주년에 우리 국민이 가장 듣고 싶은 뉴스
"ooo 市, 중소기업 200개 해외진출"

- 창조경제 일환으로 ooo 지자체 중소기업 200개 해외공단 진출
- ooo 대기업 및 에티오피아와 협업, 3만 명 규모 경공업 산업단지 건설
- 중장년층 기술자 6,000명, 청년취업자 3,000명 현지파견

"진정한 대기업·중소기업 해외 동반진출 모델의 효시"

ooo 시는 에티오피아 정부 요청으로 지자체 창조경제 혁신센터, 창조경제 파트너인 ooo 대기업이 협업하여 3만 명 규모의 생필품공단을 에티오피아 아디스아바바에 조성하기로 합의했다. 60만 평 부지에 지자체 생필품 업종 중소기업 200개, 중장년층 기술인력 6,000명, 청년취업자 3,000명을 파견할 예정이다.

에티오피아는 인구 9,000만 명으로 성장잠재력이 크고 우리나라와는 6·25 때 1,200명의 보병을 파견해 122명이 전사한 혈맹국이다. 그로부터 60여 년이 지난 오늘 한국의 기술인력과 청년들이 대거 투입되어 경제발전을 지원함으로써 그날의 희생에 보답하게 된 것이다. 공단이 있는 아디스아바바는 아프리카 국제기구의 허브로서 시범공단의 성공을 다른 국가로 확대하기에 가장 용이한 지역이기도 하다.

국제사회가 해결하지 못한 인류의 최대 숙원과제인 기아를 원천적으로 해결하기 위해서는 '일거리 제공 + 생필품 자급자족 + 자립정신 배양'의 3요소를 결합한 사업모델이 필요하다. 에티오피아 '국제평화공단(가칭)'은 지금까지 유

례가 없는 한국만의 차별화된 해외진출 모델로 주목받고 있다.

대기업과 중소기업이 동반진출하여 대기업은 공단 인프라를 구축하고 중소기업은 생필품 생산을 책임지며, 베이비부머 은퇴자를 대거 파견해 기술을 가르치고, 현지인 중간관리자가 양성될 때까지 대졸청년을 중간관리자로 투입해 공장을 운영하게 된다.

현지 생산품이 수입산 대비 절대 경쟁력을 갖고 주민의 소득증대를 유도하도록 생필품 생산에 필요한 원자재 70%를 현지조달한다는 원칙하에 부락 단위로 원자재를 발굴(1촌 1원자재, 지역경제 활성화 기초)하여 1차 가공 후 공단에 납품하게 된다. 주민을 조직화하고 품질향상 기술교육을 해야 하므로 새마을운동 교육 콘텐츠를 활용, 전국적으로 대주민 자립정신 배양교육을 병행 전개한다. 이들은 1960~70년대 "대한민국이여, 잘살아보세"라는 새마을운동 정신을 "지구촌 모두가 함께 잘살아보세"라는 글로벌 캠페인으로 세계화하고 있다. 이는 개발도상국에 한국만이 제공할 수 있는 차별화된 해외진출 전략이기도 하다. 공단 내에는 새마을학교가 입주한다.

ooo시는 앞으로 국제 원조물자를 공단에서 우선적으로 조달하고 국제 구호물자 구입자금이 현지 인력 교육훈련에 우선적으로 투입되도록 UN에도 적극적인 협업을 요청할 계획이다. 에티오피아 공단사업 진출이 대기업과 중소기업의 진정한 상생과 동반성장 모델이 되도록 정부가 현지 국가와 국책사업 MOU를 체결하는 등 파견기업과 파견인력 안전을 위하여 양국 정부에도 적극적인 지원을 요청할 방침이다.

ooo 시 ooo 시장은 "내수시장 한계로 어려움을 겪고 있는 중소기업들이 창조경제 파트너인 ooo 대기업과 협업하여 아프리카의 빈곤퇴치에 나섰다. 이런 상황에서 현지 국민의 신용을 확보해 미래 시장을 선점하고 있을 뿐만 아니라 한국 중소기업에 새로운 판로를 열어줄 아디스아바바 시범공단에 ooo 시가 선도적으로 진출한 것에 대해 자부심을 느낀다"고 밝혔다.

압축성장 대한민국,
개도국의 하버드로 거듭나자

나는 아프리카, 동남아를 출장 다니면서 많은 정부 관리들을 만날 기회가 있었다. 가장 빈번하게 받는 CSR(Corporate Social Responsibility, 기업의 사회적 책임) 차원의 요청이 정부 관료들에 대한 연수 프로그램 지원이었다. 한국의 경제성장 노하우를 배우고 싶다는 것이다. 특히 마을 단위의 새마을운동, 기술자 양성, 환경위생, 사회 안전 시스템, 도시계획 등을 벤치마킹하고 싶어 했다.

미국, 유럽, 일본 등 선진국과의 차이는 이미 너무 벌어져 있어 한국의 최근 경험과 노하우가 그들이 가장 필요로 하는 것이었다. "한국은 유라시아의 발전교과서다." 중앙아시아 국가 지도자들의 한국에 대한 평가다. KDI(Korea Development Institute, 한국개발연구원)는 KSP(Knowledge Sharing Program, 지식나눔 프로그램)를 통해 개발도상국에 우리의 압축성장 노하우를 전수하는 ODA(Official Development Assistance, 정부개발원조), 즉 무상원조 사업을 펼치고 있다. 경제개발특구, 신용보증기금, 예금자보호 제도, 건강보험 제도, 산업 클러스터 조성 등 한국의 경제개발 모델에 대한 현지 반응이 뜨겁다.

얼마 전, 정부가 감소 추세인 외국인 유학생을 늘리기 위해 외국인 유학생 전용학과 개설 등의 방안을 추진하기로 했다는 소식을 접했다. 국내 외국인 유학생은 2011년 8만 9,537명에서 2014년 8만 4,891명으로 줄었다. 교육부는 외국인 유학생을 20만 명으로 확대하기 위해 유학생 전용학과를 운영하겠다는 정책을 발표했다. 전용학과보다는 유학생에게 무엇을 가르칠 것인지가 관건이다. 무엇을 배우려고 한국을 선택하는지부터 재정립해야 한다. 다른 나라에서 배울 수 없는 한국만의 교육 콘텐츠가 무엇인가를 정하는 것이 우선이다.

우리 사회가 고도성장기를 거치면서 우리만이 쌓아온 힘이 무엇이냐, 누구에게 필요한 것이냐, 어떻게 쓸 것이냐에 대한 답을 찾는 것이 새로운 성장동력을 구동시키는 열쇠다.

국제사회에서의 새로운 역할과 국제사회에 어떻게 기여할 것이냐를 정의할 때, 우리에게 새로운 성장의 길이 열린다. 대한민국은 독특한 국제적 위상, 선진국과 개발도상국의 경계에 위치해 있어 선진국과 개발도상국의 교량 역할을 할 수 있고 이는 교육사업으로 현실화될 수 있다.

대한민국은 교육관광·지식관광 산업 대국

요우커 관광객 1천만 명을 바라보고 있다. 아직까지는 단순히 쇼핑하고 관광할 목적으로 우리나라를 방문하지만 요우커는 장차 자국 내에서 해결하지 못한 사회문제의 답을 찾고자 한국을 벤치마킹하려고 찾게 된다. 중국도 10%대의 고성장 시대가 끝나고 중진국 소득 수준을 갖추게 되면 성장기에 가려진 각종 사회문제가 불거지게 될 것이다. 이때 한국은 중국의 롤모델이 되어야 한다. 이미 우리가 겪은 수많은 시행착오에서 정답을 찾아 중국 사회가 같은 실수를 되풀이하지 않도록 하는 교육 콘텐츠가 현재의 1천만 명 요우커와 미래의 1억 명 요우커에게 한국이 제공할 최고의 관광상품이다.

대한민국을 벤치마킹하기 위해 오는 중국인에게 우리 사회는 무엇을 보여줄 것인가? 중소기업 벤치마킹, 대기업 벤치마킹, 사회복지 벤치마킹, 실업자 구제대책 벤치마킹 등 14억 인구를 대상으로 무한한 지식관광산업과 교육산업 기회가 우리 앞에 열려 있다. 중국보다 한발 앞서 산업화를 겪은 우리가 사회 분야 전반에 걸쳐 수많은 시행착오 속에서 뉴패러다임을 열 수 있다면 14억 인구는 한국을 벤치마킹할 것이고 한국은 세계 최고의 지식관광국으로 거듭날 것이다. 중국을 경쟁 상대로 보는 과거의 패러다임에서 중국이 부족한 것, 필요한 것을 찾아서 지원하는 것이야말로 중국 사업을 보는 뉴패러다임이다.

중국 정부가 모 대학에 교육프로그램 개발을 의뢰했다. 중국의 농민공은 2억 7천만 명에 이른다. 연 1,300만 명의 농촌인구가 도시로 편입되고 있다. 이들에 대한 시민정신 교육을 시급하게 할 필요성을 느낀 것이다. 공공의식, 질서의식 등 기본적인 시민정신이 결여된 대도시를 상상해보라. 이미 우리는 중국 사회에서 벌어지는 상상을 초월하는 범죄, 사회병리 현상들을 뉴스로 접하고 있다.

한국 대학의 국제화는 '압축성장 콘텐츠' 체계화에서 시작

가장 최근에 도시화를 앞서 경험한 나라가 어디인가? 한국 대학의 국제화는 바로 '한국의 압축성장 콘텐츠'를 분야별로 체계화한 학과 구축으로부터 시작해야 한다. 한국 교육학과, 한국 도시계획학과, 한국 산림학과, 한국 환경관리학과, 한국 수자원개발학과, 한국 글로벌경영학과 등 모든 대학에 개발도상국 유학생, 공무원을 대상으로 하는 학과가 개설되어야 한다.

개발도상국에 진출한 한국 대기업이 글로벌 CSR 일환으로 개발도상국의 공무원, 우수 대학생들을 대상으로 한국의 발전 경험을 연수하는 기회를 제공한다면 한국의 교육 허브화에 크게 기여할 것이다. 현지 정부가 가장 필요로 하는 노하우 습득 기회를 제공한 대기업은 현지 신용을 바탕으로 사회 인프라사업 등 B2GBusiness To Government 사업의 우선 파트너로 선정될 수 있다.

최근 중국 정부는 '제조2025'를 발표했다. 제조업을 국민경제의 주체로 집중 육성하겠다는 전략이다. 중국은 제조혁신을 위해 독일의 기술을 유치하려고 적극 나서고 있다. 세계의 공장인 중국과 기술강국 독일이 합치면 글로벌 생산분업 구조가 급변하게 될 것이다. 중국은 왜 지난 40년간 가장 빠르게 성장한 한국의 제조업을 외면하고 먼 독일을 바라보는 것일까? 제조업 분야에 있어서 중국과 한국이 서로를 경쟁 대상으로 보는 한, 중국의 제조업과 한국의 제조업이 상생할 길은 없다. 한국은 중국이 가장 지근거리에서 기술과 시스템을 배울 수 있는 옆집 학교가 아닌가 말이다.

개발도상국의 미래를 열어주는 뉴패러다임 경제개발 컨설팅

대한민국이 과거 50년간 경제성장을 해오면서 축적해온 모든 경험과 노하우, 일례로 제조기술, 품질관리, 경영기법, 사회 인프라, 해외 진출, 인재육성, 브랜드관리 등은 중국뿐만이 아니라 개발도상국 모두에 필요한 컨설팅 콘텐츠다.

대한민국은 개발도상국에 대해 살아 있는 교과서이고 컨설팅 주식회사가 되어야 한다. 앞서 언급한 사회 인프라사업이 하드웨어라면 교육사업은 소프트웨어 사업이다. 미래사회는 신지식사회로 하드한 기술보다 교육 콘텐츠 개발이 최고의 IP(Interlectual Property, 지적재산권)가 될 것이다.

대기업이 앞장서 한국을 개발도상국이 필요로 하는 교육 사업의 메카로 만들어야 한다. 기존의 컨설팅 콘텐츠가 선진국의 노하우를 집대성한 것이라면 개발도상국에 대한 한국의 컨설팅 콘텐츠는 우리의 개발 시대 시행착오와 현지 상황을 반영해서 개발도상국의 미래를 열어주는 뉴패러다임을 제시하는 것이다.

개발도상국 복지컨설팅사업이 그 예다. 국민건강보험공단은 아프리카에 한국형 건강보험 제도를 수출하고 있다. 국민소득이 낮을 때 단기간에 건강보험을 안착시킨 한국의 경험과 제도는 아프리카뿐만 아니라 중동, 동남아 등 개발도상국에 큰 도움이 되고 있다.

전 국민을 대상으로 한 건강보험이 시행되기까지 독일은 127년, 일본은 36년이 소요된 반면 한국은 불과 12년이 걸렸을 뿐이다. 직장인 등 국민 일부를 대상으로만 건강보험을 시행하고 있는 대다수 개발도상국들이 앞다투어 한국의 제도를 배우고 싶어 하는 이유다. 과거 한국이 압축성장으로 산업화·도시화에 성공할 수 있었던 배경에는 국제사회의 지원이 있었기에 가능했다. 우리가 받았던 도움을 이제 개발도상국에 환원할 책임도 우리에게 있다.

대한민국,
중국 덕에 잘되고
중국 탓에 망한다!?

우리 기업의 상당수 업종에서는 중국이 계륵 같은 시장이 되어가고 있다. 시장 전체 규모는 크다 하지만 우리가 먹을 파이는 작다. 현지 업체들이 우후죽순 격으로 많아지고 있고 유통구조 또한 로컬 업체마다 대리점 형식으로 형성되어 있어 제한적이다. 업계 인력을 보더라도 일단 우리보다는 평균적으로 10~15년 젊다. 지금 우리가 이들과 경쟁하는 것이 맞는 것일까? 경쟁한다면 언제까지 경쟁할 수 있을까? 나는 이 의문을 항상 가져왔다. 우리는 일본과 경쟁하면서 커왔고 그 경쟁에서 일부 이겨서 오늘의 지위를 얻었지만, 과연 중국과도 경쟁하는 것이 승산이 있는가? 쫓아오는 자와 도망가는 자의 게임과 같다.

2015년 오늘 한국 기업은 중국 때문에 잘되고 중국 때문에 망한다는 말이 정설로 되어가고 있다. 잘되도 중국 탓, 못되도 중국 탓이다. 잘되는 기업은 중국 시장에서의 매출성장 덕분이고 안 되는 기업은 중국 업체와의 경쟁 때문이다. 중국에 진출한 국내기업들도 하나둘 철수하고 있다. 제조 경쟁우위를 누리던 대한민국의 모든 기업들이 글로벌 시장에서 중국의 도전에 직면하고 있다.

한국의 중국 수출 비중은 26%, 특히 중간재인 소재 및 부품 수출의 35%가 중국에 의존하고 있다. 중국이 산업구조를 세계의 공장, 수출 중심에서 내수 중심으로 전환하면서 중국의 위탁가공무역에 의존하던 우리 수출이 타격을 입고 있다. 중국 내수도 향후 6년 내 5%대까지 성장률이 떨어질 수 있다는 전망이다.

중국은 우리의 경쟁자인가

중국은 우리의 미래가 될 수 있는가? 오늘날 대한민국이 보유한 기술은 현재를 유지하기 위한 기술에 불과하다. 우리가 가진 기술이 결코 우리의 미래를 지켜줄 수 없다. 현재의 기술을 지키려고 중국과 경쟁한다면 시한부 인생과 같다. 그러므로 중국과 경쟁하지 않는 관계로 대한민국의 산업구조를 혁신시키는 길밖에 없다. 거대한 시장과 거대한 자본을 등에 업은 중국 기업이 필요로 하는 것은 무엇일까? 바로 한국이 가지고 있는 기술, 하드웨어, 소프트웨어, 사회 시스템, 중국보다 앞선 제반 노하우다. 리커창 총리는 2015년 11월 한국 방문에 앞서 모 일간지 기고문에서 "한국 기업이 중국과 더불어 성장하기를 바란다. 중국이 새로 짜는 산업구조에 한국 기업의 참여를 기다린다. 중국의 산업혁신을 돕는 한국 기업에 문호가 활짝 열려 있다"고 했다.

나는 인도네시아에서 팬택을 재건하겠다는 팬택인수팀의 전략을 지지한다. 제조는 현지에서 하고 국내는 상품기획, 브랜드 관리 등을 하는 기획회사로 거듭난다는 전략이다. 제조기술 회사에서 기획 서비스 회사로 가치사슬value chain을 바꾸는 것이다. 팬택 사례는 중국과 우리가 상생할 수 있는 길을 보여준다. 중국으로의 기술유출을 우려하는데 오히려 기술을 주고 그들이 부족한 가치사슬을 찾아 협업해야 한다. 성장하고 있는 중국 업체의 등에 올라타 같이 성장하는 것이다. 범세계적으로 진행되는 FTA는 세계를 빠른 속도로 경제공동체로 진화시키고 있다. 내수, 수출이 따로 없다. 중국 기업과 경쟁하지 말고 중국 기업과 함께 세계시장을 개척할 수 있어야 한다. 중국 기업의 대국굴기(大國崛起)에 한국 기업의 역할은 무엇일까? 그 역할을 찾을 때 우리 기업이 중국과 함께 같이 성장할 수 있는 길이 열린다.

중국과 경쟁하지 말고 상생융합하는 길을 찾아야

중국을 경쟁 상대로 보는 과거의 패러다임에서 중국이 부족한 것, 필요한 것을 찾아서 중국 사회가 우리와 같은 시행착오를 되풀이하지 않도록 지원하는 역할이 중국 사업을 보는 뉴패러다임이다. 우리가 버리는 기술이 아닌 중국이 원하는 기술을 이전시켜야 한다. 농심과 오리온의 중국진출 사례는 중국 기업과 힘을 합치고 많이 양보하면 오히려 한국 기업이 주도권을 얻게 된다는 것을 보여주고 있다.

GS홈쇼핑은 올해 해외판매액 1조 원 돌파를 눈앞에 두고 있다. 중국지역 매출이 7,000억 원에 이른다. 중국에서의 이 같은 고속성장은 현지 회사와의 경쟁이 아닌 합작에 기인한다. GS홈쇼핑의 방송 노하우와 현지 사정을 잘 아는 차이나 홈쇼핑 그룹과의 협업전략 덕택으로 빠르게 중국에 안착할 수 있었다. 이들은 유통력을 가진 현지 기업과의 제휴를 통해 안정적으로 성장하고 있다. 미국의 반도체 기업인 인텔이나 퀄컴 등도 중국 반도체 기업과 적극적으로 전략적인 제휴를 맺고 있다. 경쟁이 아닌 협력모델이 우리에게 대중국 사업의 지평을 열어줄 것이다. 한국의 기술과 중국의 자본이 융합되고 중국의 제조와 한국의 상품기획이 결합되어 새로운 시장과 사업을 열게 되었다는 더 많은 뉴스를 기대한다.

한국 기업이 중국과의 경쟁에서 살아남는 길은 바로 중국과의 경쟁구도를 버리는 것이라고 본다. 한국 기업이 중국 기업의 품질을 올리고 경영역량을 올리는 데 조금이라도 기여할 수 있다면 윈윈 솔루션은 있다. 우리 기업이 가지고 있는 모든 역량과 자산을 컨설팅 콘텐츠화하여 이를 필요로 하는 중국 기업에게 제공하고 기술도 아낌없이 먼저 주자. 경쟁자가 아니라 파트너가 되어 서로 융합하는 길을 찾자.

중국 업체들은 우리 기술인력을 스카웃하고 있고 우리 기업들은 기술유출을 우려하고 있다. 예민한 지점이기는 하다. 하지만 우리가 중국을 경쟁 상대로만 보고 기술유출을 우려하여 이도저도 아닌 소극적인 자세로 일관하다 보면 득보다는 실이 많을 것이다. 기술은 금고에 넣어둘 수 있는 것이 아니라 사람이 가지고 있기 때문에 어떻게든 유출된다. 그전에 선제적으로 대응하여 중국이 원하는 것을 주고 우리가 원하는 것을 얻어내는 편이 훨씬 실리적인 방안이다. 우리가 가진 지금의 기술도 원천은 우리 것이 아니지 않는가? 선진국에서 대부분 들여와 우리가 숙성시킨 것이니 우리 것을 내어줄 때 우리도 새로운 기술을 얻을 기회가 주어진다고 본다.

중국과 한국을 묶어 하나의 내수시장으로

중국에 진출하는 우리 기업은 싼 인건비를 무기로 제품을 만들어 거대한 중국 시장에 팔겠다라는 생각부터 버려야 한다. 현지인을 교육하고 기술을 전수해 중국 사회를 위해 역할을 한다는 철저하게 '현지화' 개념을 가져야 한다. 현지화란 무엇인가? 현지인의 회사(주인의식)에서, 현지인에 의한(경영주체), 현지인을 위한(경영목적) 회사를 만들어야 한다. 회사를 통해 현지인들이 성장하고 애사심을 가질 때 회사는 현지 사회에서 자국기업으로 대우받고 성장의 토대가 마련된다. 중국에서 퇴출되는 한국 기업들의 면면을 보면 결국 현지화에 실패한 기업들이다. 중국을 수출시장으로 보지 말고 중국과 한국을 묶어 하나의 내수시장으로 보고 모든 제품과 서비스를 동시에 기획하고 출시한다는 원칙부터 세우자. 알리바바의 광군제 판촉은 글로벌 행사로 자리 잡아가고 있다. 광군제에 참가하는 한국기업의 수도 기하급수적으로 늘어나고 있다. 드넓은 중국 대륙을 시장 개념으로 바라보자. 중국의 34개 행정구역을 우리의 내수시장이 확대된 개념으로 볼 수 있다.

대한민국과 중국의 관계는 싱가포르와 동남아의 관계로 간주

인도네시아에서 활동 중인 많은 화교 기업가들은 가족을 싱가포르에 두고 있다. 돈은 인도네시아에서 벌고 정작 번 돈을 쓰는 곳은 싱가포르다. 싱가포르는 동남아 국가들의 경제개발에 지원 역할을 하면서 성장해왔다. 동남아 국가들에는 싱가포르가 롤모델이고 모든 면에서 벤치마킹 대상이다. 싱가포르는 금융의 허브, 인재개발의 허브, 물류의 허브, MICE산업, 즉 기업회의meeting, 포상관광incentives, 컨벤션convention, 전시exhibition의 허브, 교육·의료·주거 환경의 허브 역할을 해왔다. 대한민국 또한 중국인들이 가장 살고 싶어 하는 나라, 그들의 미래를 벤치마킹할 수 있는 나라, 중국 회사의 연구소가 위치하고 싶은 나라가 되어야 한다. 우리나라는 요우커 1천만 명 시대를 맞고 있다. 가끔 생활밀착형 방송 프로그램을 보면 중국에서 웨딩 사진을 찍으러 한국을 찾은 커플이나 오염된 중국의 공기를 피해 제주도의 청정 주거환경을 경험하러 오는 사람들, 자녀들의 국제화 교육을 위해 오는 사람들과의 인터뷰를 볼 수 있다. 이처럼 관광·패션·방송·의료·교육·주거 등 다양한 분야에서 14억 중국인을 대상으로 대한민국을 특화시키는 길이 중국과 상생하는 길이고 중국을 활용하는 길이다.

무역 1조 시대,
국민 30%는 국외로

　나는 아프리카에 주재하면서 불모지 서부 아프리카에서 초기 상권을 일구어온 레바논 보트 피플을 많이 만났다. 서부 아프리카 전자유통은 모두 그들이 장악하고 있다고 해도 과언이 아니다. 남아프리카 공화국 더반 사탕수수 농장에 끌려간 노무자들의 후예로 동부 아프리카 상권의 90%를 장악한 인도계를 보라. 남미의 일본계도 마찬가지다. 나는 특히 맨손으로 혼자 아프리카로 건너와 창업을 해 오늘을 만든 거래선 오너들을 존경하고 만날 때마다 많은 것을 배우곤 했다. 17세에 혈혈단신으로 콩고에 건너와 루붐바시의 상권을 거의 독점하다시피 일구어낸 샤마 회장은 내게 많은 영감을 주었다. 그분이 불모지에서 사업을 확장해온 역사를 보면 어느 나라든 사업보국(事業報國) 이념은 통한다는 믿음이 생긴다. 그들은 아프리카의 정주영, 이병철이다. 그들을 생각하면 대기업에 몸담고 30여 년 봉급 걱정 없이 살아온 나 자신이 부끄러웠다. 어찌 보면 나는 대기업의 잘 갖추어진 시스템이 아닌 그들을 통해 진정한 사업과 비즈니스를 배운 것인지도 모른다.

해외시장 교두보이자 국제시장을 읽어내는 센서

우리 경제는 수출에 힘입어 3만 달러 시대를 열었다. 그만큼 해외시장 의존도가 타국에 비해 월등히 높다는 의미이기도 하다. 우리는 내수만으로 지속성장할 수 있는 경제 규모가 되지 않는다. 앞으로 3만 달러를 넘어 진정한 선진국으로 도약하려면 해외시장을 새로운 패러다임으로 개척하는 길밖에는 없다.

2015년 현재 우리 국민의 15%, 약 700만 명이 국외에 거주하고 있다. 여기서 한발 더 나아가 국내에 한국인의 70%가 있고 국외에 30%가 있을 때 우리 경제는 세계 속에서 뿌리를 내릴 수 있다. 뉴프런티어new frontier! 한국인은 좁은 대한민국을 벗어나 세계로 나가야 한다. 새 새끼가 다 크면 둥지를 떠나듯 대한민국의 인재는 해외에서 꿈을 펼쳐야 할 것이다. 국외 거주 인구 비중을 30%까지 올려 1,500만 명 이상의 한국인이 해외에서 활동하며 우리의 인적 기반을 지속적으로 늘려나가는 것은 우리 경제의 잠재성장률을 높이는 간접적인 인프라 투자이기도 하다.

어떻게 해외로 더 많이 진출할 수 있는가

해외진출을 위해서는 대기업과 정부가 앞장서 길을 열어주어야 한다. 우리 국민과 중소기업이 개발도상국으로 나갈 수 있도록 산업단지와 같은 인프라를 만들어주는 것이다. 대기업과 중소기업이 하나가 되어 그룹으로 세계 150여개국의 개발도상국으로 나가 그들이 필요로 하는 기술과 산업으로 공단을 조성하면 청장년층이 대거 국외로 진출할 수 있는 길이 열린다. 기업의 해외지사는 대한민국 경제영토, 곧 국제사회에 우리가 기여할 영토를 넓히는 전진기지다. 대한민국 주식회사의 거점이다. 민·관이 따로 없다. 민·관이 융합할 때 우리가 개발도상국에 제공할 수 있는 솔루션의 가치는 확대된다.

나는 우리 젊은 세대의 미래가 국내가 아닌 해외에 있음을 확신한다. 베이비부머 세대는 국내기업을 글로벌 기업으로 성장시킨 주역이다. 대한민국의 글로벌 경영 1세대들이다. 베이비부머 세대가 길을 연 해외시장 진출은 이제 청년 후배세대가 개발도상국 곳곳으로 확대해 대한민국의 글로벌 경제 위상을 세계에 드높혀야 한다. 베이비부머 세대가 신흥국이 필요로 하는 기술로 길을 열고, 청년세대는 관리자로 진출해 현지의 부족한 고급인력 수요를 충당시켜주면서 성장기회를 잡는 것이다.

베이비부머의 인생은 아직 미완이다. 청년세대가 길을 찾아 세계로 뻗어나갈 때 그들의 노고는 빛난다. 무역 1조 달러, 세계 무역 순위 8강의 한국 경제 위상을 유지하고 더 성장시키려면 더 많은 한국인이 글로벌로 진출하도록 범국민적인 해외진출 프로젝트를 추진해야 한다. 특히 청년세대의 해외진출은 국가적인 과제로 추진해야 한다. 인생 1막은 국내기업을 1등으로 만드는 데 바쳤다면 2막은 그 노하우로 개발도상국을 가르치고 이끌어 그들의 성장을 지원하는 데 바치자. 얼마나 보람 있는 일인가.

중소기업 살리기,
그룹으로 모여
해외로 나가자

나는 싱가포르에 주재하면서 1990년대부터 2010년대에 이르기까지 동남아 각국에 국내 대기업 공장들이 진출하는 것을 보아왔다. 인도네시아의 한 국내 대기업 공장 인근에는 설립 초기 동반진출한 7~8개 협력업체가 입주해 있다. 20여 년이 지난 지금도 협력업체 모두가 매출의 90% 이상을 한 회사에 의존하고 있다. 중소기업이 해외에 독자적으로 진출하기는 쉽지 않지만 대기업이 납품으로 판매를 보장해주는 동반진출의 경우에는 해외진출 초기 위험부담을 최소화할 수 있다. 20년이란 기간은 특정 대기업의 의존도를 줄이고 판매를 독립시킬 수 있기에는 사장의 의지만 있다면 충분한 시간이지 않은가. 물론 대기업과 협력업체 간의 계약관계로 인해 거래처를 다원화하는 데 제약이 있을 수도 있다. 대기업이 현지에서 경쟁력을 유지하고 물량이 늘어날 때는 서로에게 윈윈이 되지만 물량이 줄어들면 상호 부담이 될 수밖에 없다. 나는 2013년 동남아 지역장으로 돌아왔을 때 역내 공장을 돌아보면서 우리 공장의 협력업체가 우리 이외의 회사와의 거래 비중이 얼마나 되는지를 항상 구매담당자에게 묻고 협력업체가 자생력을 키울 수 있도록 지원을 아끼지 말라고 당부했다.

중소기업 대부분이 내수의존형이고 내수시장이 정체 상태라 성장할 길이 묘연하다. 정부의 정책자금으로 연명하고 있는 중소기업이 많고 보유한 기술 또한 전통기술이라서 미래가 없다. 암울하기만 한 미래에 대한 불안을 떨칠 수 있는 중소기업의 살 길은 어디에 있는가?

오늘날 한국 경제의 가장 본질적인 문제는 국민 고용의 88%를 점하는 중소기업, 그 중소기업 매출의 87%가 내수에 의존하고 있으며 내수가 포화에 이른 지는 오래되었다는 것이다.

KBS에서 '상생경제가 희망이다'라는 중소기업 발전 방안을 모색하는 특별 프로그램이 방송되었다. 중소기업이 어려운 이유를 대기업의 횡포와 정부의 부족한 지원, 복지혜택과 급여가 적어 청년층이 기피한다는 등으로 진단을 했다. 과연 중소기업 문제의 본질은 무엇인가?

우리 사회에는 생계형 자영업자 및 서비스업, 5인 이하 영세 제조기업을 제외하면 12만 개 정도의 중소 제조기업이 있다. 이들은 대체로 대기업에 판매를 의존하는 납품업체, 중소 벤처기업, 전통 제조기업으로 구분된다. 매출 100%를 특정 대기업 납품에 의존하는 중소기업은 엄밀한 의미로 보아 독립회사라고 할 수 없다. 코스트 센터로서의 역할을 수행하는 해당 대기업의 분사화된 조직이나 다름없고 납품업체 사장 또한 대기업에서 급여를 받는 임직원과 크게 다르지 않다.

벤처 중소기업도 제대로 된 사업 아이템을 가졌다면 투자자는 있게 마련이다. 결국 우리 사회의 중소기업 경쟁력 문제는 '전통 중소

제조기업'으로 모아진다. 88올림픽 이전까지 우리 중소기업은 경쟁 시대가 아닌 시장수요가 공급을 초과하는 성장 시대를 살아왔다. 내수시장이 성장기에 있을 때는 어느 기업이라도 큰 경쟁 없이 성장한다. 시장이 성숙기에 접어들면 시장이 정리되고 구조조정이 일어나며 경쟁은 가열되고 경쟁력 없는 기업은 도태되는 것이 건강한 생태계다.

그런데 정부의 보약정책으로 연명하는 기업들이 있다. 한국의 중소기업 수가 인구수에 비해 타국가 대비 상대적으로 많은 이유다. 국내시장에 안주하지 않고 해외로 나가 판로를 확대할 시기를 놓친 것도 지금의 어려움을 가중시켰다.

중소기업 경영이념과 운영수준 평가원칙

오늘날 중소기업 업종 대부분이 '고비용 – 저부가'의 구조에 갇혀 있다. 국내시장은 물론 해외시장도 '국내생산 – 해외수출'의 구조로는 원가경쟁력을 유지할 수 없는 이유다. 신흥국과 같은 성장시장으로 진출해 '현지 생산 – 현지판매' 체제로 전환시킬 필요가 여기에 있다. 전통 중소 제조기업이 살길은 국내에는 없다. 50년간 일구어온 우리나라 전통 제조업은 아직도 신흥국 시장에서는 성장기에 있다. 세계시장의 70%인 신흥국으로 나가자. 내수경기를 탓하기 전에 해외시장을 개척할 경영이념과 의지가 있는지 먼저 자문해야 한다.

중소기업은 우수 인재가 오지 않는다고 어려움을 호소한다. 인재는 올 자리에 안 오는 게 아니라 안 갈 자리에 안 간다. 환경을 탓하지 말고 내 회사의 운영 수준을 먼저 돌아보아야 한다. 미래에 희망을 열어가는 회사인가, 배울 게 있는 회사인가, 차별화된 사업 명분은 가지고 있는가? 인재는 좋은 경영이념을 보고 모인다. 우리 사회에, 소비자에게 어떤 차별화된 가치를 제공하는 회사가 될 것인가에 대한 현실적인 비전과 역할은 정립되어 있는가? 경영이념의 질적 수준에 따라 직원의 성장 범위는 정해지고 이는 곧 기업성장의 범위를 결정한다. 바른 경영이념 없이는 인재를 바르게 키워낼 수 없다. 기업의 성장은 기업을 구성하는 인재에 의해 결정되므로 경영은 곧 사람경영이다. 경영의 관점을 이익에 두는가, 사람경영에 두는가? 아직도 기업주의 의식이 내 가족의 생계를 우선하는 장사 수준에 머물러 있지는 않은가. 직원들을 가족처럼 챙기고 성장하도록 돕는 데 경영의 초점을 두면 직원의 성장과 함께 회사는 반드시 성장한다. 이는 해외 진출 시에도 적용되는 원칙이다.

신흥국 진출은 싼 인건비가 아닌 기술 전수 목적으로

오늘날 상당수 중소기업이 국내 대비 싼 인건비를 보고 해외에 진출한다. 인건비를 절감해 국내에서 악화된 수익성을 개선해보자는 진출 의도가 현지인에게 어떻게 비쳐지겠는가? 국내에서 숙련된 기술과 성숙기에 이른 제품을 신흥국에 전수하겠다는 이념으로 진출한다면 현지 경영의 접근 방법은 다를 것이다. 인건비를 따라 옮겨 다니는 제조업들은 대부분 실패한다. 현지인에게 필요한 기술을 가르치고 현지인을 육성하는 데 1차 목표를 두면 현지인의 성장과 함께 회사는 성장한다.

'현지생산 – 현지판매' 체제구축을 리드하는 정부정책

중소기업 지원예산이 2014년 한 해 13조 6,000억 원에 이른다. 금융지원, 기술지원, 인력지원 등 557개 사업이 14개 부처와 지방자치단체에서 우후죽순 격으로 유사 중복 진행되고 있다. 정책자금으로 연명하는 좀비기업이 도처에 널려 있다. 지난 40년간 200조 원의 재원이 중소기업 살리기에 투입되었다. 정부 보조금에 중독된 중소기업은 성장 의욕도 상실한다. 착한 정책이 자연도태를 막아 중소기업 생태계를 왜곡시켰다. 밑 빠진 독에 물 붓기다. 모두 국민에게 진 빚이다.

2015년 금융감독원은 중소기업 175개를 워크아웃 또는 퇴출시키는 구조조정 대상으로 선정했다고 한다. 이 중 제조업이 105개다. 대부분 내수경기 침체 및 업황부진에 기인한다.

중소기업 지원정책의 방점은 내수 버티기를 돕는 것이 아니라 우리의 중소기업이 신흥국으로 나가 다시 성장 기회를 찾도록 지원해주는 것이어야 한다. 지금 새로운 중소기업 아이템을 찾으려는 노력보다 현재 보유한 기술과 제품을 필요로 하는 신흥국 국가들에 공단 형태로 진출하는 것이다. 몇 십 개 제품과 기술을 가진 중소기업들이 개별진출을 할 것이 아니라 그룹으로 모여야 힘을 얻는다. 중소기업진흥청, 중소기업중앙회, 중소기업은행 등 국가 조직은 많으나 누가 12만 전통 중소 제조기업의 구심점 역할을 하고 있는가? 대한민국 중소기업을 하나로 묶어줄 리더십이 없다. 정부는 대기업이 앞장서 동반진출을 하도록 새로운 정책 패러다임을 열어야 한다.

우리나라 대기업은 성장 초기에 국산제품 애용이라는 국민의 지원도 받았고 협력업체인 중소기업과의 협업에 힘입어 글로벌 브랜드로 성장하는 등 사회에 많은 빚을 지고 있다. 국민기업으로 사회에 진 빚을 갚는 길은 바로 국민의 절대 대다수가 생계를 의지하는 중소기업에 해외판로를 열어주는 것이다. 글로벌 기업으로 성장한 대기업의 최대 사회공헌이자 진정한 상생의 길이다.

신흥국이 필요로 하는 기술과 제품이 바로 우리 중소기업들이 가진 것이며, 한국이 경험한 산업화 시대의 공단운영이야말로 신흥국에 가장 필요한 경제개발 모델이다. 또한 대한민국이 가장 잘할 수 있는 해외사업이기도 하다.

청년실업,
세계를 위해
길러진 인재

"아프니까 청춘이다." "도전하니까 청춘이다." 실업으로 고통받는 청년들을 다독거리는 격려가 사회의 화두가 되었다. 나는 20년 해외 주재를 통해 한국인의 우수성을 직접 경험했다. 개발도상국의 공통된 문제는 중간관리자 인력 풀이 부족해 성장의 장애 요인으로 작용하고 있다는 것이다. 우리나라 대졸인력은 개발도상국에 가면 초급 매니저급 이상의 역할을 충분히 수행할 수 있는 역량을 지녔다. 내가 직접 여러 국적의 신입사원들을 채용해보고 일을 같이 해보았지만 한국인만큼 업무에 대한 책임감, 열정을 보이는 젊은이는 없다. 이들이 해외로 나갈 수 있는 길을 열어주지 못해 국내에 갇혀 있을 뿐이다.

청년실업자 100만 명, 지금 대한민국은 20대 청년실업이 가장 큰 사회문제로 부각되고 있다. 고용노동부는 청년실업에 대한 대책으로 취업지원관을 두어 취업상담이나 면접기법을 코치해주고 취업정보를 얻을 수 있는 사이트를 운영하고 고용센터와 연결시켜 우수한 중소기업을 소개시켜주는 등 여러 가지 정책들을 내놓고 있다. 과연 이러한 방법들이 효과가 있는가? 근본적인 해결책은 없는가?

청년실업으로 제일 고통받는 사람은 청년 본인이다

청년실업 문제의 원인은 청년 본인에게서 먼저 찾아야 한다. 내가 어떤 직업을 찾을지에 중점을 두는지, 아니면 얼마 받을지를 우선시하는지 먼저 자문해봐야 한다. 20대 청년은 대학졸업을 해도 실업자가 아니라 아직 학생으로 간주된다. 기업에서는 20대 사원을 미래에 회사에 필요한 인재가 되기 위해 공부하는 인력으로 생각하지 실적을 기대하지 않는다. 일부 대기업이 입사 3년까지는 실적을 불문하고 업무에 임하는 태도와 인성을 중심으로 평가하는 이유다.

나를 어떻게 포지셔닝할 것인가? 대학에서 이론공부를 했다면 졸업 후에는 배운 바를 사회에 적용해보는 사회 실습기간이다. 내가 원하는 일을 하면서 사회공부를 하게 해주는 직장은 제2의 학교다. 사회를 공부하지 않으면 사회가 필요로 하는 실력을 발휘할 수 없다. 공부하는 사람으로 나를 포지셔닝하면 공부하는 기간은 급여가 기대수준보다 낮아도 만족할 수 있다. 실제로 일부 기업에서는 수습기간에 급여의 70%만 지급한다. 최소한 30세까지는 급여가 많고 적고를 떠나서 공부할 기회를 갖는 것이 우선이다. 일자리가 없어서가 아니라 돈을 조건으로 걸고 찾으니 일자리가 없다.

우리의 고급인력이 국제무대를 뛴다

　다음은 청년 스스로 성숙한 국내시장이 아니라 해외에서, 특히 성장 기회가 많은 개발도상국에서 길을 찾으려는 포부를 갖자. 개발도상국은 경제성장과 더불어 중간관리자 수요가 급증하고 있지만 인재 육성이 어려워 인력난이 심각하다. 내가 태국 법인장으로 근무할 때 우리 회사의 매니저급 중간관리자의 연봉은 미국의 동급 인력 연봉 수준과 별 차이가 없었다. 특히 생활용품FMCG 회사 출신 인력들은 싱가포르보다 오히려 연봉이 높게 책정되어 있었다. 개발도상국의 경우 제조라인의 직원 같은 단순직은 급여가 낮지만 중간관리자나 전문직은 선진국과 유사한 연봉 수준을 주고도 인재를 확보하기가 쉽지 않다. 수요 대비 공급이 턱없이 부족한 탓으로, 양성된 고급인력이 부족한 결과다. 선진국 수준의 연봉을 주고 모셔온 인력이라도 실제 역량은 연봉에 미치지 못하는 경우가 다반사다.

　하지만 국내의 상황은 다르다. 우리 대학이 배출하는 대졸자에 비해 고학력을 요구하는 질 높은 일자리는 제한적이다. 대졸자를 줄이자는 뜻이 아니다. 답은 해외에 있다. 우리 사회는 국제사회를 위해 고급인력을 양성하고 있다. 한국에서 쌓은 청년들의 스펙과 경쟁력은 개발도상국 어디에 나가도 최상의 경쟁력이 된다. 좁은 국내에서만 쓰기 위해 쌓은 경쟁력이 아니다. 세계를 위해 쓰려고 쌓은 것이다. 세계 최고의 IQ, 세계 최고의 대졸학력자 비중, 세계에서 가장 열심히 일하는 민족… 우리 청년의 우수한 역량이 한국 내에서만 경쟁하기 위한 것인가? 고학력 취업 희망자와 산업구조가 엇나가고 있다. 답은 국제사회, 그것도 우수 관리자를 필요로 하는 개발도상국에 있다. 청년들은 자신의 재주와 재능을 소개한 영상이력서를 만들어 유튜브에 올려보자. 모든 면에서 글로벌하게 기회를 찾자. 본인의 능력을 글로벌하게 광고하자.

1990년대 초 태국에 처음 발령을 받았을 때만 해도 '내가 과연 외국에서 살 수 있을까' 하는 우려 반 기대 반이 있었다. 당시 방콕은 수질 상태가 좋지 않아 출장자들이 마시는 물 때문에 배탈이 나는 사례가 많았다. CEO가 현지 출장을 와서 늦은 밤에 복통을 일으켰는데 호텔 현지인도 어떻게 할 수 없는 새벽녘이었다. 나는 오토바이를 타고 방콕 시내 구석구석을 돌아다니며 약을 구해 왔다. 이 이야기는 지금까지도 사내에 회자되고 있다는데 그 시절 현지를 공부하려는 내 마음의 각오가 한밤중에 낯선 타국 땅을 이 잡듯이 뒤질 수 있는 용기를 불러왔던 것이다. 나는 그 일로 인해 그때까지 한국에서 크고 자란 내가 처음으로 한국을 떠나 외국에서도 살 수 있다는 자신감을 얻었다.

청년들의 해외진출, 어떻게 열어줄 것인가

한국의 청년들을 대거 해외로 진출시키려면 기업이 앞장서고 정부가 이를 뒷받침해주어야 한다. 대기업과 중소기업이 공단과 같은 대규모 산업단지를 개발도상국에 건설하여 중간관리자 수요를 일으켜주어야 한다. 일단 국내기업의 도움으로 해외로 진출한 청년들에게는 개발도상국의 경제성장과 더불어 현지 창업 기회, 현지 기업 취업 등 무한한 가능성이 열려 있다.

아프리카에서 나와 같이 주재하던 김 대리는 현지에서 퇴사하고 매출 2억 달러 핸드폰 유통회사의 사장으로 옮겨 가 지금까지 훌륭하게 경영하고 있다. 한번은 그가 현지 최대 유통회사 사장으로 수백 명의 현지인 판매원들을 교육시키는 현장을 방문하고는 너무 대견스러워 눈시울을 붉힌 적이 있다. 현지인 오너도 칭찬이 마르지 않았다. 나이는 아직 30대 초반이지만 책임감, 열정, 학습 능력을 아무도 못 따라간다는 것이다. 불과 6개월 만에 현지인 간부 모두가 김 사장을 따르게 되었다고 한다. 한국 젊은이의 저력이다.

2010년 아프리카 지역장으로 근무할 때 최초로 한국 대졸자를 대상으로 아프리카 지역공채를 실시한 적이 있다. 합격이 되면 서울 본사에서 기본교육을 받고 곧바로 아프리카 현지 국가로 배치되는 자리였다. 그 당시 수많은 대졸자들이 지원하는 것을 보고, 우리 청년들이 기회만 주어진다면 오지라도 도전하겠다는 의지를 가지고 있다는 것을 확인할 수 있었다. 3~4년쯤 지났을 때 지역공채 1기 중 1/3은 회사를 떠났지만 그들 중에서 서울로 돌아간 사람은 극히 드물고 대부분 현지에서 새로운 사업 기회를 찾거나 현지 회사에 관리자로, 더 좋은 연봉 조건으로 재취업했다. 현지에서 기회를 찾은 것이다.

정부가 청년실업 지원정책으로 창업지원에 나서고 있지만 중소기업에 실시했던 지원정책을 이번에는 청년창업 지원금으로 낭비하지 않을까 우려된다. 창업을 장려하는 사회 분위기를 일으키는 데 일조는 하겠지만 굳이 지원해주지 않더라도 사업성이 있는 아이템이라면 투자자가 차고 넘치는 게 시장원리다. 지원이 끝나면 지원금 없이 지속될 창업이 몇 개나 되겠는가. 정부가 청년 해외진출을 장려하는 차원에서 기업을 지원하려면 청년들이 개발도상국으로 나아가 중간관리자로 성장할 때까지의 체재비를 지원해주는 방식으로 기업의 부담을 덜어줄 수 있다. 우리 사회의 미래를 열어갈 준비를 위해 오늘 공부하는 청년에 대한 투자는 우리 사회의 가장 중요한 미래투자다. 개발도상국으로 진출하려는 청년에게는 일정 기간 동안 생활을 꾸려나갈 수 있게 주택융자, 자녀교육비 등을 무이자로 지원해주는 등 사회의 책임 있는 인재로 성장하도록 유도하는 지원정책을 펼쳐야 한다.

대학도 개발도상국 진출에 필요한 청년들을 배출하기 위해 현장관리자 교육을 해야 한다. 기본적인 해외근무 소양교육을 업종에 따라 맞춤형으로 하여 기술과 준비된 인재를 공급해주는 상생 생태계를 만들 필요가 있다. 대구 영진전문대는 연간 100여 명 가까이 해외로 취업시킨다. 해외 현지 학기제 등 다양한 글로벌 프로그램을 통하여 해외취업에 미리 대비하게 하고, 또한 특정 회사에 필요한 기술인재를 맞춤형으로 배출하고 있다. 현대자동차 전문 분야, SK 전문 분야 같은 예다. 오늘날 필요인력과 배출인력이 불일치된 상황을 바로잡아나가는 대학운영의 뉴패러다임을 영진전문대가 잘 보여주고 있다. 하지만 무엇보다 중요한 것은 목마른 사람이 우물을 판다고, 일자리를 찾지 못한 청춘은 사회를 탓하기 전에 나를 재포지셔닝하는 뉴패러다임을 먼저 열어야 한다.

한국형
대국굴기 비전,
Go Africa!

지난 30여 년간 참 많은 나라에 업무차 출장을 다녀왔다. 이웃에 있는 일본에서부터 아프리카 대륙의 작은 섬나라 코모로에 이르기까지 93개 나라를 가보았다. 20년 동안 해외에 나가 살면서 가장 잘사는 나라에서 가장 못사는 나라까지 살았던 곳도 천차만별이다. 어떤 나라든 고유의 풍경과 문화가 있었기에 안목을 넓히는 좋은 기회가 되었다. 물론 잘 가꾸어져 있는 선진국이 생활하기는 확실히 편했다. 하지만 후진국에 가더라도 불편함은 있을지언정 곧 그 나라에 익숙해지곤 했다.

아프리카 오지를 다니면서도 현지 사람들이 살아가는 모습이 그리 낯설지 않았던 이유는 나의 고향, 나의 어린 시절과 무관하지 않다. 내 고향은 그 시대 다른 지역에 비해 10년 이상 개발이 뒤진 산골이다. 내가 고향 마을을 떠나온 것은 대학을 다니기 위해 대구로 내려왔던 때가 처음이다. 대구시 인근 마을은 내가 자란 고향과는 격이 달랐다.

잘 정리된 농지를 따라 경운기가 오가는 모습, 마을 입구까지 잘 닦여진 아스팔트 도로, 기와집으로 개량된 주택들, 그리고 그 앞에 간간이 자동차가 주차되어 있는 것이 보이고 마치 선진국을 보는 듯했다.

나는 베이비붐 세대의 막내이지만 농촌개발의 바람이 미치지 못한 산간벽지에서 태어나 아버지 세대와 진배없는 환경에서 자랐다. 강원도 삼척 근산골, 나의 고향 마을에는 내가 중학교 2학년 때 처음으로 전깃불이 들어왔다. 나는 석유 등잔 밑에서 책을 읽다가 눈썹을 태우기 일쑤였다. 가로등이 처음 켜지던 날 동네 어른들이 우물가에 밝혀진 가로등 불빛이 너무 밝아 잠을 이루지 못하고 마당에서 헛기침을 하며 서성이던 그 전경이 지금도 눈에 선하다. 나의 남다른 성장 배경과 국제 경험은 한 나라의 흥망성쇠가 국제사회 속에서 어떤 역할을 하느냐와 국민이 어떤 비전과 생각을 가지고 살아가는지에 달려 있다는 점을 깨닫게 해주었다.

우리 사회는 지금 무엇을 바라보고 뛰고 있는가? 신문의 사설, 지식인의 글을 보라. 모두 당면한 문제들을 호들갑스럽게 부각시키고만 있지 문제를 해결할 구체적인 대안, 미래를 열어가는 새로운 패러다임이 보이질 않는다. 국가·사회·기업·개인의 2막을 열어갈 비전은 무엇인가? 국가는 국제 신용을 쌓아 통일로 가기 위한 국격 상승을, 사회는 상생사회로의 진화를, 기업은 사회적 기업으로의 성장을, 각 개인의 성공인생을 이끌어줄 미래 비전은 무엇인가?

일본은 일찍이 해외에 자산을 투자한 덕분에 20년을 버텼다. 1억 3,000만 인구가 일본 경제의 버팀목이다. 우리는 남북을 다 합쳐도 1억 명이 안 되는 나라다. 해외로 나가지 않고는 우리 경제를 더 성장시킬 여지가 없다.

인류가 풀지 못한 숙제

아프리카로 가자! 인류가 해결하지 못한 아프리카 기아를 우리가 가진 기술과 인재로 해결해보자. 산업화단지를 건설하여 그들이 일할 수 있는 환경을 만들어주고 인프라를 구축해주자. 대한민국의 아프리카 진출은 과거 대항해 시대의 유럽제국의 해외진출과는 차원이 다르다. 그들은 타국의 경제를 수탈했지만 우리의 아프리카 진출은 아프리카인들을 도우며 우리 경제도 발전시키는 윈윈전략이 될 수 있다. 이보다 더 보람 있고 급한 일이 세상에 또 있는가. 박근혜 대통령은 8조 달러에 이르는 APEC 인프라시장에 적극 참여할 것을 주문하고 있다. 인프라시장 선점도, 남북통일도 현지 신용과 국제 신용을 얻을 때 우리에게 큰 힘이 될 것이다.

왜 아프리카냐고 묻는다. 국제사회에서 아프리카보다 더 어려운 숙제를 갖고 있는 지역이 지구상에 또 있는가. 국제 신용을 얻을 기회가 거기 있다. 세계가 풀지 못한 숙제를 한국이 해결해낼 때 국제적인 신용이 얻어진다. 아프리카에서 얻은 국제적인 신용으로 지구촌에 있는 우리를 필요로 하는 모든 개발도상국으로 진출한다. 아프리카는 개도국 진출을 위한 마중물 투자다. 지구촌에 차별화된 'Korea' 브랜드의 길이 여기에 있다.

빈곤퇴치에 필요한 노동집약적인 소비재 제조업을 대규모로 유치하기 위해서는 산업단지가 최적 솔루션이고 산업화 엔진이며 도시화의 시발점이다.

아프리카의 제조업 비중은 GDP의 10% 미만이고 세계 제조업에서 차지하는 비중은 1% 수준으로 미미하다. 최저임금 또한 아직 아시아의 1/3 수준이다. 하지만 전력, 물류망과 같은 산업 인프라가 열악해 제조단가가 높고 중국산 저가 경공업 제품의 수출시장으로 전락하고 있다.

대한민국의 압축성장 경험과 기술만이 아프리카 개발의 열쇠다

한 나라의 경제 성장엔진은 결국 그 나라가 국제사회에 어떤 역할을 하느냐에 달려 있다. 우리가 세계 30%를 점하는 선진국 시장을 중심으로 중화학산업 중심의 단품제조 경쟁우위 수출로 3만 달러 GDP를 달성했다면 앞으로는 세계 70%를 점하는 개발도상국에 맞춤형 산업단지를 조성하고 그들이 필요로 하는 기술을 전수해서 경제발전을 지원한다. SOC(사회간접자본)를 일으켜 세우고 그 나라가 보유한 자원을 개발해 경제개발을 하는 재원으로 쓰이도록 기술과 인재로 그들을 도와주는 것이 우리 역할이다. 이제 선진국을 따라만 갈 것이 아니라 우리만이 가진 역량으로 차별화된 역할로 우리 성장을 도모할 때다.

아프리카는 현재 국가발전계획에 따라 인프라 건설 프로젝트가 급증하고 있다. 도시화로 인한 인구증가로 주택건설·상하수도·의료시설·도로건설·ICT·발전송전·수자원·철도·도로·항만·공항 등 인프라 수요가 급신장하고 있다. 아프리카는 도시화 비중이 현재 42%에서 2025년까지 47%로 늘어날 전망이다. 아프리카에 투입되는 세계 ODA자금은 연간 400억 달러에 이른다. 중국 200억 달러, 미국 87억 달러지만 한국은 고작 2억 3,000만 달러에 그친다. 상대적으로 작은 ODA자금으로 강대국과 경쟁할 수는 없다. 질로서 차별화를 만들 수밖에 없다. 아프리카는 낮은 교육 수준으로 숙련노동력이 부족하다. 원자재 조달에 어려움이 있어 아직도 공산품 대부분은 수입에 의존하고 있다. 아프리카 제조물품의 최대 수입국은 중국, 인도 순이다. 일본은 5~6년 장기계획으로 종합상사를 중심으로 아프리카 국가별 수요에 맞추어 맞춤형 솔루션을 시도하고 있다. 대표적인 사례로 미쓰비시는 자회사 외 600여 개의 협력업체를 동원하여 자원확보에서 완제품 생산에 이르기까지 모든 가치사슬value chain을 구상하고 있다. 중국은 정부가 주도해서 막대한 ODA원조와 자원확보를 연계하고 이미 아프리카 내수 수입시장의 16%를 점유하고 있다.

사하라사막 이남에 진출한 한국 기업은 8,200개, 이 중 중소기업이 8,000개에 이른다. 이 중 몇 개 회사가 안정적인 수익성장을 하고 있을까? 이들 업체들이 각각이 아닌 공단으로 한데 모인다면 다양한 시너지를 낼 것이고 경쟁력은 배가될 것이다. 아프리카가 필요로 하는 것은 강대국의 자본이 아니라 현지에 기술을 전수할 수 있는 대규모의 기술인력이다. 현지 자원개발도 새로운 패러다임이 필요하다. 공단으로 산업화에 불을 당기고 현지 인프라 건설을 위한 재원조달용으로 자원이 개발되어 현지를 위해 쓰일 때 현지 신용은 배가된다. 요즘 난민 문제로 세계가 떠들썩하다. 어느 나라가 이를 해결할 것인가? 일자리를 찾아 자기 나라를 떠나는 난민들에 대한 근본적인 솔루션은 바로 현지에 일자리를 만들어주는 길밖에 없다.

맞춤형 산업단지를 통해 확보된 현지 정부와 국민의 신용으로 개발도상국에서 급팽창하는 SOC시장을 선점한다. 이를 위해서는 경쟁국과 차별화하여 개발도상국에 진출할 수 있는 국제적인 명분이 필요하다. '국제사회 빈곤퇴치와 개발도상국 산업화 토대 구축'의 기치를 내걸고 마중물 투자 격으로 사하라사막 이남 극빈국부터 '한국 전용 생필품 산업단지'를 조성한다. 아프리카 진출은 한국형 뉴프런티어new frontier 전략이고 한류 2.0, 산업한류이며 제2의 중동 붐, '국제시장' 버전2다. 우리나라는 가장 최근에 산업화와 도시화를 경험했기 때문에 개발도상국의 인프라사업에는 최적의 파트너다. 그 나라의 산업화 토대를 구축해주고 기술을 전수해준다면 우리는 현지로부터 신용을 얻을 수 있다. 일본이 선진국이 되었지만 국제사회에서 영향력을 크게 행사할 수 없는 것은 세계에 기여한 바가 별반 없기 때문이다.

인프라사업 수주는 자금이나 기술 면에서 우리가 강대국 대비 절대우위가 없기 때문에 압축성장 노하우를 집대성한 KSP(KDI 사업), ODA(KOICA사업), 대기업 CSR(브랜드신용사업), 현지에 진출한 중소기업의 다양한 업종 등 모든 요소를 한데 모아 '대한민국 주식회사' 이름으로 접근할 때 시너지를 얻을 수 있다. 우리는 연 1조 원에 이르는 공적 원조를 쓰고 있다. 이 돈이 바르게 쓰이고 있는가? 국민세금인 ODA자금이 우리 국익에 무엇을 가져왔는가? 누가 이를 평가해보았는가? 현재 규모의 ODA자금을 선택과 집중으로 제대로 쓰기만 해도 세계에 빛나는 국격을 얻을 수 있는 마중물 투자 자금으로 충분하다.

아프리카 진출은 범국민적 비전운동

아프리카 빈곤퇴치 공단사업은 한 개의 사업모델이 아니라 국민운동이다. "이제 우리 대한민국이 국제사회에서 이런 역할을 하자"는 국민 공감대를 이루는 초석이 된다. 조선일보가 통일 나눔운동을 펼치고 있다. IMF 때 우리 국민은 국가를 구한다는 일념으로 금모으기운동에 동참했다. 실제 금모으기운동이 얼마나 도움이 되었을까. 국민의 뜻을 한데 모을 수 있다는 것이 중요하다. 지금 우리 사회는 국민을 하나로 통합하는 비전도, 이념도 없다. 사회 갈등이 증폭되는 원인이 여기에 있다.

에스파냐가 해양으로 나아가 소국에서 대국으로 발돋움했듯이 아프리카 진출은 한국형 대국굴기 비전이다. 여와 야, 보수와 진보, 빈부 간, 노사 간 갈등에 이어 이제 아버지 세대와 자식 세대 간에도 취업을 두고 갈등을 빚고 있다. 비전이 없으면 국민은 분열된다. 지금 현 정부는 임금피크제로 청년 일자리 창출을 위한 노동개혁, 공공기관 기능 조정에 포커스를 둔 공공개혁, 일·학습 병행제를 근간으로 한 교육개혁, 핀테크 혁신을 통한 금융개혁 등 4대 개혁을 추진하고 있다. 이러한 4대 개혁은 수단이고 우리의 비전이 될 수는 없다. 무엇을 이루기 위한 4대 개혁인가? 4대 개혁은 기본 체질 다지기 구조조정이다. 구조조정의 본질은 성장을 가져올 새로운 비전개발에 있다. 4대 개혁이 우리가 얻고자 하는 비전과 희망을 줄 때 국민의 개혁지지도 올라갈 것이다.

아프리카에서 다시 쓰는 대한민국의 신화

UN 반기문 총장, 세계은행 김용 총재 등 세계의 지도자가 한국인으로 있는 이 시대, 한국의 글로벌 기업이 브랜드력을 가지고 있는 이때, 기술을 가진 베이비부머가 아직 장년층으로 노동시장에 활발하게 남아 있는 이 시기는 한국이 세계 속에서 역할을 새롭게 찾아야 할 적기다. 국제사회 역할정립은 바로 성장엔진을 새롭게 정의하는 것이다. 우리는 지금까지 원천기술 개발이 아니라 제조력을 바탕으로 수입한 기술의 완성도를 높여 확대 보급하는 역할을 해왔다. 이제 그 역할이 중국으로 넘어가버렸다. 우리가 기술로 일본, 미국과 경쟁할 수 있을까? 우리는 반도체를 포함해서 자체 기술로 세계에 나가 1등을 한 제품은 아직 많지 않다. 모두 외부에서 수입한 기술의 완성도를 올려 해외시장에 다시 파는 구조다.

세계의 제조업은 낮은 인건비를 찾아 일본 - 한국 - 중국 - 인도 - 아프리카로 옮겨간다. 누가 아프리카 제조업을 먼저 선점할 것이냐가 남아 있다. 지금 어려워진 우리 경제가 하루아침이 아닌 10여 년간 진행되어왔듯이 해결도 장기적 안목으로 시작해야 한다. 우리 사회는 고도로 진화되어 모든 것이 연결되어 있다. 이제 부처별, 부문별 각자 처방으로는 해결이 불가능하다. 원솔루션으로 모든 문제를 다스릴 수 있어야 한다. 말로는 도전의식을 강조하면서 정작 행동해야 할 때에는 모두 왜 안 될 것인지에 대해서만 현학을 경쟁한다. 보신주의가 어둡고 두텁게 우리 공직사회를 짓누르고 있다. 지금 정주영 회장의 "해봤어?"라는 질문이 다시금 우리 사회에 던져져 있다. 명분이 옳다면 도전해보아야 하지 않은가!

국가가 나아갈 비전과 희망이 생기면 사회도 기업도 개인도 새로운 희망을 꿈꾸기 시작한다. 대한민국의 희망스토리를 쓰자. 대한민국이 진출하면 그 나라는 가난에서 벗어날 수 있다는 신화를 쓰자. 지구촌이 해결 못한 숙원 과제인 인류기아를 대한민국이 해결하자. 개발도상국의 경제발전을 지원해 그들과 함께 다시 성장하자!

저개발국 빈곤퇴치,
한국만이 할 수 있다

2011년 11월 26일, 나는 남아프리카공화국의 시골 쿠누를 방문했다. 평생을 자신의 조국에 헌신한 만델라 대통령이 태어난 곳이다. 이 마을에 그의 모친이 지은 쓰러져가는 교회가 있었다. 우리 회사가 교회를 신축하고 커뮤니티센터를 만들어 마을에 기증하게 되었다. 만델라 대통령과의 인연은 그렇게 시작되었다. 나는 그분과의 만남을 통하여 그의 지도자로서의 역사인식, 비전, 안목, 개인적인 꿈을 들을 수 있었다. 그분은 돌아가시기 전까지 외부인의 접촉은 금했지만 나와의 만남은 이어가셨다. 만델라 대통령은 한국에서 온 한 기업인을 마주하고 이렇게 말했다. "과거 50년간 구호활동이라는 명분 아래 아프리카에 대한 원조형 지원들이 아프리카인의 영혼을 빼앗고 자립의지를 훼손시켜 후손들에게 죄악이 되고 있다." 나는 충격을 받았다. 만델라는 내 손을 잡고 부탁했다. "미스터 박은 TV, 에어콘 같은 첨단제품보다 일거리를 많이 제공하는 경공업 공장을 만들어 우리나라

사람들이 기술을 배우도록 교육해주시오. 남아공뿐만이 아니라 아프리카 전체를 대상으로, 한국의 새마을운동처럼 먼저 자립정신을 키워주세요. 아프리카도 한국처럼 개발되어야 합니다. 한국이 아프리카 국가들의 희망이고 롤모델입니다."

요하네스버그로 돌아오는 비행기 안에서 노쇠한 거장의 한 맺힌 탄성이 귓전을 떠나지 않았다. 국제사회의 대표적인 기아지역인 사하라사막 이남 아프리카는 과거 50년간 선진국 중심으로 1~1.5조 달러에 이르는 원조자금이 투입되었다. 선진국 중심의 공급 차원 원조, 중국 중심의 자원개발형 투자에도 불구하고 기아문제를 근원적으로 해결하는 데는 실패했다. 중국이 세계의 공장으로 부상하면서 세계 기아인구는 감소했으나 아프리카 기아는 인류의 풀지 못한 숙제로 남아 있다. UN 보고서에 의하면 사하라사막 이남 전체 인구의 25%가 기아 상태에 있다고 한다.

빈곤퇴치 솔루션 3대 조건

한 나라의 경제 수준은 현지 주민의 의식 수준이 결정한다. 의식 수준을 높이지 않고서는 경제 수준을 높일 수 있는 방법은 없다. 의식 수준은 교육을 통해서만 향상시킬 수 있다. 교육열은 공장과 제조업이 생겨 일자리를 제공할 때 비로소 생겨난다. 산업과 교육이 같이 가야만 빈곤의 덫에서 벗어날 수 있는 진정한 자립이 가능하다.

한국이 6·25전쟁의 폐허 속에서 빈곤과 싸워 이길 수 있었던 것은 일자리를 제공하는 산업화 덕분이었다. 산업화는 도시화를 가져오고 도시화가 기아인구를 가장 단기간에 해결할 수 있다는 점은 경제학자의 이론이 아니라도 이미 국가 단위로 검증된 솔루션이다. 일본, 한국, 중국 모두 같은 과정을 거쳐왔다. 중국은 과거 10년간 세계의 공장으로 빈곤에서 벗어났다. 산업화와 도시화에 따르는 부작용이 없지 않지만 아사 위기에 처한 생명을 구하는 길은 그 어떤 명분보다도 시급한 전쟁이다. 산업화와 도시화를 거치지 않고 빈곤에서 벗어난 예가 세계 어느 나라에 있는가.

학교가 없는 에티오피아 벽촌에 태양광 인터넷 스쿨solar powered internet school을 제공한 적이 있다. 얼마 후에 방문해보니 학교는 텅텅 비어 있었다. 에티오피아에서는 농업이 주된 산업이어서 급여를 줄 만한 공장이 없었고, 이 때문에 부모들이 아이를 학교에 보내지 않고 농사일을 시킬 수밖에 없었던 것이다. 한국의 1960년대 농촌 현실과 다를 바 없는 상황이었다. 기아를 없애는 길은 물자원조가 아니라 일자리 제공과 기술교육, 그 기술을 가르칠 수 있는 사람에 있다. 국제사회 어느 나라가 아프리카가 필요로 하는 기술을 가지고 있고 열정과 헌신으로 현지에 나가 그 기술을 맨투맨으로 가르칠 수 있는 대규모 기술인력을 보유하고 있는가?

한 세대에 농경사회, 산업사회, 정보화사회, 지식사회를 모두 경험한 한국의 베이비부머야말로 인류의 자산이다. 그들의 인생 1막은 대한민국의 성장을 이끈 주역으로 보냈다. 개발도상국은 그들의 인생 2막이 펼쳐질 곳이다. 해외로 나가 한국의 압축성장 경험과 기술로 빈곤을 퇴치하고 경제개발을 지원하는 소명이 이들에게 주어져 있다.

국제사회가 해결하지 못한 인류의 최대 숙원과제인 기아를 원천적으로 해결하기 위해서는 '일거리 제공, 생필품 자급자족, 자립정신 배양'의 세 가지 요소를 결합한 사업모델이 적합하다. 이런 모델은 한국만이 제시할 수 있다. 한국은 세계 30% 선진국과 70% 개발도상국의 경계에 위치하여 기아 상태에 있는 저개발국이 필요로 하는 생필품산업 기술은 물론, 개발도상국·중진국에 필요한 중화학공업 기술 등을 모두 보유하고 있다. 선진국과 저개발국가 간의 교량 역할을 담당할 수 있는 종합역량을 갖춘 유일한 국가다. 열강들에 비해 원조자금은 턱없이 부족하나 기술을 보유한 베이비부머, 해외구직을 희망하는 두터운 고학력 청년층, 대기업의 다업종과 해외 공단운영 경험, 중소기업 업종의 다양성 등은 한국만이 보유한 강점이다. 특히 우리에게는 새마을운동과 같은 범국민적인 캠페인을 성공시킨 경험이 있다. 이러한 콘텐츠는 개발도상국가 국민들의 자립정신을 키우는 데 절대적으로 필요하다.

한국만이 가진 빈곤퇴치를 위한 종합역량

한국이 제시하는 국제사회 빈곤퇴치 솔루션은 바로 일거리와 기술을 제공하는 공단이다. 공단은 산업화의 기초엔진이다. 아프리카와 같이 전력, 물류 등 인프라가 열악한 환경에서 개별 공장이 경쟁력을 갖추기는 어렵다. 공단은 공장들을 모아 인프라를 공유하면서 경쟁력을 갖추는 최적의 제조업 솔루션이다.

공단이 생기면 소도시가 형성되고 공단을 중심으로 형성된 상권은 대도시화를 유도한다. 도시 규모가 커지면 전력·의료 시설, 학교, 상수도, 정보통신, 도로 등 사회 인프라 업그레이드 수요가 급증한다. 도시화는 사회 인프라 혜택을 가장 효율적으로 주민에게 제공할 수 있다. 지금까지 수많은 구호활동들이 마을 단위로 추진돼왔고 지속적인 성과를 내지 못한 이유는 바로 인구분산에 따른 비효율에 있다. 한국에는 1,000여 개의 공단이 있다. 공단을 중심으로 단기간에 도시화를 이룬 노하우를 모두 가진 나라가 대한민국이다.

대기업이 중소기업과 동반진출해서 한국의 압축성장 경험을 살려 공단을 구축해 극빈국의 산업화 기반을 조성해주고 기아인구를 해결해 현지 신용을 쌓으면 개발도상국의 폭증하는 사회 인프라사업은 우리 기업에게 같이 성장할 수 있는 기회를 제공할 것이다. 국제사회에서 한국의 국격은 물론 우리 기업은 존경받는 브랜드로 자리매김할 것이므로 기존 제품의 판매도 늘어날 것이다. 6·25전쟁 이후 국제사회로부터 받은 원조를 환원하고 기아퇴치로 얻은 국제적 신용은 남북통일을 앞당기는 레버리지로 작용할 것이다.

한국형 산업단지, 지구촌 상생모델의 효시

2010년 1월 7일은 내가 아프리카 땅을 처음 밟은 날이다. 라스베이거스에서 열리는 세계 최대 가전전시회인 CESConsumer Electronics Show를 끝내고 런던 히드로 공항을 거쳐 나이지리아 라고스에 도착했다. 라고스는 서부 아프리카 법인이 위치한 곳이다. 라스베이거스의 현란한 네온사인이 아직 눈앞에 어른거릴 때 라고스의 컴컴한 시내로 진입했다. 마치 암흑의 세계로 들어가는 느낌이다. '아, 이제 이 암흑의 대륙에서 새로운 역사를 써야 한다.' 동부 아프리카 지점이 있는 나이로비를 경유해 주재지인 남아공에 도착했을 때는 이미 1월 말을 지나고 있었다. 시장을 먼저 방문하고 주재국 사무실에 들어가겠다는 나의 원칙이 있었기에 부임에 무려 2주가 걸린 것이다.

부임 이래 거의 1년 반 동안은 주재지인 남아공에 월 1주일 정도 체류하면서 3주는 아프리카 역내 출장을 강행군했다. 시에라리온, 부키나파소, 라이베리아, 기니, 말리 등 서부 아프리카부터 동부 아프리카와 남부 아프리카에 이르기까지 아프리카 대륙은 광활했다. 남아공에서 출발하여 서부의 끝단인 세네갈까지 가려면 비행기로 9시간이 소요되었다. 서부 끝에서 동부 끝인 나이로비까지도 9시간이 걸렸다. 아프리카 대륙에는 여전히 인근 국가 간에도 항공편이 없어 육로로 가면 3~4시간이면 갈 수 있는 거리를 비행기를 타고 8시간 걸려 파리나 두바이로 날아간 뒤 다시 8시간 동안 비행기를 타고 아프리카 대륙으로 들어오는 경우가 많았다. 물론 육로는 안전이 보장되지 않기 때문에 국경이동 수단으로는 극히 제한적이다. 프랑스 식민지 국가였던 서부 아프리카 국가들에 있는 항공편 중 가장 많은 것은 파리로 가는 노선이다. 엄청난 항공비가 소요됨은 물론이다.

아프리카 국가 대부분에서는 비자발급에 장기간이 소요되고 비자발급 자체가 어려운 나라도 많다. 심지어 외교 공무원조차 비자발급이 어려울 정도다.

사정이 이러함에도 불구하고 한창 핸드폰사업이 뜨던 당시에는 아무리 아프리카 오지 국가라도 장사꾼들이 사업 기회를 보고 구름같이 몰려들었다. 남아공으로 거의 매일 거래선 후보들이 독점판매권 distributorship을 얻으려고 찾아왔다. 나는 그들에게 시간을 1주일 주고 그 국가의 비자를 준비해달라고 요청한다. 거래선들 대부분은 현지 정부의 유력자와 막강한 인맥을 맺고 있다. 1주일 내 비자발급을 요구하는 것은 그들의 영향력을 테스트하는 수단이기도 하다. 신흥시장에서 거래선의 영향력 정도는 곧바로 비즈니스 성과로 직결되기 때문이다.

나라는 달라도 아프리카인들이 살아가는 모습은 거의 차이가 없다. 한결같이 곳곳에서 빈곤과 싸우고 있는 사람들을 접한다. 할 일 없이 마냥 길거리에 앉아 하염없이 행인들을 바라보고 있는 수많은 사람들의 초점 없는 눈들을 보면서 나는 때로 절망했다. 저들에게 일거리를 줄 수는 없을까? 쓰레기 더미와 함께 엉클어진 환경을 보며 나의 초등학교 때를 떠올렸다. 우리 집 울타리 밖으로는 모든 곳에 쓰레기를 버려도 되는 시절이었다. 결국 의식 수준은 생활수준과 같이 간다. 저들이 게으르고 저능해서가 아니라 저 생활수준에서는 저 의식 수준에 머물러 있을 수밖에 없다.

2012년 9월 어느 날, 나이지리아 출장을 다녀와서 모처럼 남아공 집에서 휴식을 취하고 있었다. 유튜브에 올려진 아프리카 개발원조에 관한 강의를 듣다가 우연히 '국제사회 빈곤퇴치와 대한민국의 역할'에 대한 강의를 접하게 되었다. 그렇지 않아도 만델라 대통령도 대규모 일자리를 제공하는 경공업 공단조성에 투자해줄 것을 요청한 바 있었다. 에티오피아 물라투 대통령 또한 섬유를 주력 업종으로 하는 생필품 공단조성을 내게 요청해오던 터다.

우리 회사는 관계사를 포함해 이들 업종들을 가지고 있지 않아 난감해 하면서도 나는 아프리카 산업화를 위해서는 노동집약적인 산업이 들어와야 한다는 생각은 가지고 있었다. 당시 우리 회사는 주로 신흥시장을 대상으로 그룹사의 역량을 한데 모아 그룹 차원의 컨트리마케팅(country marketing, 국가 전체를 상대로 인프라 솔루션을 개발하는 사업)을 추진하고 있었다. 나는 아프리카의 성장잠재력과 보유자원을 기회로 보고 컨트리마케팅으로 인프라시장을 개발할 수 있다고 보았다. 그룹이 가지고 있지 않은 업종은 우리나라의 중소기업과 협력하면 되지 않을까 하는 생각을 했다. 남미에 진출한 일본종합상사 미쓰비시가 600여 개의 중소업체들과 협업한 사례도 연구했다. 내가 비즈니스맨으로 컨트리마케팅을 10년 후 아프리카 시장선점을 위한 사업전략으로만 생각하고 있을 바로 그때 유튜브에서 아프리카 사업에 대한 인도주의적 통찰을 접하게 된 것이다.

유튜브에 강의를 남긴 분은 긴 머리에 목소리는 방금 담금질을 끝낸 것 같은 쇳소리를 닮았다. 왜 아프리카 기아를 한국이 나서서 해결해야 하는지에 대한 그의 철학적, 원리적 접근이 나를 흔들었다. 나는 한 현인의 원대한 구상을 들으면서 우리가 추진하고 있는 컨트리마케팅으로 아프리카의 산업화와 도시화를 유도해 빈곤문제도 해결하고 경제개발로 늘어나는 현지 인프라시장을 선점할 수 있다는 사업의 이념과 방향성을 찾게 되었다. 나도 모르게 가슴이 벅차 며칠 밤을 지새웠던 기억이 난다. 그 이후로 그분은 나의 멘토가 되었다.

범국가적 해외사업 프로젝트를 구체화

2015년 나는 광복 70주년을 맞아 국내 대기업의 상무, 전무급 퇴임 및 현직임원 100여 명과 뜻을 합쳐 성장정체를 겪고 있는 대한민국을 재도약시키고 국제사회에 이바지할 범국가적 해외사업 프로젝트를 구체화시키기로 했다. 특히 2015년은 UN이 지난 15년간 추진해온 새천년개발목표MDGs가 끝나고 2016년부터 새롭게 향후 15년간 추진할 SDG사업을 확정하는 해다. 9월 말에 UN 총회에서 결론이 나니 그전에 한국 정부와 UN에 제안을 해서 정권이 바뀌는데 따라 영향받지 않고 프로젝트가 장기간 지속되도록 여건을 조성하자는 의도도 있었다.

:: 한국형 산업단지 프로젝트

한국이 50여 년간의 압축성장과정에서 축적한 기술과 경험을 바탕으로 국내 30대 대기업이 정부 및 UN의 승인하에 베이비부머 명퇴기술자, 청년인력, 중소기업을 주축으로 새마을운동을 접목한 대규모 단지를 개발도상국에 설립, 지구촌 기아문제와 정체된 국내 경제문제를 동시에 해결한다. 인류의 숙원과제인 국제기아를 해결하고 개발도상국의 경제발전을 지원해주면서 정체된 국내경제가 개발도상국의 경제성장과 함께 다시 성장할 수 있는 길을 연다. 경쟁국과 차별화된 한국 기업만의 해외진출 방안이다.

대·중소기업이 국제사회 기아퇴치를 명분으로 지구촌 70%를 점하는 아프리카 등 개발도상국 150여 개국에 동반진출해 각국의 경제발전 단계에 맞는 '맞춤형 산업단지'를 조성한다. 현지 경제발전을 지원하고 기술을 전수하여 내수포화로 성장정체에 빠진 중소기업이 개발도상국 시장에서 다시 성장하도록 판로를 열어준다. 이는 국내 대·중소기업 간의 진정한 동반성장이고 상생경영이며 한국과 아프리카가 윈윈하는 국제협업 효시다. 과거 공급 차원 원조에서 '수요유발형 개발모델'을 지향하고 현지 주민이 가장 필요로 하는 생필품(특히 수입대체재)과 가장 적절한 기술을 제공하여 '생활자립형 단지'를 조성한다.

저개발국, 개발도상국, 중진국이 필요로 하는 적정기술을 보유한 베이비부머 은퇴자를 파견해 기술을 전수한다. 현지인 관리자가 육성될 때까지 초기 셋업을 지원하고 효율적 단지운영을 위해 국제감각을 갖춘 대졸 청년들을 투입해 중간관리자 역할을 수행하게 한다.

현지인은 기아 가구당 1명씩을 뽑아 6개월~1년간 훈련시켜 단지에 투입하고 일거리를 제공한다. 대기업은 단지 인프라와 판매망을 구축하고 중소기업은 생필품 생산을 책임진다.

기아해결과 현지의 경제자립 기초를 동시에 달성하기 위해서는 '세 가지 70% 원칙'을 준수한다. 현지 생산품이 수입산 대비 절대 경쟁력을 갖고 주민의 소득증대를 유도하도록 원부자재 70%를 현지 조달한다. 부락 단위로 원부자재를 발굴(1촌 1원자재, 지역경제 활성화 기초)하여 1차 가공 후 단지에 납품하도록 주민을 조직화하고 품질향상 기술교육을 시킨다. 새마을운동 교육 콘텐츠를 활용해 대주민 자립정신 배양교육을 전국적으로 전개한다. 우리나라가 1970년대에 함께 외쳤던 새마을운동 정신인 "잘살아보세!"를 "지구촌 사람들이여, 다 같이 잘살아보세!"라는 글로벌 캠페인으로 세계화한다.

원부자재 70% 현지화(농가 소득증대 기초), 생산품의 70% 현지판매(생필품 자급자족), 이익의 70% 현지 재투자(산업단지 경제활동의 전국 확대지원) 등 세 가지 원칙을 운영방침으로 한다. 특히 원부자재 70% 현지 조달 원칙은 수입품 대비 원가경쟁력을 확보하고 판매가를 낮춰 보다 많은 주민이 구매할 수 있어야 시장수요가 확대되므로 단지 조기 안정화의 필수 조건이다. 국가 간 원부자재 비교우위를 평가해 업종별로 특화단지를 병행추진할 수 있고 이는 역내교역 확대(아프리카 역내교역은 2013년 기준 GDP의 10% 이내)로 이어져 지역 평화에도 이바지할 수 있다.

국제사회 빈곤퇴치는 인류공통의 과제로 ① UN 및 세계은행의 공조, ② 한국 정부의 국책사업 승인, ③ 대기업의 주도적 실행 등 3자 합의를 이끌어내는 리더십 발휘가 필요하다. UN은 국제 원조물자를 현지 공단에서 조달하도록 해주고, 국제 구호자금이 현지 인력 교육훈련에 우선적으로 투입되도록 유도한다. 세계은행은 10~20년 무이자 장기 대출을 제공해 초기에 진출한 기업들의 자금난을 지원해준다. 세계의 부호재단으로부터 기아퇴치기금을 유치하기 위해 국제 민간구호단체인 가톨릭 카리타스 등과도 협업한다.

이 프로젝트는 기업의 사회적 책임Corporate Social Responsibility, CSR 차원이 아니라 사업으로 성립해야만 지속가능하므로 참여기업(대기업·중소기업)이 최소한 3년 이후에는 이익을 내도록 유도한다.

성장엔진을 재구축하는 초기 마중물 사업

아프리카 빈곤퇴치를 위한 산업단지 프로젝트는 단순한 구호활동 사업이 아니라 대한민국의 성장엔진을 재구축하는 마중물 사업이다. 아프리카와 같은 국제사회 70%의 개발도상국을 개발하고 신용을 쌓아 10여 년 후 미래 잠재시장을 선점하여 한국의 시장으로 삼는다. 현재 우리 대기업, 중소기업이 경쟁우위를 잃어 어려움을 겪고 있는 대부분의 업종이 개발도상국에서는 아직도 시장성장기에 있다. 한국이 진정한 선진국으로 도약하기 위한 성장 기회가 개발도상국에 있다고 주장하는 근거다. 대한민국 성장엔진을 '단품제조 경쟁우위'에서 개발도상국의 경제발전을 지원하는 사회 인프라사업, 도시개발, 맞춤형 산업단지 개발사업 등으로 전환시킨다.

선진국과 개발도상국의 중간에 있는 한국은 개발도상국이 필요로 하는 70, 80년대 기술들(3D·건설·중공업·화학 등)을 아직 갖고 있는 몇 안 되는 나라다.

국내외 여러 인사들도 프로젝트를 적극 지지하고 있고 언론에서도 관심을 기울이고 있다. 만델라 대통령은 2011년 11월 나와의 면담에서 아프리카 원조는 일거리와 자립정신 교육 중심으로 진행되어야 한다고 강조했다. 한승수 전총리는 "이 프로젝트가 정권의 향배에 상관없이, 15~20년 지속되도록 해야 한다. 대기업과 중소기업의 협업을 시스템화하고 중국견제를 위해 제3국 협업체제도 필요하다"고 강조했다. 김희중 천주교 대주교는 "아프리카 산업화를 지원하면서 한국이 산업화로 겪은 농촌경제의 피폐문제 등을 사전에 고려해 부작용을 최소화해야 한다. 현지인에 대해서는 기술교육뿐만이 아니라 인성교육도 중요하다"고 당부했다. 또한 제프리 삭스Jeffrey Sachs 교수는 "한국의 차별화된 경제개발 경험을 개발도상국에 전수해 기아퇴치는 물론, 경제자립 기초를 조성할 수 있는 프로젝트이므로 중국의 아프리카 공단을 벤치마킹하여 보완점을 찾아 추진하면 좋겠다. 나 역시 국제사회의 지지를 얻도록 정치적 역할political role을 다하겠다"고 말했다. 만델라 부인인 그라사 마셸Graca Machel은 "아프리카 공단 프로젝트는 인류기아를 없애자는 숭고한 뜻이 있으니 한국 국민으로만 한정하지 말고 세계시민이 동참하도록 글로벌 홍보전략도 같이 추진하면 좋겠다"고 했다.

에티오피아 물라투 테쇼메Mulatu Teshome 대통령은 "공단의 생산품목은 현지 국가의 경제개발 계획과 일치시켜주고 UN의 역할을 구체적으로 적시해주면 에티오피아 정부가 직접 UN에 요청하겠다" 등의

광복 70주년 기념 컨퍼런스에서 발표하고 있는 박광기 삼성전자 부사장.

"포스트-2015 발전 아젠다와 한국의 대응방안", 한국 지속가능발전해법네트워크(SDSN) 기획
(2015. 8. 24. 프레스센터)

의견을 제시했다.

　이와 관련해 중앙선데이는 50주년 창간 기획기사로 2015년 9월 20일자 '한국형 산업단지 30개 조성… 청년, 퇴직자 30만 명 파견'의 제하에 우리 프로젝트를 자세히 보도했다.

저성장 공급과잉의 시대, 승자독식의 정글사회로부터 상생경제를 어떻게 이룰 것인가? 서로 경쟁하지 않고도 공생할 수 있는 길을 찾을 수는 없을까? 시대 상황이 바뀌었는데도 여전히 고도성장기에 하던 것처럼 개인과 조직의 이익만을 위해 행동하는 것은 공멸을 자초하는 길이다. 약육강식의 경쟁 패러다임이 지배하는 사회체제를 상생사회로 진화시킬 수 있는 뉴패러다임은 무엇인가? 관(官)이 민(民)을 관리하고 대기업과 중소기업을 갑과 을로 규정하던 시대는 지났다. 민·관이 하나되고 대·중소기업이 힘을 합치는 융합 패러다임으로 상생사회를 열어야 한다.

뉴패러다임

2

사회
경영

경쟁사회에서 상생사회로

경쟁사회에서
상생사회로의
진화

A사와 치열하게 시장점유율 경쟁을 벌였던 적이 있다. 그 시장은 A사가 이익을 내는 몇 안 되는 해외시장 중의 하나였다. 가격을 인하해서 경쟁사가 확보하고 있는 마진을 없애고 돈줄을 끊어 경쟁사가 이익을 내지 못하도록 하는 '경쟁사 견제' 전략이 제시되었다. 당시 A사는 다른 시장에선 우리 회사와 격차가 많이 났지만 유독 이 시장만큼은 일부 품목에서 앞서고 있어서 법인장이 압박을 많이 받고 있던 터였다. 단견임을 알면서도 나는 법인장의 의견을 수용했고 전략은 실행에 옮겨졌다. 내가 우려했던 대로 A사는 즉시 가격대응을 해왔고 곧바로 시장은 출혈경쟁의 장으로 바뀌었다. 당초 목적은 달성되지 못했다.

서로가 상처뿐인 전쟁은 1년 후에 막을 내렸다. 몇 개월이 지난 후 이 시장은 유통도, 브랜드도 아무도 이익을 내지 못하는 시장으로 전락해버렸다. 실제로 소비자도 브랜드 간 가격경쟁으로 수시로 가격을 내리는 제품에 대해 구매를 미루는 등 누구도 만족스러운 결과를 얻지 못하고 시장생태계 자체가 파괴되는 결과를 초래했다.

해외시장에서 한국 기업 간 이전투구(泥田鬪狗)식 저가 수주경쟁은 악명이 높다. 특히 건설업계에서는 외국업체와 경쟁하기보다 우리 업체 간 경쟁으로 서로 피해를 입는 경우가 다반사다. 국내에서도 제 살 깎아먹기식 경쟁이 난무한다. 고도성장기의 경쟁 패러다임이 불러온 역효과다. 중국 요우커를 더 많이 유치하기 위해 인두세를 낸다는 뉴스 보도에 아연실색했다. 경쟁의 대상을 경쟁사로 인식한 대표적인 사례다. 이런 전략은 시장이 성장기에 있을 때는 시장점유율 확대를 가져오고 절대이익이 늘어나는 선점효과를 가져오기도 한다. 그러나 시장이 성숙기에 이르면 누구에게도 도움이 되지 않는 헛된 출혈경쟁으로 변질된다. 서로가 지는 게임lose lose game이다. 공급이 부족했던 과거에는 경쟁자가 많지 않았다. 선배들의 자수성가한 경험이, 고생했던 경험이 오늘날 후배세대에게 별 도움이 되지 않는 이유가 여기에 있다. 환경이 다르다. 다윈의 진화론에서 탄생한 적자생존의 경쟁 체제는 다음의 세 가지 단계를 거쳐 진화하고 있다. 각자도생의 성장시대, 1등주의와 코스트 경쟁을 부추기는 경쟁시대, 인류 공동체를 지향하는 상생시대가 그것이다. 개인의 이기적 경제 행위에 면죄부를 주는 애덤 스미스의 국부론과 개인적 성공 추구에 정당성을 부여한 새뮤얼 스마일즈의 자조론 등 산업사회의 철칙이 붕괴되고 있다. 이제는 상생을 위한 연결 실력이 경쟁력의 새로운 패러다임인 것이다.

경쟁 패러다임의 모순에서 경쟁의 본질을 찾을 때

경쟁을 하는 이유는 고객을 만족시키기 위해서다. 근본은 고객서비스를 위한 것이지 경쟁사가 경쟁의 목적이 아니다. 그것을 알면서도 현장에서 싸우다 보면 쉽게 경쟁의 근본 목적을 보지 못하고 경쟁의 수단만 보게 되는 우를 범하게 된다. 아직도 많은 기업들이 경쟁사를 경쟁의 대상으로 착각하고 있다. 우리 사회는 88서울올림픽 이후 내수시장에서 공급이 수요를 초과하면서 급격히 경쟁 시대로 돌입했다. 성장기의 패러다임은 경쟁이다. 경쟁력은 경쟁에서 나온다는 믿음이 비즈니스계의 상식이다. 시장이 성장기에 있을 때는 서로 경쟁하면서 시장 규모를 키워가기 때문에 경쟁을 통해 모든 업체가 같이 성장한다. 그러나 시장이 성숙기에 접어들었는데도 성장기의 경쟁 양태를 지속하면 상호 출혈경쟁으로 변질된다. 여기서 새로운 패러다임을 열지 못하면 쇠퇴의 길로 가고 결국 공멸한다. 형제들이 자랄 때는 서로 다투면서 크지만 어른이 되고 나면 형제의 우의로 서로 돕고 사는 게 근본 아닌가. 왜곡된 경쟁 결과가 공급과잉 사태를 낳고 시장생태계를 망치고 서로가 지는 게임으로 몰고 간다. 경쟁의 대상은 소비자가 바라보는 가치다. 진화의 자연법칙은 상대방보다 강한 자가 아니라 환경에 더 잘 적응하는 자의 손을 들어주었다. 환경에 적응하는 생물만이 살아남고, 그렇지 못한 것은 도태되어 멸망하는 적자생존이다.

독일, 일본 등 선진국 강소기업들은 사업을 넓히지 않고 작은 시장에 집중하는 공통된 특징이 있다. 서로 경쟁하는 영역을 피하고 있는 것이다. 성장 시대는 위기분산을 위해 주로 사업다변화, 문어발 확장전략을 채택했지만 시장이 성숙되면 나만의 차별화된 역할을 할 수 있는 사업 영역이 더 중요해진다. 이들에게는 경쟁사가 경쟁 대상이 아니다. 경쟁의 방향을 소비자에게 돌린다. 소비자의 진화하는 요구 수준이 경쟁 대상이 된다. 끊임없이 진화하는 인간의 눈높이가 경쟁 대상이다. 조직원이 어제보다 더 똑똑해지지 못하면 소비자의 눈높이를 따라잡을 수 없으니 내부역량을 키우는 학습능력이 대상이다. 알리바바 마윈 회장은 "과거 야후, 구글과 경쟁했고 결과는 전쟁포로 신세였다. 진정한 경쟁은 이전 세대와의 경쟁이고 미래와의 경쟁이다"라고 고백하고 있다.

『손자병법』에서는 '나의 강점으로 적의 약점을 치는 것'이 병법의 핵심이라 했다. 기업 현장에서 우리는 이 피실격허(避實擊虛) 전략을 기본 원칙으로 믿고 활용해왔다. 지금 이 시대에도 과연 유효한가? 시대정신은 경쟁이 아닌 공동체의 상생을 요구하고 있다. '나의 강점과 상대방의 강점을 융합하고 서로의 약점은 보완하는 것'이 상생이다. 서로 다른 요소들이 다양하게 결합될 때 더 큰 에너지를 생성한다. 핵융합도 같은 이치다. 잡종강세(雜種強勢)다. 다양한 요소들이 어울려야 새로운 혁신, 새로운 에너지가 생겨난다. 과거의 성공방정식은 당시에는 통했을지 모르지만 변화된 오늘의 환경에는 더 이상 적합하지 않다. "성공법칙은 항상 배반한다"는 피터 드러커의 말이 이를 웅변한다. 시대의 흐름에 맞는 적절한 변신만이 살길이다.

경쟁에서 상생으로, 상생경제는 가능한가

연말이면 대학수학능력 시험에서 수석을 한 학생을 공개하고 대기업 임원이 된 사람들을 신문지상에 보도하는 등 1등만을 치켜세우는 분위기 속에서 우리 사회는 성장해왔다. 입시경쟁, 입사경쟁, 출세경쟁, 기업 간 경쟁 등 경쟁은 우리 사회 발전의 동력이었다. 하지만 경쟁은 불가피하게 다수의 실패자를 생산하고 구성원의 행복지수를 떨어뜨리고 사회불안을 조성한다. 경쟁하지 않고도 이 사회를 계속 발전시킬 수 있는 상생은 가능할까?

성장기가 지나 성숙기에 접어들면 경쟁 패러다임은 시효를 다하고 경쟁사회에서 상생사회로 진화한다. 성장은 나와 내 조직의 존재 목적과 이념을 구현하기 위해 힘을 갖추는 과정이고 경쟁은 상생융합을 위해 성장하는 과정이다. 최근 IoT, 소프트웨어, 플랫폼, 생태계, 솔루션, 개방이 산업계의 화두다. 이들 단어들이 의미하는 시대정신은 무엇인가? 컴퓨터와 핸드폰이 융합되어 스마트폰이 탄생했다. 상호연결과 공동개발C&D, Connection and development로 혼자서 하는 R&D가 아니고 함께 하는 R&D가 확대 추세다. 쌍용자동차와 포스코가 협업해 신모델 기획부터 더 강하고 가벼운 차체를 개발하고 있다. 하드웨어 제품 공급과 서비스가 합쳐지는 트렌드도 융합의 산물이다. 택시(제품)+콜택시(서비스)를 합친 우버Uber, 항공기엔진(제품)+30년 보증수리(서비스)를 합친 GE의 항공기사업 등은 모두 융합의 산물이다. 왜 기업들이 자기들이 힘들여 개발한 기술을 개방하려고 나서는가? 융합할 때 비로소 상생의 길이 열리기 때문이다. 산업화가 지구촌을 한 바퀴 돌아 기술의 평준화를 이루었다. 이 책을 읽는 독자 또한 산업과 일의 성격을 불문하고 각자 일하는 현장에서 기술과 노하우, 경험의 평준화를 실제로 느끼고 있을 것이다.

서로에게 도움이 되는 것이 상생이므로 사회 구성원을 이해하지 못하면 상생이 불가능하다. 기업에서 고객통찰consumer insight이 더욱 중요해지는 이유다. 하지만 아무리 많은 지식이 있더라도 그것을 나누는 대상이 사람이므로 내가 가진 역량을 잘 활용하려면 사람부터 연구해야 한다. 내가 남에게 도움이 되는 일을 해서 나의 어려움도 해결하는 것이 진정한 상생이다. 상생은 내가 가진 것을 필요로 하는 상대방이 누구인지 파악하는 것에서 출발한다. 플랫폼 비즈니스는 대표적인 상생모델이다. 돈을 벌려고 시작하는 사업 아이디어가 아니다. 100% 남에게 도움을 주려고 시작한다. 사람을 연결시키는 페이스북이 그러하고 중소기업 제품과 소비자를 연결해주려는 알리바바가 그러하다. 사람이 모이면 광고수익 등으로 돈은 저절로 들어온다. '배달의 민족'이 수수료를 포기해서 이용자수를 확대한 전략도 같은 맥락이다. 상생은 서로의 문제를 해결하는 솔루션이고 융합은 서로의 강점을 묶어 신가치를 창출해내는 일이다. 음과 양의 합이요, 요철의 맞춤이다. 나만의 희생, 일방적인 도움은 상생이 아니다.

경쟁 패러다임에서 벗어나 미래를 열어갈 새로운 패러다임을 찾으려면 우리 사회의 진화 방향, 즉 시대정신을 이해해야 한다. 이는 수단과 방편에 매이지 않고 근본 목적을 찾아가는 데 있다. 일례로 우리 사회가 국사교과서의 국정화냐 검인정이냐의 이분법적 사고에 빠져 대립하고 있다. 국정화도 방편이요, 검인정도 방편에 불과하다, 무엇을 얻기 위한 것인가? 교육의 대상인 "후대가 한국인으로 긍지를 갖게 하고 그 자신감으로 밝은 미래를 열어가도록 올바른 역사관을 갖게 하자"는 것 아닌가. 진화의 자연법칙은 사회에도 적용된다. 과거의 토대 위에 오늘이 있다. 과거의 시행착오와 모순을 통해 사회는 성장한다. 부정인가 긍정인가가 아닌 무슨 교훈을 얻을 것이냐가 근본 아닌가. 방편에 매이지 않고 근본 목적에 집중하면 언제나 중도의 길은 열리고 정반(正反)의 합(合)을 찾을 수 있다. 우리 사회를 정체에서 진일보시키는 패러다임은 무엇인가? 경쟁에서 상생으로, 각자도생(各自圖生)에서 융합으로, 역량의 축적에서 축적한 역량의 활용으로, 출세하는 것에서 성공을 이뤄내는 것으로, 지식에서 창의로, 개인주의에서 더 큰 공동체주의로, 개별 처방에서 통합 솔루션으로 우리 사회는 패러다임 전환을 맞이하고 있다. 고도로 진화된 오늘날의 우리 사회는 모든 것이 서로 연결되어 있으므로 부문별 처방으로는 문제해결이 불가능하다. 통합과 융합이 해결책인 이유다.

그렇다면 우리 사회의 상생경제는 어떻게 이룰 것인가? 일례로 우리나라 자영업자 비중이 가장 높은 식당을 보자. 식당이 많지 않던 과거에는 다양한 메뉴를 한집에서 제공하는 것이 고객에게 편리했지만 오늘날과 같이 업소밀도가 높을 때에는 과당경쟁의 원인이 되고 고객의 진화된 안목을 따라가지 못하는 품질낙후로 이어진다. 이웃하는 식당들의 덤핑경쟁으로 망해가던 상권이 상생으로 되살아난 사례는 패러다임 전환의 좋은 예다. 조합을 결성하고 각 식당마다 메뉴를 차별화해서 상호 경쟁을 피하고 더 좋은 품질을 제공하려고 노력한 결과, 고객들을 다시 불러들인 것이다. 경쟁하지 않고도 이 사회를 위해 할 수 있는 나만의 역할을 찾아야 한다. 상황이 바뀌었는데도 여전히 경제성장기에 하던 것처럼 개인과 조직의 이익만을 위해 행동한다면 그건 망조가 든 것이다. 우리 직원들이, 우리 회사가 사회에 무엇을 할 것인지를 연구하는 것이 진정한 사회적 기업이고 조직이다.

국제사회를 보자. 개발도상국, 중진국 단계에서 진정한 선진국으로 발전하려면 경쟁을 접고 서로 융합해서 상생 시대를 열어야 한다.

한국의 개발 경험이 개발도상국에 도움이 된다. 어떻게 도움이 될 수 있도록 적용할 것인가가 곧 연구과제이고 전략이다. 대기업 문어발 사업의 강점과 전 세계 최고의 베이비부머 은퇴자들을 융합해 우리의 기술을 필요로 하는 개발도상국으로 나간다. 전 세계 대졸인구 비율이 가장 높은 사회, 고학력 인력을 활용한다. 개발도상국 사회개발은 우리의 50년 개발 경험을 교육 콘텐츠화하여 인프라사업을 추진해나간다. 새마을운동, 자립정신 배양은 저개발국이 필요로 하는 최고의 교육 콘텐츠다. 관이 민을 관리하고 대기업과 중소기업을 갑을로 규정하던 시대는 끝이 난 것이다. 민관이 협업하고 대중소기업이 서로 힘을 합치는 융합시대를 열어야 한다. 바야흐로 인류는 단일문명으로 통합되고 있다. 지구촌 차원에서도 UN이 최근 글로벌 파트너십을 강조하고 글로벌 공동체 교육을 강조하는 이유가 여기에 있다. 글로벌 시대에는 국가 간의 경쟁이 아니라 국가 간의 역할이 차별화되어야 한다.

상생사회 뉴패러다임, 융합경쟁력

오늘날은 대화가 더욱더 중요해졌다. 서로의 지식과 소질을 교환하고 융합하여 서로 충전하는 시기다. 요즘 거리에 나서면 한 집 건너 커피숍이다. 왜 커피숍이 성업하는가? 모여서 연구해야 하는 일이 많아졌기 때문이다. 사회구조가 매우 복잡해져서 혼자서 내리는 처방으로는 좋은 결과를 얻기가 쉽지 않다. 팀워크가 필요하다. 성장기 사회는 각자 힘을 기르는 때이고 성숙기는 각자의 힘을 융합해야 나의 힘이 배가된다. 나만의 힘과 논리로는 가속도가 붙은 사회변화를 따라갈 수 없다. 이제 개인이 사회적응력을 올리려면 혼자가 아니라 다른 사람과 함께 힘을 합쳐야 한다. 동료와 경쟁하려 하지 말고 힘을 합치는 데 나의 발전이 있다.

얼마 전 화장품 업계 1, 2위인 아모레퍼시픽과 LG생활건강이 3년 간의 특허분쟁을 끝내고 쿠션 파운데이션 기술, 치아미백 패치 관련 특허기술을 상호 공유하기로 했다. 두 회사는 'K-뷰티'의 글로벌 경쟁력 제고를 위해 상호 보완하는 협업의 길을 택한 것이다.

국가경영에도 융합역량이 필요하다. 싱가포르의 리더들에게는 민과 관의 경력경로career path가 따로 있지 않다. 중국 천진 시 한수산 시장을 만났을 때 나는 그분이 정부 관료라기보다 경영인이라는 인상을 받았다. 중국에서는 재임기간 중 시의 GDP성장률이 시장의 업적을 평가하는 주요 항목 중 하나다. 이들 나라에서는 기업경영인, 정부 관료가 서로 보직을 순환하면서 공익과 기업효율 관리를 모두 경험한다.

단품, 정반의 개념, 이분법적 사고를 넘어서서 윈윈하는 융합 솔루션, 중도, 통합으로 진화하는 시대다. 왜 융합제품인가, 왜 IoT인가? 각각의 단품기술이 성숙했기 때문에 이제 단품을 엮어 솔루션을 낼 때 새로운 가치가 생겨난다. 단품은 솔루션을 구현하기 위한 과정이다. 하드웨어 제품 중심의 생산 시대는 가고 운용과 활용의 시대가 온 것이다. 이미 개발된 기술과 제품을 어떻게 더 잘 활용하고 운용할 것이냐가 주가 되는 시대다. 운용은 곧 서로 다른 것을 융합해내는 역량에 달려 있다. 스마트홈, 건물종합관리, 원격진료 등은 모두 융합업종이다. 진정한 창조경제도 민·관이 합심하여, 즉 융합해 상생의 길을 열 때 가능하다. 개발도상국에 제공하는 '도시계획+공단조성+복지제도+시공+설계'를 융합한 턴키 솔루션turn key solution 사업인 사회 인프라사업이 새로운 기회다. 이를 위해 민·관, 대·중소기업을 융합하는 상생의 리더십이 필요하다. 공익과 기업의 효율성을 융합하고 정부 또한 수백 개 규제법을 만들기보다 어떻게 기업과 힘을 합쳐 해외사업을 펼칠지 뉴패러다임을 열어야 한다.

지금까지 우리는 경쟁에서 이기는 사람, 1등 하는 사람, 소수의 성공한 사람을 영웅으로, 롤모델로 바라보면서 성장해왔다. 1등은 목적을 이루기 위한 수단이고 과정일 뿐이다. 개인이든 기업이든 성장의 궁극적인 목적은 우리 사회가 성숙된 공동체로 진화하는 데 기여하는 것이다. 즉 성장의 과실을 다수가 누리고 함께 잘사는 상생사회를 여는 데 일조하는 것이 진정한 성공이다. 이제 기업 간, 사회조직 간, 개인 간, 범국민적 융합상생 운동을 전개할 때다. 이것이 성숙기에 접어든 우리사회에 던져진 숙제다.

사회에 빚진 지식인,
사회운영 패러다임
진화의 주역

빈곤퇴치 프로젝트를 대기업 임원들과 추진하면서 추진 주체를 공식화하기 위해 연구소를 등록했다. 우리 사회에 이렇게 많은 연구소, 재단, 사단 등이 있다는 것에 놀랐다. 한국개발연구원, 대외경제연구원, 한국 경제연구원, 중앙경제연구원 등 수많은 연구소가 있다. 정부출연기관도 많다. 이들 연구소의 연구 결과는 무엇인가? 그 결과물이 우리 사회에 어떤 변화를 가져왔는가? 성과를 측정하지 못하는 조직은, 역할을 확인할 수 없는 조직은 사회에 기여하지 못하는 집단으로 전락해버린다.

연구원은 우리 사회 최상위 엘리트 지식인들이다. 노블레스 오블리주를 실천해야 할 최우선 주체다. 우리 사회 각 부문의 정체는 변화된 환경에 적응하고 선도해나갈 뉴패러다임을 개발하지 못하는 데 있다. 지식 엘리트들이 제 역할을 하지 못하는 데 이유가 있다. 이들은 우리 사회가 고도성장기를 지나오면서 산업역군의 역할로서나 국민들의 먹을거리 해결에 기여했다기보다는 사회에 대한 연구를 주로 해왔다. 이들이 지금까지 사회와 국가의 도움으로 지식을 얻었다면 이제부터는 정체된 사회를 성장시킬 수 있는 새로운 운영규칙을 개발할 책임이 있다. 이것만이 신지식인으로 진화하는 길이고 지식 엘리트로서의 역할을 하는 길이다. 지식인은 콘텐츠 생산의 주체다. 사람을 감동시켜 움직이게 하는 힘은 바로 콘텐츠다. 사회를 변혁시키려면 사람을 움직이게 하는 실질적인 콘텐츠, 곧 뉴패러다임을 개발해내야 한다.

지식인의 노블레스 오블리주

바야흐로 우리 사회는 성장기에 감추어진 사회 모순들을 극복하고 새로운 시대를 여는 방법을 찾아야 하는 위기를 맞고 있다. 위기는 곧 기회라고 했다. 사회 구성원 모두가 연구원이 되어 각자 맡은 분야에서 모순을 해결할 연구활동을 해야 한다. 고도성장기에는 경제인들이 앞장서 우리 사회의 경제건설을 주도했다면 이제는 지식인들이 앞장서 고도성장기 다음의 우리 사회의 미래를 열 수 있어야 한다.

이제 연구소나 연구재단은 연구를 위한 연구가 아니라 우리 사회의 특정 부문에 있어 모순을 극복할 책임을 지는 실질적인 연구 이념을 정립해야 한다. 우리 사회에는 수많은 연구기관이 있지만 책임관계는 모호하다. 복지정책을 제안하는 연구기관이라면 자신들이 세운 복지정책으로 빚어진 모순에 대해 도의적 책임이라도 지는가? 연구기관마다 담당 영역을 정하고 사회문제에 대해 책임지고 연구

결과를 내놓아야 한다. 역할이 분명하지 않은, 사회 기여도가 불분명한 조직은 도태되어야 한다. 우리 연구소가 이 사회에 어떻게 기여할까, 어떤 미래를 열어가야 할까, 어떻게 우리의 역할을 바꾸어가야 할까를 구체적으로 제시하는 질 높은 연구소의 이념을 정하는 것이 우선이다.

방편연구에서 본질을 찾는 연구로

성장기에는 다양한 방편과 수단을 연구했다면 성숙기에는 본질, 즉 근본 원인과 목적을 찾는 연구로 진화시켜야 한다. 일례로 병의 증상을 치료하기보다 병이 오는 원인을 찾는 근본 치료에 대해 연구한다. 범법자 검거를 잘하는 검사보다 범죄가 생기지 않게 하는 사회환경을 만드는 검찰의 역할을 연구한다. 복지수급자를 잘 관리하는 방책에서 복지수급자가 왜 생기는지 그 근본을 밝히고 복지수급자 발생을 줄이려면 어찌할 것인지를 연구한다.

제3의 길, 중도 상생융합 제시가 연구원들의 역할

사회 모순과 갈등을 극복하는 제3의 길, 중도, 상생융합을 제시하여 새로운 시대를 열어야 할 주체가 바로 연구원들이다. 미래 연구는 혼자 하는 것이 아니고 팀워크가 기본이다. 서로 다른 분야가 모여서 서로의 안목을 융합할 때 더 질 높은 해결책이 나온다. 연구원 각자가 같은 주제로 서로 모이고 연구소 간에 서로 융합하고 연구소와 기업이 서로 만나 협업체계를 구축해야 한다. 고도로 복잡화된 우리 사회는 부문별 처방으로는 문제를 해결할 수가 없다. 모든 문제를 하나로 연결하는 통합 솔루션을 찾아야 한다. 진보와 보수, 성장과 분배, 민주와 공산의 이분법적 사고를 극복하고 계층 간, 이념 간, 세대 간 갈등을 해결할 수 있는 뉴패러다임을 개발해야 한다. 2015년 노벨 경제학상을 받은 앵거스 디턴Angus Deaton은 자신의 책 『위대한 탈출: 건강, 부 그리고 불평등의 기원The Great Escape: health, wealth and the origins of ineaquality』에서 사회악으로 여겨지는 불평등에 대해 성장에 기여한 불평등의 긍정적인 면을 부각했다. 그리고 먼저 빈곤을 벗어난 사람들이 뒤에 남은 사람들을 어떻게 도울 것인지를 제시함으로써 성장과 분배라는 이분법적 대립에서 중도를 제시한 지식인의 좋은 사례다.

한류 파워,
미래지향적
콘텐츠에 달렸다

2013년 여름, 나는 미얀마 양곤을 여행했다. 오후 8시가 조금 넘은 시간인데 양곤 시내에는 차량의 통행이 적고 매우 한가했다. 한국 TV 드라마 '대장금'을 보기 위해 모두들 귀가했기 때문이란다. 한류 정도가 아니라 한류열풍이라고나 할까. 태국에 사는 현지인 친구는 요즘 대한·민국·만세, 세 아이의 재롱이 담긴 프로그램을 유튜브로 보는 게 낙이라고 한다.

지구촌에 한류가 거세다. 한국 드라마, K팝에서 시작된 한류가 한국 콘텐츠의 세계화를 선도하고 있다. 신사동 가로수길과 같은 상권 형성의 동인도 한류 콘텐츠다. 작은 숍들마다 지닌 각자 개성 있는 콘텐츠와 스토리가 경쟁력이고 매력이다. 한류는 국가브랜드 제고로 이어지고 우리 국민의 해외진출 기회로 이어진다. 그러나 한류에 격을 더하고 우리 경제가 한 단계 도약하려면 우리 국민의 의식 수준을 대변하는 콘텐츠도 한 단계 업그레이드되어야 한다.

인간의 마음을 움직이는 것은 기술이 아닌 콘텐츠

지금의 시대정신은 인본주의다. 성장기는 기술을 숙성시키는 때이고 성숙기는 숙성된 기술을 융합해 어떤 기술이 어떤 사람에게 어떻게 쓰일지, 사람을 연구하는 시기다. 즉 생산의 시대에서 활용과 운용의 시대로 바뀐 것이다. 그래서 인문학이 중요해진다. 인간이란 어떤 존재인지, 어떻게 살아야 하며 무엇을 필요로 하는지, 인간에 대해 알아야 그에 맞는 기술, 콘텐츠를 제공할 수 있는 것이다. 인간의 마음을 움직이는 것은 콘텐츠이고 소프트웨어이지 하드웨어가 아니다. 콘텐츠는 사람을 움직이는 동력이다. 콘텐츠를 지배하는 자가 세상을 리드한다.

하드웨어 기술이 성숙한 오늘날은 콘텐츠가 경쟁력의 핵이다. 스마트폰이 성장기에 있을 때 사람들은 프리미엄을 지불하고서라도 더 좋은 성능을 지닌 스마트폰을 구매했다. 이제 스마트폰 기술은 일반화되었고 사람들은 스마트폰으로 즐길 수 있는 라이프스타일 콘텐츠를 더 중시한다. 하드웨어는 그릇이고 콘텐츠는 내용물이다. 잘 빚은 그릇 속에 무엇을 담느냐가 더 중요한 시대다. 콘텐츠 경쟁력은 어디서 오는 것일까? 콘텐츠의 진화 방향은 무엇인가? 콘텐츠는 우리 시대의 자화상이자 지적 진화의 산물이다. 우리가 만들어내는 콘텐츠에 의해 우리 사회는 오늘도 진화한다.

효율적인 여가활용을 위해서는 TV 시청 시간을 제일 먼저 줄이겠다는 응답이 가장 많다는 조사 결과가 있다. 많은 사람들이 TV 보는 시간을 대표적인 낭비로 생각한다. 배울 게 없다는 말이다. 인간은 지적 욕구와 호기심이 많은 사회적 동물이다. 오늘날 우리 사회에는 정크 콘텐츠가 차고 넘친다. 그럴수록 양질의 콘텐츠에 목마르다.

한 예로 뉴스보도를 보자. 세월호 사건이 터지고 메르스 사태가 일어나고, 미디어는 사고 보도에 급급하다. 뉴스의 대부분이 사고발생 자체에 대한 보도에 치우쳐 있다. 사고가 발생하게 된 근본 원인을 알려주는 뉴스 콘텐츠는 극히 드물다. '왜' 이런 현상이, '어째서' 이런 사고가 이 사회에 발생하게 되었는지, 어떤 사회환경이 이런 사고를 발생시켰는지 근본적인 원인을 밝혀 국민이 이해하도록 해설해주는 콘텐츠가 없다. 같은 사고가 시간을 두고 반복적으로 일어나는 이유다. 학습효과가 없기 때문이다. 사건보도는 30%이고 '왜, 어째서'에 대한 탐사보도가 70%가 되어야 한다.

미래를 열어갈 콘텐츠 개발이 경쟁력이다

왜 경쟁을 멈추고 상생해야 하는지, 왜 플랫폼이 중요한지, 왜 과거보다 더 살기 좋은 사회를 만들었는데 자살 인구가 늘어나는지, 다양한 사회현상이 일어나는 근본 동인을 이해시켜줄 수 있는 철학이 필요하다. 현상이 아니라 문제의 근본 원인을 밝혀야 근원적인 처방이 가능하기 때문이다. 우리 사회는 너무 많은 모순 속에서 임시처방에만 급급하고 근본적인 해답을 찾지 못하고 있다. 예를 들어 병원을 보자. 육체적 병증만 치료할 뿐이지 병의 발생 원인을 치료하지는 못하고 있다. 이제는 모순의 고발에 그칠 게 아니라 문제의 정답을 찾아가야 한다. 정답을 보여주는 콘텐츠가 경쟁력이다.

스페인 영화 중에 '아마도르Amador'라는 영화가 있다. 복지정책의 부작용을 극적으로 보여준다. 마르셀라라는 젊은 여자는 아버지가 다달이 받는 복지수당에 얹혀 살아가는 실업자다. 영화에서 그녀는 아버지가 죽었는데도 사망신고를 하지 않고 같은 집에서 부패한 시신과 함께 살아간다. 복지수당을 계속 받기 위해서다. 복지 딜레마로 국가부도를 낸 그리스가 남의 일이 아니다. 노사분규가 생기지 않게 하는 기업 운영법, 인재확보에 실패하지 않는 채용 운영법 등 새로운 시대를 여는 콘텐츠가 필요하다. 공동체 의식을 고양하는 콘텐츠, 착하게가 아니라 바르게 사는 처세법, 무조건 열심히가 아니라 바르게 노력하는 생활법 등 건강한 콘텐츠는 우리 사회의 길잡이다.

'아마도르'처럼 현재의 문제에 대해 경각심을 일깨우는 영화 콘텐츠가 버전1이라면 문제에 대한 해법, 미래의 뉴패러다임을 제시하는 콘텐츠인 버전2도 나와야 한다. 70대 인턴사원과 30대 젊은 여성 오너사장과의 공존을 그린 영화인 '인턴'이 좋은 예다. 노년의 재취업과 세대갈등, 은퇴세대와 젊은층의 상생에 대한 바람직한 모범답안을 제시하고 있다. 젊은층의 감각과 노인의 지혜가 융합될 수 있는 가능성을 보여주고 있다. 미래를 열어주는, 미래를 바르게 살아가는 법을 가르쳐주는 콘텐츠 시대를 열자. 청소년에게도 과거의 죽은 지식을 교육하지 말고 미래를 잘살아나가기 위한 역량을 키워주는 교육 콘텐츠를 마련해주자. 살아가기가 너무 팍팍하여 연애, 결혼, 출산을 포기할 수밖에 없다는 '3포세대' 청년에게 희망을 주는 콘텐츠, 100세 시대를 준비해야 할 은퇴자에게 인생 2막에 대한 희망을 주는 콘텐츠를 만들자. 예를 들면 아프리카 대륙에서 기아퇴치와 싸우는 대한민국 베이비부머 명퇴자 영웅들을 그린 내용의 영화('국제시장' 버전2가 이런 내용으로 제작되기를 기대해본다)가 나올 수도 있다.

2015년 여름에 개봉한 '연평해전'은 국민에게, 특히 청소년들에게 전쟁의 위험을 알리고 안보에 대한 경각심을 불러일으켰다. 우리는 이제 '연평해전' 버전2를 기대한다. 전쟁이 일어나지 않게 하려면 전쟁이 없는 한반도의 평화는 어떤 모습인가, 연평해전이란 역사에서 우리는 무엇을 배웠고 어떤 비전을 세울 것이며 어떤 미래를 열어갈 것인가가 성숙기에 접어든 우리 사회에 맞는 버전2의 콘텐츠다.

공공 기관인 TV 방송 프로그램에서도 사회 각 분야별 모순을 딛고 뉴패러다임을 찾아내 국민에게 알려주는 기자정신이 필요하다. 요즘 TV를 보면 너나 할 것 없이 음식 프로그램이 차고 넘친다. 시청률 게임에 빠져 지적인 프로그램을 연구 개발 해내지 못하니 콘텐츠 수준이 낮고 방송국마다 개성이 없다. 국민에게 미래를 제시하고 바르게 사는 법을 가르쳐주는 지적인 콘텐츠 개발에 나서야 한다.

멀티미디어 및 경험용 콘텐츠 소비 시대를 선도

콘텐츠를 제공하는 형식, 포맷도 '멀티미디어 및 경험용 콘텐츠 소비'를 선도해야 한다. 과거는 활자 중심의 콘텐츠 소비문화였지만 지금은 시청각 중심으로 옮겨가고 있다. 스마트폰, 태블릿 등 멀티미디어 기기의 확대로 인류는 모든 콘텐츠를 인터넷으로 공유하는 시대가 되었다. 누가 먼저 활자화된 고품질의 콘텐츠를 멀티미디어화, 디지털화 시키느냐가 관건이다. 소비자가 콘텐츠를 직접 경험할 수 있는 경험용 포맷도 중요하다. 일본의 한 지방도시가 일일 우동학교를 관광객에게 오픈해 직접 우동을 만들게 하고 본인이 만든 우동을 먹을 수 있는 기회를 제공해 좋은 호응을 얻고 있다고 한다. 초등학교 교과 과정을 게임 포맷으로 만들어 아이들이 즐기면서 학습효과를 얻을 수 있게 한 것도 좋은 예다. 21세기북스가 펴낸 『마법천자문』은 아이들이 쉽고 재미있게 한자를 공부할 수 있도록 만화화한, 새로운 콘텐츠 포맷을 시도한 사례다. '뽀통령'이란 애칭이 붙을 만큼 취학 전 어린아이들에게 선풍적인 인기를 끌고 있는 '뽀로로'도 또 하나의 예다.

한국의 모든 관광 코스에 화장법, 피부관리, 머리손질, 옷입기 등 한류스타들의 스타일을 활용한 '이미지 관리 콘텐츠'를 개발해 넣으면 한국관광을 "Upgrade Yourself(너 자신을 업그레이드하라)"로 차별화할 수 있다. 일본은 온천, 태국은 마사지가 마치 기본 코스가 되듯이 한국에 다녀오면 내 이미지가 달라진다는 경험을 제공할 수 있는 콘텐츠를 넣는다면 한국의 관광경쟁력은 배가될 것이다. 관광의 본질은 학습경험에 있다. 앞으로는 관광 프로그램에 얼마나 다양한 교육효과가 있는 콘텐츠를 개발해 넣느냐가 경쟁력의 핵심이 될 것이다.

자영업자
600만 명 시대,
성공가게와 실패가게

분당으로 이사를 하면서 부동산 중개소, 가구점, 꽃집, 커튼가게 등 몇 개의 점포들을 직접 방문해볼 기회가 있었다. 점포별로 제품의 구색과 품질은 크게 차이가 없으나 주인과 종업원이 손님을 대하는 태도는 사뭇 달랐다. 손님이 많이 모이는 점포와 그렇지 않은 점포의 차이는 어디서 올까? 우리는 상식적으로 소매 점포를 생각할 때 트래픽이 많은 위치 선정을 영업 성패의 최우선 조건으로 고려한다. 통계청 자료에 의하면 2014년 우리나라는 한 해 100만여 개의 자영업 점포가 새로 창업되고 80만여 개의 자영업 점포가 문을 닫는다고 한다. 근래에는 베이비부머들의 은퇴로 자영업 창업이 더욱 확대되고 있다. 50대 베이비부머 세대가 자영업 창업의 35%를 차지한다고 한다. 대부분 생계형 창업이다. 돈을 벌어야 한다는 욕심이 앞설 수밖에 없는 창업이다.

KT 명퇴자들을 5년 후 추적해보니 거의 50%가 자영업을 시작했는

데 대부분 실패하고 퇴직금만 날렸다는 'PD수첩' 보도를 보았다. 대부분 면밀한 준비 없이, 동일 업종 내에서 다른 점포와의 차별화 포인트를 생각하지도 않고 남이 하니까 뛰어들었다가 낭패를 본 경우가 많다. 대기업이 유통에 뛰어들어 골목상권을 죽인다고 아우성이다. 이마트emart 간판을 내건 체인점이 들어서자 소규모 점포를 운영하던 상인들의 원성이 높다. "이마트 간판만이라도 내려달라"고 한다. 동네 어귀를 지키던 익숙한 슈퍼마켓, 갓 구운 말랑말랑한 빵이 있는 제과점, 이런 가게들이 대기업 유통과 경쟁하여 살아날 길은 없는가? 돈이 벌리는 점포와 돈을 버는 점포의 차이는 무엇인가?

성공하는 가게에는 분명한 사업이념이 있다. 내가 사는 분당에는 '동광수산 농수산물 마트'가 있다. 이 가게는 재래시장에서 상품(上品)의 제품만을 골라서 구매한 후 가게에서 1차 손질을 하여 질 좋고 바로 쓰기 편리한 상품으로 만들어 판매한다. 요즘은 마트에 가면 1인 가구, 핵가족을 겨냥하여 작은 용량으로 포장되어 있는 먹을거리들이 많다. 하지만 막상 집에 와서 열어보면 세척이 잘 안 되어 있다든지, 실컷 조리를 해놓았더니 맛이 없어서 돈과 시간만 낭비한 경우도 있을 것이다. 이 농산물마트는 바로 이 점에 착안했다. 가게 주인 부부는 식자재를 가공하는 일로 하루를 보낸다. 사시사철 제철 생선, 제철 채소 등을 소비자가 쉽게 조리할 수 있게 손질해서 진열해놓는다. 이곳의 타깃 고객은 먹을거리에 신경을 많이 쓰고 10% 정도 웃돈을 기꺼이 고품질에 지출하려는 중상류층 주부다. 한번 이곳의 식자재를 경험한 고객은 단골이 되고 단골은 다른 고객을 몰고 온다. 불황이 없다.

이 식료품 가게는 누구에게, 무엇으로, 어떻게 남과 다르게 기여할 것인가에 대한 생각, 즉 차별화 이념이 서 있다. 차별화가 지향하는 바는 비용과 이익 관점이 아니라 철저하게 홍익(弘益)의 관점을 가지고 있다. 즉, 어떤 고객을 위한, 어떤 고객에 의한, 어떤 고객이 중심인지가 명확하게 서 있다. 사회에 어떻게 기여하겠다, 고객의 불편함pain point을 해결하고 즐거움passion point을 주겠다는 소명의식이 사업의 출발점이다. 분명하고 질 높은 사업이념을 가진 가게는 백년가게가 된다.

　상권 내 이웃 고객들의 불편사항을 찾아서 그들이 무엇을 필요로 하는지 연구부터 해야 한다. 이웃들이 떡집이 없어 떡을 사려고 멀리 가야 한다면 떡집을 열 수도 있다. 가게 앞에 대형 마트가 진출해 기존 고객을 잃었다면 마트와 유사한 상품구색을 버리고 생과자 전문점으로 변신해 상권 내에서 최고의 과자점이 되든지, 어떻게 하든 새로이 기여할 수 있는 방안을 찾아야 한다. 일본 긴자에는 다양한 야채 식자재들을 창고에 두지 않고 모두 키친탁자 위의 오픈된 공간에 쌓아놓고 흐르는 물에 직접 세척하는 과정을 보여주는 식당이 있다. 고객은 풍성한 야채들을 보면서 식감을 기대하고 직접 세척하는 과정을 지켜보면서 위생 상태를 믿게 된다. 남아공 요하네스버그에는 가정집을 개조한 식당이 있다. 이 식당은 100% 예약손님만을 한정해서 받고 메뉴를 사전에 정해서 식자재를 당일분만 구매한다. 자연히 남는 식사재가 없으니 식자재 폐기에 따른 낭비가 없고, 남은 재고 식자재를 쓰지 않으니 고객들은 음식의 싱싱함을 높이 산다.

아무리 작은 가게라도 남다른 역할, 즉 사업이념부터 정립하자

　아무리 작은 가게를 운영하더라도 나는, 내 가게는, 우리 회사는 이웃을 위해, 고객을 위해, 더 나아가 나라를 위해, 인류를 위해 무엇을 할 것인가에 대한 사업이념을 먼저 정립해야 한다. 인간은 사회적 동물이므로 사회 구성원으로서 사회 속에서 남과 다른 어떤 역할을 할 것인가가 나의 사업의 운명을 결정한다. 사업이념조차 생각해보지 않고 무작정 오픈한 가게는 망하는 게 순리다. 사회를 연구해야 사회를 위해 무슨 일을 할 것인지 찾게 된다. 역할을 찾지 못했다면 아직 사회연구가 부족한 것이다.

얼마 전에 태국 아유타야를 여행한 적이 있다. 아유타야 강가에 위치한 호텔 중에는 가격 기준으로 가장 고급호텔인 살라Sala라는 곳이 있다. 바로 옆에 더 오래전에 건축된 호텔도 있지만 두 호텔의 분위기는 사뭇 다르다. 살라는 마치 태국의 최상위층 선남선녀들을 모아 놓은 것처럼 손님들의 격이 느껴지는 반면 10m 옆의 호텔에는 손님들의 옷차림이나 분위기에서 현격한 차이가 난다. 두 호텔은 같은 자연 풍광을 제공한다. 살라가 식당과 라운지 모두를 강가로 배치한 반면 옆집 호텔은 컴컴한 호텔 중앙부에 배치해 강가의 아름다운 전망을 놓치고 있다. 두 호텔을 디자인한 안목의 차이가 이렇게 큰 격차를 만들어냈다. 똑같은 환경에서도 완전히 급이 다른 두 호텔이 탄생한 것이다.

살라를 둘러보면 모든 면에서 실내장식 디자이너, 조경 전문가, 식사메뉴 전문가 등이 세심하게 신경 쓴 품격 있는 안목의 합작품임을 알 수 있다. 그런데 나는 이렇게 완벽한 합작품에 균형이 깨지는 두 가지 사례를 목격하게 되었다. 살라의 종업원들이 풍기는 이미지와 서비스의 질이 호텔의 다른 요소들과 격이 맞지 않았다. 그들은 지쳐 보였고 서비스 태도, 복장 또한 세련되지 못했다. 살라에 대해 인터넷에 올라오는 대부분의 부정적인 후기도 서비스에 대한 불만이었다.

성공가게는 물건 팔기가 아닌 사람에 집중

다시 '동광수산 농수산물 마트'로 돌아가보자. 제철 민어가 들어오면 민어 코너가 따로 생긴다. 가게 주인은 민어만 파는 게 아니라 민어 요리법을 잘 설명해준다. 민어를 파는 게 아니라 민어의 맛을 즐길 수 있는 방법을 제공해주는 것이다. 화장품을 파는 것이 아니라 아름다움을 파는 것이라 했던가. 부가되는 서비스의 질이 단골을 만든다. 주인은 고객마다 다른 취향을 파악해 이를 기억하고 다음번 방문 시에는 유사한 상품을 적극 소개해준다. 또한 찾아오는 고객이 불편한 점을 알려오면 사소한 일이라도 바로 개선한다. 그에게는 고객의 불편함이 바로 기회다.

고객을 바르게 대하면 단골이 되고 단골이 사람들을 불러온다. 영업하는 대상으로 고객을 대하지 말고 사람을 바르게 대하는 데 집중한다. 과거 우리는 물자가 귀한 시대를 살았다. 그때는 물건을 구입하는 것 이외에 다른 서비스를 기대하지 않았다. 오늘날의 고객은 고도로 진화된 존재다. 고도의 센서 기능을 갖추고 있다. 돈 벌려고 나를 대하는지, 사람으로 나를 대하는지 본능적으로 감지한다. 영업은 사람 연구가 본질이다. 돈을 벌려고 하면 망한다. 판매하는 물건은 방편이고, 가게에 찾아오는 사람을 잘 대하는 것이 본질이다. 고객이 우리 가게에서 무엇을 얻어가게 할 것인가가 중요하다. 직원교육은 곧 사람을 대하는 방법을 가르치는 것이 기본이다. 100% 고객 입장에서 생각하고 고객을 관찰하고 고객의 마음을 읽어내는 실력이 진짜 실력이다.

살라의 하이라이트는 앞으로 흐르는 강과 강 건너편 아유타야 시대에 세운 사원과 불탑이다. 밤에는 조명을 설치해 탑이 거리를 두고 은은하게 보이게 했다. 아마도 십중팔구 이쪽 호텔 측에서 투자한 것이리라. 그런데 강둑에 홍수로 떠밀려온 쓰레기 더미가 쌓여 있는 것이 눈에 들어온다. 살라가 고객에게 제공하는 최고의 가치는 무엇보다도 강과 호텔에서 바라다보이는 강 건너편의 사원과 불탑의 아름다움일 것이다. 그 풍경에 취할 수 없게 만드는 강둑에 버려진 쓰레기를 치울 생각을 하는 지배인이 없다니 안타까운 일이다. 고객 입장에서 고객경험을 면밀하게 연구하지 못한 패착이다.

성공가게는 고객의 안목 수준에 맞는 환경을 제공한다

물건이 아닌 라이프 스타일을 파는 시대다. 커피가 아니라 현대문화contemporary culture를 판다. 한식이 아니라 옛 양반집의 경험을 판다. 누가 고객인지를 정해서 그들의 안목 수준에 맞는 환경을 제공한다. 간판과 실내 디자인만 보아도 왜 장사가 되는지 알 수 있다. 파도소리와 바다 영상을 결합한 식당이 있다. 도심 속에서 마치 한 끼 식사를 바닷가에서 하는 것 같은 분위기를 느낀다. 점점 진화하는 사람의 안목이 프리미엄 품질을 추구하는 동인이다.

프리미엄 품질을 가진 제품의 격에 맞는 라이프 스타일을 제안하고, 그 멋을 고객이 느낄 수 있도록 가게를 다시 꾸며보자. 생활의 패션화가 큰 흐름이다. 맛과 멋을 동시에 제공한다. 맛은 몸(음식의 맛)과 영혼(지식의 맛)을 동시에 만족시켜야 한다. 음식의 맛보다 지식의 맛에 목마른 세대가 아닌가. 만물의 패션화 시대다. 만물에 멋(라이프 스타일)을 넣을 때다. 서비스의 멋을 디자인하자. 커피향 등 그 가게만의 특별한 향으로 실내를 채우고 그 가게만의 특별한 음악이 배경 음악처럼 흐르는 특별한 가게를 상상해보자. 돈을 벌려는 가게가 아니라 사람을 모으는 가게다. 단골고객 비중이 돈이 벌리는 가게의 비결이다. 단골고객 비중이 점점 더 높아진다는 것은 그 가게가 제공하는 서비스와 제품이 고객으로부터 인정받고 있다는 증거다. 업의 본질은 파는 물건이 아닌 사람에 있다.

관광객 2천만 명 시대, 관광은 쇼핑이 아닌 교육산업

20여 년간의 해외 주재생활을 마치고 서울로 돌아왔다. 양곱창을 잘하던 옛날 식당이 생각나 찾아갔더니 여전히 그 자리에서 영업 중이다. 예전에 비해 가게의 간판이나 내부 인테리어는 고급스럽고 세련되어 보인다. 빈자리를 찾아 앉았는데 식당 종업원이 빗자루를 들고 바닥을 쓴다. 늦은 오후 햇살에 펄펄 날리는 먼지가 보인다. 손님이 식사 중이든 아니든 개의치 않고 계속 청소를 한다.

강남의 고급 중식당을 갔다. 늦은 저녁 시간이라 손님이 두어 개 테이블 정도에 아직 남아 있는데도 통유리로 들여다보이는 주방에서 물청소를 하느라 종업원이 이리저리 야단법석이다. 오늘 영업은 끝났다고 보는 듯하다. 그들에게 밖에 남아 있는 손님은 안중에도 없다.

한 해에 우리나라를 찾는 관광객이 1,500만 명에 육박한다. 건강을 파는 곳, 낭만을 파는 곳, 역사를 파는 곳 등 관광객을 잡기 위한 사업도 가지각색이다. 문제는 서비스다. 요즘 식당의 서비스 품질이 예전보다 못하다는 느낌을 자주 받는다. 종업원 상당수가 조선족 중국인으로 바뀌어져 있다. 싼 인건비 때문에 조선족으로 채워진 한국음식점 업계는 실내장식은 선진국 수준이지만 서비스의 질은 후진국 수준으로 퇴보하고 있다. 고도성장기의 소비자들은 공급이 부족하던 시대를 살아왔다. 물건의 품질만 좋으면 만족스러웠다. 그러나 지금은 다르다. 이제 품질은 기본이지 웃돈을 지급하는 대상이 아니다. 사람은 고감도 센서이고 이 센서는 나날이 발전되고 진화한다. 고객의 안목과 눈높이를 만족시켜주는 지점은 바로 서비스다. 모든 업종에서 대고객 서비스의 질이 중요해지는 까닭이다.

한 통신사 서비스센터에 전화를 했더니 녹음된 안내방송이 흘러나온다. 지금은 점심시간이어서 고객이 몰려 연결이 늦어질 수 있으니 이해해달라, 점심시간을 피해 전화해달라고 한다. 고객의 전화가 몰리는 점심시간에는 상담원 배치를 늘리든지, 상담원의 점심시간을 융통성 있게 조정하여 업무시간 내에는 고객이 언제든지 손쉽게 상담을 받을 수 있어야 하는 것 아닌가. 과연 서비스의 기본을 이해하고 있는지 의심스럽다.

삼성증권이 PB들의 성과평가지표를 거래중개 수수료에서 고객이 위탁한 자산가치를 얼마나 올려주었는지로 바꾸었다고 한다. 업계 최초 시도라 하니, 지금까지 업계에서 이런 방식으로 평가해오지 않았다는 것이 더욱 놀랍다. 서비스의 본질은 고객만족인데 이들은 도대체 누구를 위해 서비스를 외치고 있는가? 한 사회의 성숙도는 서비스의 질에 의해 결정된다. 서비스의 질은 곧 그 사회를 구성하고 있는 사람들의 의식 수준, 교육 수준에 좌우된다.

중국인 관광객 요우커가 곧 1천만 명을 돌파한다고 한다. 그들은 우리나라에서 무엇을 경험하고 돌아갈 것인가? 그들이 사 가는 제품은 화장품일지 모르지만 그들에게 남겨진 기억은 서비스다. 그들은 한국의 서비스를 통해 한국 사회의 선진화를 경험하고 안목을 높인다. 배울 게 있으면 다시 오겠지만 쇼핑만 하고 갔다면 다시 올 확률은 높지 않다. 1천만 명의 요우커가 1억 명의 요우커로 확대되느냐는 결국 그들이 경험한 서비스에 달려 있다.

시설투자보다 직원 교육투자가 우선

우리 사회가, 우리 기업이 고객만족, 고객감동이란 단어는 외치고 있지만 실상은 다르다. 고객만족의 본질은 사람 중시, 곧 인본주의 철학에 있다. 국민 안목 수준에 못 미치는 서비스 실태는 우리 사회의 불쾌지수를 높이고 국격을 떨어뜨리는 주범이다.

서비스 업종은 시설투자보다 직원 교육투자가 우선이다. 직원 교육이 곧 서비스업의 본질이다. 특히 고객을 직접 상대하는 서비스업의 품질을 결정하는 3요소는 직원, 서비스 콘텐츠 그리고 환경이다. 그 중에서도 대고객 서비스를 하는 직원의 교육 수준이 가장 중요하다. 얼마 전에 분당 중심가에 베트남 식당이 문을 열었다. 고급 주상복합 건물 내 가장 좋은 위치를 차지하고 있었고 실내는 고급 인테리어로 채워져 있었다.

그런데 그 식당에서 제공하는 서비스는 값비싼 실내장식과는 어울리지 않는 것이었다. 깨끗하지 않은 행주, 잡동사니가 쌓여 있는 장식장, 플라스틱 화분, 그리고 마음을 더욱 불편하게 했던 것은 웃음을 잃은 직원의 표정과 딱딱한 말투였다. 동네의 배달전문 소규모 중국집의 서비스를 장소만 고급식당으로 옮겨놓은 것 같은 느낌이 들었다.

성숙한 사회 만들기는 사람을 품격 있게 대하는 품격 서비스, 곧 사람 대하기에 달려 있다. 호텔, 병원, 항공, 소규모 점포 등 모든 서비스 업종에서 고객을 부담스럽게 하지 않으면서도 품위 있게 대할 수 있는 직원 양성교육이 시급하다. 이들에게는 스킬이 아닌 인성교육이 필요하다.

서비스의 '격'은 나만의 콘텐츠에서 나온다

서비스는 기본이고 이에 더하여 차별화된 콘텐츠가 있어야 한다. 여기에 디자인 감각을 입혀 분위기와 스토리를 팔 수 있어야 비로소 서비스의 품격이 고객에게 느껴진다.

부산 감천마을에 요우커들이 오는 이유가 무엇인가? 그들은 철학과 스토리를 찾는다. 감천마을은 1950년대부터 부산 천마산 산비탈에 형성된 공동체 마을이다. 독특한 점은 층층이 있는 앞뒤 집들이 엇갈리게 배치되어 있는데 각 집의 전망을 확보하기 위해서라고 한다. 헐벗고 배고픈 시절에도 서로를 배려했던 고향 마을의 정취와 이야기를 그대로 간직하고 있다. 이런 역사가 있는 곳이 국내외 유명 건축가, 예술가들의 손을 거쳐 예술공간으로 스토리가 있는 마을로 재탄생하게 되었다.

거리의 개성을 없애고 관광객에게 물건만 많이 팔 욕심으로 기업의 프랜차이즈가 너도나도 들어서면 관광객은 다시 오지 않는다. 근래에 신사동 가로수길이 쇠퇴하고 있는 이유다. 철학과 문화와 콘셉트를 팔아야 한다. 지금 내국인이 빠져나가고 관광객으로만 채워진 명동이 언제까지 갈지 걱정된다.

특색 없는 과당경쟁은 공멸로 가는 길이다. 요우커를 대상으로 한 조사를 보면 일본과 한국의 서비스 차이가 느껴진다. 일본의 한 지방도시는 우리나라에도 흔한 카페와 베이커리에서 자기 고장만의 풍취와 연결시킨 체험교실을 연다. 또 다른 지방도시는 공예도시라는 특색을 살려 기모노 염색을 체험해볼 수 있게 했다. 금박공예, 칠기공예를 배우게 하고 유리공예 등 새로운 분야를 개발하고 있는 도시도 있다. 이와 같이 일본만이 가지고 있는 문화와 전통을 지방별 특색을 살려 관광객이 직접 체험하게 한다.

이러한 시도는 우리도 충분히 할 수 있다. 관광객에 따라 콘텐츠는 달라진다. 개발도상국 유학생 및 관광객을 대상으로 한국에서만 배울 수 있는 압축경제성장 경험을 교육 콘텐츠화하여 제공할 수도 있다. 우리 사회도 관광지 요소요소의 콘텐츠 개발이 체계적으로 이루어져야 한다. 지금처럼 인두세를 지급하고 데려오는 요우커, 콘텐츠 없이 반복하는 쇼핑관광에는 미래가 없다.

이제 우리도 제품기술보다 사람을 연구하자

효율보다 고객만족이 우선이다. 고객 중심의 업무 기준을 정립하고 인본주의 철학이 신앙처럼 되어야 한다. 직원을 뽑아서 직접 고급 서비스를 체험해보도록 하는 것도 좋다. 본인이 품격 있는 서비스를 받아본 적이 없으면 고객에게도 그런 서비스를 제공할 수 있는 안목이 생기기 어렵다. 사람은 온몸이 센서다. 직원의 행동 하나하나를 민감하게 포착한다. 발레파킹을 해주는 고급 식당이 있다. 비슷한 서비스를 제공하는 식당인데 한 식당은 손님이 계산을 하고 밖으로 나와 차가 올라올 때까지 기다려야 하고 다른 식당은 손님이 밖으로 나오면 이미 차가 대기하고 있다. 카운터의 직원이 발레파킹 기사에게 사전에 연락을 취한다면 추운 겨울에 손님이 밖에서 떨 필요가 없다.

우리 집을 찾아온 손님에게 어떤 경험을 줄 것인가? 사람의 욕망이 끝이 없는 게 아니라 사람의 의식 수준이 계속 진화하기 때문에 제품과 서비스는 계속 업그레이드되어야 하는 것이다. 옷 입는 게 촌스럽다면 그 사람의 의식 수준이 거기에 머물러 있기 때문이다. 한국 서비스의 질이 곧 한국인들 의식 수준의 질을 나타낸다.

700만 베이비부머 세대,
한국의 희망이자
인류의 자산

　요즘 일주일에 두세 번꼴로 직장 동료로부터 퇴직인사 메일을 받는다. 얼마 전에는 1987년에 입사해 28년 동안 TV연구실에서만 근무하던 부장이 메일을 보내왔다. 퇴직을 하고 따로 준비한 게 없어 노모가 계시는 충주로 내려가 복분자 재배를 한다는 계획을 같이 알려왔다. 퇴직하는 동료들은 대부분 각자 20~30년 쌓아온 전문 분야를 하루아침에 버리고 한 번도 해본 적 없는 귀농, 자영업을 선택한다. 실패가 불 보듯 뻔하다.

　700만 베이비부머 세대의 명퇴는 우리 사회에 위기인가, 기회인가? 이들은 우리 사회의 경제인구 5명 중 1명으로 20%를 차지한다. 우리 사회가 노령화되어가고 있다는 우려의 대상이 되는 주인공들이기도 하다. 3~4년 내 우리 사회에 닥쳐올 은퇴 쓰나미다.

　근래에는 청년실업 문제로 아들딸에게 일자리를 주기 위해서라도 아빠 세대가 물러나자는 말까지 나온다. 이들의 은퇴는 대한민국 사회의 부담인가, 축복인가? 고도성장기를 살아온 베이비붐 세대, 가족과 사회를 일으켜 세우기 위해 청춘을 바친 이들의 미래는 어떻게 될 것인가?

이들은 100세 시대를 살아가야 할 최초 세대다. 선배들이 기초를 놓은 산업화를 꽃피우고 우리 사회를 3만 달러 진입의 문턱으로 끌어올린 주역들이다. 인생 1막은 각자 몸담은 분야에서 성장을 일구어내고 각 분야의 전문가로 성장했다. 100세를 살아야 할 이들의 명퇴는 은퇴가 아니라 앞으로 새롭게 시작할 20~30년간의 일거리를 찾아야 하는 출발점에 불과하다. 일거리가 없는 100세는 재앙이다. 고생 끝에 낙은커녕 재앙이 오고 있다.

80세 은퇴의 뉴패러다임으로 2막 인생 준비

나는 언제부터인가 지천명(知天命)이 되면 은퇴가 아닌 새로운 시작을 해보겠다는 나와의 약속이 있었다. 인생 2막, 또 다른 30~40년을 준비할 시점이라고 보았다.

한국인의 평균수명이 1960년대에는 50세를 넘고, 2010년에는 80세 이상으로 늘어났다. 지금은 100세 시대가 열리고 있다. 의학발달의 속도보다 훨씬 더 빠르게 평균수명이 늘고 있다. 평균수명은 증가하는데 주위를 보면 은퇴자나 조기퇴직자가 많다. 은퇴자를 대별하면 2개 부류다. 은퇴 후 생계를 걱정해야 할 부류와 경제적으로 어느 정도 여유가 있는 중산층이 있다. 후자를 우리 사회에서는 신중년이라 부른다. 100세 시대의 50, 60대는 '고령화 사회의 노년이 아니라 성숙한 사회의 중년'이다. 중년을 전후로 1, 2막을 나눈다면 전자는 성장 단계이고 후자는 성숙 단계에 이르는 시간이다. 신중년의 노후관은 자녀에 의존하지 않고 독립적인 생활을 추구한다. 재산을 자녀에게 물려주지 않고 경제력을 유지하므로 은퇴 후에도 여전히 사회의 주축이다.

한국의 중산층 은퇴자는 우리 사회의 60% 부를 가지고 있다. 그런데 이들이 부를 자기의 노후자금으로만 쓴다면 우리 사회는 어찌 될 것인가? 신중년인 당신이 만약 골프, 해외여행, 어떻게 건강하게 즐기면서 살 것이냐를 은퇴생활의 목표로 한다면 말년은 어디에서 보람을 느낄까?

50대까지 내 가족과 내 회사를 위해 일하며 보람을 느끼고 살았다면 그 이후는 사회에 보답하며 살아야 참된 보람을 느낄 수 있다. 50대까지 회사에서 일하고, 70대까지는 사회에 공헌하고, 80세에 진정으로 은퇴한다. 50대 이후는 지금까지 얻은 연륜을 바탕으로 오늘의 나를 키워준 사회를 위해 일하며 삶의 보람을 느끼는 2막을 여는 것이다. 80세 은퇴의 뉴패러다임으로 2막 인생을 새롭게 계획하자. 성공한 인생을 100%로 본다면 50세까지 쌓은 경험과 자산이 1막 70%에 해당하고 50세 이후 이를 잘 활용해 사회에 기여하고 보답하는 완성이 2막 30%다. 2막의 완성이 없다면 70%의 1막 인생도 의미가 반감된다.

우리는 감사함에 보답할 때 보람을 느끼고 행복을 느낀다. 돈을 벌 때는 어렵게 노력했지만 번 돈을 쓸 때는 모두를 위해 쓰는 것이 성공 아니던가. 오늘의 나를 있게 한 사회에 대한 보답이다. 이런 생각을 하는 50대가 비단 나만이 아닐 것이다. 인생 1막을 마무리할 시점이 되면 본능적으로 무언가 보람 있는 일을 하고 싶어 한다. 50, 60대가 봉사활동으로 몰려드는 배경이다.

이런 연유로 주변에서 봉사활동을 많이 하다 보니 간혹 부작용도 들려온다. 학교 동창 중에 낚시에 빠진 남편을 가진 이가 있다. 가족의 궁핍한 살림은 안중에도 없고 주말만 되면 낚시터를 찾는다. 동호회 회원들과 봉사활동도 자주 간다고 한다. 가장의 가장 숭고한 역할과 책임은 내 가족을 부양하는 일이다. 내 가족의 안위를 책임지지 못하는 위인이 취미생활, 봉사활동을 논한다면 누가 이를 인정하겠는가. 남을 돕기 이전에 내 가족, 내 이웃부터 챙겨야 하는 이유가 여기에 있다.

우리 사회와 개인이 함께 준비하는 명예퇴직

나 아니면 안 된다는 아집부터 버리자. 인생 전반부를 보낸 직장을 미련 없이 떠나 2막을 시작할 수 있는 여건을 갖추었다면 그 자체로 명예로운 퇴직이다. 평생직장은 성장기의 패러다임이다. 평생직장은 우리 사회의 인재를 평준화시킨다. 회사는 인재를 키우는 곳이다. 회사와 함께 성장한 인재는 때가 되면 회사를 떠나 자신이 얻은 재능과 기술이 필요한 곳을 찾아 사회에서 자신만의 역할을 해야 한다. 우리 사회의 최고 인재를 키워내는 대기업 직원 모두가 평생 대기업 안에서만 일한다면 대한민국의 기회 손실이다. 일본을 보라. 평생직장의 폐해를 보라. 평생을 한 회사에 바친 획일화된 인재는 고도성장기에는 남다른 조직 충성도로 효율적이지만 성장이 정체되면 곧바로 사회의 역동성을 떨어뜨리는 주범으로 전락하고 만다. 회사의 성장과 함께 사람이 같이 크지 못한 탓이다.

지금 우리 사회에서 명예로운 퇴직을 하는 사람이 몇이나 될까? 명퇴자가 사회에 나와 잘 살 수 있도록 사전에 준비해서 명예롭게 회사를 떠날 수만 있다면 사회부담도 그만큼 줄어든다. 베이비부머 세대의 퇴직이 인생의 2막을 향해 떠나는 명예로운 퇴직이 되도록 하자. 후배들을 믿고 인생 2막을 준비해나가는 그들의 퇴진은 그럴 때 아름다운 용퇴(勇退)가 된다. 100세 시대의 1막은 준비 과정이고 1막에서 배운 지식과 경험으로 2막의 보람된 인생을 열자. 후배세대에게 2막 인생의 롤모델을 보여주어야 할 책임이 베이비부머에게 있지 않은가.

정부의 중장년층 실업대책 지원도 단기적으로 일자리를 만들어내기 위한 비용으로 쓸 게 아니라 새로운 일자리를 찾기 전에 공부하도록 지원하는 미래투자여야 한다. 중장년 실업자를 보는 사회 인식부터 바꾸어야 한다. 베이비부머의 실업기간은 2차 도약을 위해, 앞으로 할 일을 위해 공부하는 기간이다. 은퇴하면 곧바로 실업자라는 인식부터 바꿔야 한다. 명퇴 후에는 2막 인생을 위해 사회를 연구하고 공부하는 시기다.

정부정책은 인재개발에 방점을 찍고 인재의 질을 높이는 데 초점을 두어야 한다. 당장 실업자를 위해 양적 일자리(파트타임제, 비정규직 양산 등)를 늘리려고만 할 게 아니라 미래를 위해 국민의 지적 역량을 높이는 데 국가 재원을 투자해야 한다. 국민의 지적 역량이 올라가면 사회비용이 획기적으로 줄어든다.

오늘날 우리 사회는 미래의 희망이 보이지 않는다. 비전을 제시할 리더가 없는 것이 가장 큰 리스크다. 우리 사회가 인구노령화, 인구절벽을 우려하고 있는데 비전이 없는 사회, 희망이 없는 사회는 사회의식의 노령화가 더 큰 문제다. '청춘'이란 시는 청춘은 나이가 아니고 마음에 있다고 했다.

우리 사회의 물리적 평균연령이 높아지는 것이 문제가 아니라 사회가 비전을 찾지 못해 희망 없는 공동체로 변질되어가는 것이 더 큰 문제다. OECD국가 중 자살률 1위, 우울증 환자 급증, 행복지수 최하위 등의 사회지표는 우리 사회가 이미 심각하게 마음의 병을 앓고 있음을 보여준다.

베이비부머 세대의 힘, 대한민국의 희망이자 인류의 자산

이들이 가장 잘할 수 있는 일은 무엇인가? 20~30년간 몸으로 익힌 경공업, 중공업에 걸친 산업기술이 비록 우리나라에서는 사양산업이 되었지만 개발도상국에서는 가장 필요로 하는 기술들이다. 국가 차원에서 베이비부머 기술들을 국내에서 사장시키지 않고 개발도상국으로 나아가 그들의 경제발전을 지원하는 데 쓰일 수 있다면 얼마나 보람 있고 뜻있는 2막 인생이 되겠는가. 이들을 활용하지 못한다면 대한민국의 미래는 없다. 이들이 은퇴와 함께 사회로부터 도태되고 2막 인생을 펼칠 수 있는 길이 열리지 않으면 우리 사회는 3~4년 내 엄청난 파국에 직면할 것이다. 할 일을 찾지 못한 베이비부머 세대들, 부족한 은퇴자금으로 100세 시대를 살아야 하는 불안감, 생계를 위해 유일하게 선택할 수 있는 자영업의 출혈경쟁 등 우리 사회의 최대 불안 요인으로 등장할 것이다. 성장이 정체된 대한민국의 복지재정으로는 베이비부머 세대들에게 돌아올 몫이 없다.

대한민국의 베이비부머 세대는 농경사회, 산업사회, 정보화사회, 지식사회를 모두 경험한 인류 역사상 유례가 없는 특이한 종이다. 이들의 경험으로 아직 농경사회에 머물러 있는 저개발국, 산업화 초기 단계에 있는 개발도상국에 우리의 압축성장 노하우를 알려주자. 우리가 겪은 시행착오를 피할 수 있도록 그들의 경제성장을 도와준다면 국제사회로부터 존경을 받고 대한민국이 세계 선도국으로 대국굴기하는 데 베이비부머 2막 인생이 튼튼한 토대가 되지 않겠는가.

베이비부머의 인생 2막 패러다임은 후배세대의 좌표

베이비부머는 우리 사회의 과거 모순을 정리하고 후배세대에 미래를 열어 보일 세대다. 이들은 우리 사회 구성원 중 가장 인구가 많은 집단으로 치열한 경쟁 속에서 살아왔다. 마치 경마장의 눈을 가린 말처럼 앞만 보고 달려왔다. 1등 등짝만 바라보고 뛰어온 세대다. 그러나 지금은 이들이 만들어놓은 성장기의 경쟁 패러다임이 오늘날 우리 사회를 옥죄고 있다. 과당경쟁, 출혈경쟁, 소수의 1등 만능주의가 판치는 사회다. 지금의 위기를 후배세대에 물려주어서는 안 된다.

압축성장의 주역들이었던 이들이 뉴패러다임을 열고 대한민국을 재도약시켜내지 못하면 세계 최초로 최빈국이었던 피원조국에서 한강의 기적을 이루고 원조국으로 변신한 한국의 성장 사례가 실패 사례로 끝나버린다.

한국이 개발도상국의 미래가 될 것인가, 성장 후 재도약을 못해 망할 것인가? 한국의 경제와 사회는 아직 성공하지 못했다. 지금까지 성장해온 힘으로 성공 시대를 열어야 한다. 우리를 따라오는 많은 개발도상국이 우리의 압축성장을 부러움의 대상이 아니라 존경의 대상으로 바라볼 때 우리는 비로소 성공사회를 연 것이다. 베이비부머가 새롭게 열어가야 할 인생 2막 패러다임은 후배세대가 살아가야 할 좌표가 될 것이다.

복지수급자를
잘 보살피는 나라 VS.
복지수급자 발생을
줄이는 나라

해마다 여름이면 여름휴가를 반납하고 아프리카로 봉사활동을 하러 가는 젊은 층이 많다. 나도 지역장으로 재직 시 본사에서 오는 직원들을 격려하고자 매년 여름 봉사활동에 동참하곤 했다. 2011년 여름, 봉사대원들과 함께 세네갈 시골마을에 학교를 개보수하고 재래식 화장실에 물길을 연결해주는 간단한 공사를 하게 되었다. 50여 미터 구간에 땅을 파서 수도관을 묻고 학교 건물 외벽을 손보는 단순노동이다. 더운 날씨에 땀이 비 오듯 했다. 운동장에서는 봉사활동에 같이 온 의사들이 텐트를 치고 환자를 받았다. 아침부터 마을 주민 남녀노소 수백여 명이 학교로 몰려들었다. 그중에는 환자도 아닌 마을 주민들이 대부분이었지만 모두들 텐트 그늘 안에서 봉사대원들이 작업하는 것을 마치 무슨 구경거리라도 되는 양 하루 종일 지켜보기만 했다.

봉사대원들은 아프리카까지 와서 땀 흘리며 좋은 일을 하고 간다는 보람을 느꼈겠지만 과연 이날의 봉사가 세네갈 마을 주민들에게 무엇을 남겼을까? 봉사의 본질은 무엇인가?

무분별한 봉사활동이 우리 사회를 어지럽힌다

오늘도 우리 사회는 많은 국민이 기업체, NGO, 학교, 종교단체, 친목단체 등 조직의 일원으로, 혹은 개인으로 다양한 형태의 봉사활동에 참가하고 있다. 그러면서 남을 돕는다는 자부심, 사회 일원으로 뜻있고 보람 있는 일을 한다는 위안을 받는다. 분별없는 봉사가 우리 사회를 병들게 하고 사회 혼란을 초래하는 원인 제공자가 될 수 있다는 점을 모른 채 말이다. 더 많은 봉사자가 더 많은 복지수급자를 잉태하는 환경을 제공할 수도 있다. 물자가 부족하던 시대에는 물자를 나눠주는 것이 미덕일 수 있었으나 지금은 시대환경에 맞게 봉사를 바라보는 우리의 의식도 바뀔 필요가 있다.

봉사활동을 바라보는 패러다임이 바뀌면 지금과는 다른 접근 방법이 생겨날 것이다. 적자생존의 진화법칙에서 복지수급자를 보면 지금의 고도화된 사회진화를 따라가지 못하는 사회적응력 부족으로 볼수도 있다. 봉사의 본질은 봉사를 받는 사람이 남에게 의존하지 않고, 사회 속에서 자기 역할을 할 수 있도록 사회적응력을 키우도록 도와주는 데 있다. 일례로 공짜 점심을 제공하고 의복을 나눠주는 등의 행위는 봉사하기 위해 노숙자들에게 다가가기 위한 수단이지 근본목적은 아니지 않은가.

남아공의 만델라는 과거 50여 년간 소위 구호활동이라는 명분 아래 선진국들의 아프리카에 대한 원조형 지원들이 아프리카인의 영혼을 빼앗고 자립의지를 훼손시켜 후손들에게 해악이 되고 있다고 지적했다. 한 번은 식민지로, 또 한 번은 돕는다는 미명 아래 말이다.

봉사의 목적은 사회적응력 제고

봉사의 뉴패러다임은 봉사자에게 새로운 접근 방법을 요구한다. 봉사자는 '왜 이 사람이 복지수급자가 될 수밖에 없었는지'를 연구하고 자신의 삶을 돌아보고 발전시키는 기회로 삼아야 한다. 그들에게 베푼다는 의식부터 버려야 한다.

복지수급자에게 베푸는 모든 물질적 지원은 그들 스스로 '내가 왜 이 사회의 짐이 될 수밖에 없었는지'를 깨닫는 데 도움이 되는 수단으로 사용될 때만 봉사로서의 의미가 산다. 식사 한 끼일지언정 사회적응에 도움이 되는 교육을 함께 제공하든지, 거리청소와 같은 사회에 기여하는 활동을 하게 하든지, 본인이 사회비용을 유발하고 있으므로 사회에 도움이 되는, 무언가에 대한 노력의 대가로 주어져야 한다. 그들이 사회적응력을 높여 사회 구성원으로서의 역할을 할 수 있도록 유도하는 것이 궁극적인 목표다.

사회가 성숙기로 접어들면 구성원들의 의식도 진화해 무언가 보람 있는 일을 하려는 사람들이 많아지고 다양한 봉사활동 참여로 이어진다. 봉사에 대한 올바른 사고 패러다임을 가질 때 우리의 봉사 노력은 이 사회를 건강하게 하는 밑거름이 된다.

홈리스 청소년 쉼터가 도시별로 다수 운영되고 있다. 우리 사회의 복지시설을 운영하는 주최측은 국민의 세금으로 자선활동이라는 명분 아래 벌이고 있는 복지사업이 우리 사회를 진정으로 건강하게 하고 있는지를 생각해볼 일이다. 자선활동이라고 모두 정당화될 수는 없기 때문이다. 가출한 청소년들에게 숙식을 제공하면 범죄가 줄어든다는 생각만으로는 가출청소년 숫자를 줄여나갈 수가 없다. 가출로 피해를 가장 많이 입은 청소년 본인이 무엇을 깨닫게 해서 다시 가정과 학교로 돌아가게 할 것인가? 홈리스 청소년센터가 청소년 범죄를 줄이는 데 도움을 줄 수도 있지만 가출 청소년에게 피난처가 될 수도 있는 역작용도 걱정된다. 청소년센터에서 제공하는 숙식은 방편에 불과하다. 가출 청소년들이 하루속히 가정과 학교라는 정상적인 생활에 복귀하고 가출이 다시 반복되지 않도록 가르쳐주고 인도해주는 멘토링이 되어야 한다.

우리 사회 복지수급자는 기하급수적으로 늘어나고 있다. 우리는 압축성장 뒤 압축복지를 경험하고 있다. 2015년의 복지예산은 전체 예산의 30%인 115조였다. 지식인들은 각자의 논리로 복지정책을 비판하고 있지만 대안은 분명하지 않다. 선진국 모두가 복지 딜레마에 빠져 있다. 선진국 최초로 국가부도 사태에 빠진 복지국가 그리스를 보라. 온 유럽이 복지정책의 모순으로 망국 도미노에 빠질 형국이다. 인류에게 복지국가 건설의 꿈은 묘연하기만 하다.

무분별한 물자지원은 수급자에게 자립해보겠다는 각오보다 의지하는 마음을 키우고 비굴하게 살도록 유도하는 것일 뿐이다. 착한 복지정책, 복지포퓰리즘을 경계하는 이유다. 복지의 본질은 의식주를 지원하는 것이 아니라 일자리를 찾아주는 것, 남에게 의존하지 않고 스스로 자기 인생을 떳떳하게 살도록 도와주는 데 있다. 인간은 사회적 동물이니 사회를 위해 일할 수 있도록 도와주는 것이 진정한 복지다.

우리 사회 지도자가 말하는 '나눔의 미학'의 본질은 무엇인가? 물자를 나눠주는 것은 노력 없이 주는 것이다. 노력이 없는 곳에 무상으로 주는 것은 봉사가 아니다.

경제적 자립불가자 등의 복지수급 대상자가 왜 본인의 삶이 어려워졌는지를, 왜 사회에서 도태되었는지를 스스로 깨닫도록 하는 정신적 재활교육이 복지사업의 기초가 되어야 한다. 복지수급자를 근본적으로 치유하는 길은 모자라는 사회적응력, 즉 사회에 적응할 수 있는 지식을 높여주는 것이다. 사회에 바르게 적응하면서 살아야 복지수급에서 벗어날 수 있다. 바르게 산다는 것은 옳고 그름을 분별할 수 있는 능력이 있을 때만 가능하다. 장애인이어도 공동체 속에서 스스로 할 수 있는 역할이 주어질 때 본인도 보람된 삶을 살 수 있고 진정한 복지사회가 열린다.

2015년 8월 경제활동 인구조사 결과를 보면 자영업자수가 562만에 이르고 지난 10년간 자영업자 생존율은 16.4%에 불과하다고 한다. 퇴출하는 자영업자들이 사회 극빈층으로 전락하여, 복지수급자가 되지 않도록 사전에 관리해야 한다. 우리는 지금의 문제를 가져오는 사회환경부터 올바르게 이해해야 한다. 경제가 발전하면 어느 사회이든 낙오자가 생긴다.

특히 한국 사회와 같이 압축성장으로 급격하게 부를 축적해온 사회는 빈부격차가 크기 마련이다. 빈부격차가 생기는 근본 원인은 무엇인가? 사회 소외계층에 있는 구성원들이 빠르게 진화하는 사회환경에 적응력을 기르게 하는 것이 우선이다. 정부의 지원정책은 물자를 지원하는 데 그치지 않고 소외계층의 의식 수준을 향상시키는 교육에 중점을 두어야 한다.

복지수급자 발생을 예방하는 복지정책

복지 분야 종사자는 복지수급자가 안 생기게 하는 정책이 복지운영의 기본 원칙이 되도록 힘써야 한다. 진정한 사회복지 전문가는 복지수급자가 안 나오도록 사회환경을 바꿔가는 사람이다. 복지수급자를 잘 보살피는 것이 핵심이 아니라 복지수급자가 안 나오도록 예방하는 뉴패러다임이 새로 나와야 한다.

미래에는 복지사업이 최고 유망 사업이다. 복지사업은 ① 복지수급자가 줄도록 사전에 사회적응력을 올려주는 교육사업, ② 국민 각자가 자기 위치에서 자신의 역량을 활용해 무언가 역할을 할 수 있도록 환경을 제공하는 사회적 사업, ③ 품위 있는 노후를 보내도록 서비스를 제공하는 복지시설 운영사업 등이다. 독일이나 스위스의 노인 요양기관을 보면 월 300~500만 원대의 거주비용을 내면 전문기업이 일체의 노인복지 서비스를 제공하고 있다. 태국 등 동남아 권에서도 유럽의 부유층 노인을 적극 유치하고 있다.

선진국과 후진국 간 빈부격차의 확대, 국가 내 소득양극화 심화, 인구 대비 복지수급자의 기하급수적 증가 추세, 노령화 사회로 복지 부담 가중 등 복지에 대한 해결방안을 찾지 못하면 과거 인류문명이 붕괴했듯이 지구촌은 새로운 도전에 직면할 것이다. 미래에는 복지 딜레마를 해결할 뉴패러다임 개발이 선·후진국 모두에게 최고의 '사회 컨설팅사업' 기회가 될 것이다.

한국은 선진국의 복지 딜레마 또한 압축적으로 겪고 있다. 이를 해결하기 위해 선진국을 벤치마킹하고 있으나 선진국에는 답이 없다. 그리스, 스페인, 포르투갈 등 유럽 선진국의 인기에 영합한 복지과잉 정책이 국가부도를 위협하고 있다. 우리나라도 GDP 대비 복지비 지출 비중이 기하급수적으로 늘어나고 있다. 국민연금과 같은 복지정책을 수립할 당시는 지금의 인구고령화를 예상하지 못했다. 많은 개발도상국들이 국민건강보험과 같은 복지정책을 세울 때 선진국보다는 한국을 벤치마킹하고 있다. 그들은 압축적으로 경제성장을 이룬 한국을 자신들과 가장 유사한 사회환경으로 간주하기 때문이다. OECD 말석에 있는 대한민국이 선진국 복지정책의 모순을 연구하여 뉴패러다임을 개발해보자. 선진국은 물론 앞으로 겪게 될 개발도상국에 복지 패러다임을 새롭게 열어주어야 할 책임이 우리에게 있다.

사회적응에 뒤처진 세대,
노인은 지적으로 배고프다

나의 어머니는 올해 93세로 열여덟 나이에 삼척 근산골에 시집을 와서 지금까지 고향 마을을 떠나지 않고 계신다. 마을에 같이 지내시던 할머니분들이 대부분 돌아가시고 나니 혼자 계시는 시간에 적적해하셨다. 그래서 시내 복지관에 등록해 낮에는 복지관 노인분들과 어울리는 시간을 가지실 수 있도록 하였다. 혼자 집에 계실 때보다 훨씬 활기가 생겼다. 몇 차례 복지관에 들러 모친 근황도 파악하고 복지관에서 어떤 프로그램을 노인들에게 제공하는지 지켜보았다. 모친이 소속된 노인반은 대부분 거동이 불편하거나 수발이 필요한 분들이라 그런지 마치 하루 종일 돌봐주는 유아원 같았다. 식사와 간식을 제공하고, 재워주고 간단한 운동을 시켜주고 가끔은 봉사단체가 와서 마사지도 해주었다. 하지만 그것이 전부였다.

나는 귀국해서 서울에 들어온 이후로는 매월 한 번씩은 어머님을 찾아뵙는다. 20여 년 해외에 나가 있느라 어머니를 자주 뵐 수 없었기에 고향에 내려가 모친과 함께 보내면서 에너지를 다시 얻는 소중한 시간을 갖는다. 모친은 귀가 어두워 큰 소리로 말씀을 드려야 들으실 수 있지만 나는 내가 주재원 생활을 할 때 찍었던 세계 여러 나라 풍물, 일을 하면서 찍은 사진, 우리 딸들의 학교생활, 회사생활 등의 일상사들을 찍은 사진이나 비디오를 보여드리고 설명해드린다. 나는 그때마다 모친이 글 한 자 모르시지만 이 사회가 어떻게 돌아가는지, 우리가 어떻게 살아가는지에 지대한 관심이 있음을 깨달았다. 90 노인이 젊은 사람들 사는 것에 무슨 관심이 있고 어떻게 이해할까 싶지만 어머니의 반응은 의외였다. 요즘 복지관에서 우리 어머니는 이야기꾼이 되신다. 아들에게 들은 이야기를 당신이 각색해서 같은 반 노인분들에게 들려주시면 너무나 재미있어하면서 귀를 기울인다고 하셨다. 이 사회에 뒤떨어지지 않고 살아가고 싶은 마음은 인간의 본능 아닌가. 나이가 들어도 지적인 호기심은 여전하리라 믿는다.

100세 시대에 접어들었지만 늘어난 수명이 축복이 아닌 재앙이 된 독거노인들이 크게 늘어나고 있다. 노인 자살률도 인구 10만 명당 81.9명으로 OECD 회원국 중 1위다. 가난에 허덕이며 외로이 사는 노인들의 증가는 가파른 고령화를 맞이하고 있는 우리 사회에 또 하나의 숙제가 되고 있다. 최근 보건복지부가 발표한 '2014 노인실태조사'에 따르면 노인의 33.1%는 우울증을 앓고 있는 것으로 나타났다.

복지사회의 잣대는 복지 혜택의 절대 규모가 아니라 노인이 행복한 사회가 진정한 복지사회다. 노인을 행복하게 하는 요건은 무엇인가? 건강, 사회적 역할, 경제적 안정, 자식의 효 등이 될 것이다.

사회변화 캐치업catchup 교육이 바로 평생교육

둘째 딸이 대학교 4학년이다. 등하교 버스나 전철 안에서 시비가 왕왕 발생하는데 대부분이 노인들이라고 한다. 버스 기사를 붙잡고 왜 정해진 시간에 도착하지 않느냐는 등 사소한 일에도 이해하려 들지 않고 막무가내식이 많다고 한다. 젊은 사람들은 눈살을 찌푸리고 그 자리를 피한다. 그런 노인들이 집에서는 손자손녀로부터 존경받겠는가. 모두 다 우리 사회 공동의 책임이다. 노인들은 고도성장기를 줄곧 자신과 자신의 가족을 중심으로 살아왔다. 공동체 의식, 시민정신 교육을 받아보질 못했다. 이제라도 이분들에게 변화된 사회환경에 적응할 수 있도록 공부할 기회를 주어야 한다. 젊은이들과 잘 어울려 살아가려면 젊은이들의 생각도 읽어야 하고 사회 변화도 이해할 수 있어야 한다. 노인에 대한 봉사활동이 육체적, 물질적인 도움과 지원을 제공하는 것이 본질이 아닌 이유다. 노인에게 필요한 교육 콘텐츠를 개발하고 사회 캐치업 교육을 해드리며 노인 스스로도 사회에 뒤떨어지지 않도록 공부하는 자세를 견지하는 것, 이것이 바로 평생교육의 의미다. 노인이 진정으로 배고파하는 것은 음식이 아닌 이 사회의 일원으로서 적응하는 데 필요한 지식이다. 노인들이 가장 즐거워하는 것은 그분들이 이해할 수 있는 눈높이로 공부를 시켜주는 것이다. 사람은 본능적으로 지적으로 진화하고 싶은 욕망이 있기 때문이다.

우리가 제사 준비를 하면서 지방(紙榜)을 쓸 때 '현고 학생부군 신위(顯考 學生府君 神位)'라고 쓰듯이 우리 모두는 공부해서 정신적으로 더 진화 발전하기 위해서 인생을 사는 것이 아닌가. 내 아버지의 한은 무엇일까? 돌아가시기 2주일 전쯤 찾아뵈었을 때 새벽녘이 되도록 잠을 이루지 못하시고 불을 환하게 밝히고 계셨다. 소피를 보고 들어오는 길에 누워 있는 아버지께 무슨 생각을 하시냐고 물었더니 "뭘 생각하긴… 못 배운 것이 한이지"라고 하셨다. 내가 아버지와 나눈 마지막 대화였다.

탑골공원에 어려움에 처한 노인이 있다면 공짜로 밥을 나눠드릴 것이 아니라 어른신들께 왜 어려움이 왔는지 강의를 듣게 해드리고 식사를 드려야 진정한 도움이 되는 지적인 봉사활동이 된다. 육체적으로 아무것도 할 수 없는 노인이라도 죽는 순간까지 영혼은 지적으로 살찌울 수 있다. 지적 발전, 곧 사회적응력 향상을 돕는 봉사만이 진정한 봉사다. 그들에게 필요한 교육용 콘텐츠를 개발하는 것이 진정한 봉사다. 복지관의 노인들에게 매일 아침 우리 사회가 어떻게 돌아가는지 조간신문을 읽어주는 것만으로도 사회에 대한 이해력을 높이고 사회 일원으로서의 소속감을 높이는 데 크게 도움이 될 것이다. 누인을 위한 올바른 봉사활동의 시작이다.

노인 복지정책의 방점, 노인의 사회적 역할 제공

정부의 노인 복지정책도 노인을 잘 보살피는 데 있지 않고 노인에게도 일거리, 즉 사회적 역할을 제공하는 것에 방점을 둔 사회정책이어야 한다. 이를 위해서도 선행 조건은 노인에 대한 사회교육이다. 국가가 할 수 있는 최대의 복지사업은 세금을 거두어 교육 혜택을 확대하는 것이다. 국민을 교육시켜 역량을 키워 질 높은 일을 하게 하는 것이다.

노인 건강의 출발점은 무엇일까? 의사가 처방하는 노인 운동법이 따로 나오고 노인을 위한 건강 먹을거리부터 건강을 지키려는 대안이 다양하다. 사회에 뒤처진 노인에게는 일거리가 주어지지 않는다. 사람은 사회적 역할이 부재할 때 삶의 의미를 잃고 건강도 잃는다. 내 역할이 아직 남아 있다는 사명감이 나를 긴장시키고 우리 육신을 건강하게 유지하는 원천이 된다. 무병장수(無病長壽)한 노인을 인터뷰 해보자. 삶의 교과서다. 바른 삶의 교본이 거기 있다. 일거리가 없는 노인은 사회의 부담으로 전락한다. 이 사회에 바람직한 노인의 역할 은 무엇일까? 젊은 사람들에게는 바르게 살아온 노인의 지혜가 필요 하다. 노인정은 청년들을 교육시키는 교육기관이 되어야 한다.

사회시설이 노년을 책임지는 시대의 효

우리 사회가 급속도로 산업화·도시화, 핵가족화 되어가는 것과 함께 100세 시대로 진입하고 있다. 노인들의 외로움과 빈곤은 더욱 깊어가고 있다. 가족이라도 자주 봐야 정이 날 텐데 모두가 숨 가쁘게 바쁘니 노인들은 결국 혼자다. 바쁜 자식이 부모라고 눈길 줄 리도 만무하고, 또 자식이니 나를 좀 돌봐달라고 강요하기도 쉬운 일이 아니다. 작금의 상황은 전통적인 효의 시각으로 보면 부모도 자식도 모두 불행한 관계다.

우리 사회가 효에 대한 사회통념을 버리고 새로운 가치관을 가질 때다. 농경사회에서 산업화 사회로 사회구조가 변하고 가족제도가 바뀌면서 효의 개념도 진화하고 있다. 최근에 불효자 방지법까지 거론되고 있다. 부모의 희생 속에서 자라나 부모를 모시고 살던 시대는 지난 것이다. 노후를 독립적으로 살아가는 노인이 늘어나고 있다. 이 제는 아이를 키워도 유아 놀이방, 유치원, 학교에 보내면서 부모가 아이를 키운다기보다 사회시설이 키운다고 해도 과언이 아니다. 노인도 노인회관, 복지관 등 자식이 아닌 사회시설이 노년을 더 많이 책임지는 시대에 살고 있다. 내 자식이 부모인 나만을 위해서가 아니라 사회라는 공동체를 위해 기여해야 하는 당위성이 여기에도 있다.

유럽 주재원을 하다가 조기 귀임을 한 후배가 있다. 부친이 말기 암 판정을 받아 시한부 3개월을 산다 하니 돌아가시기 전에 모시고 살고 싶다고 휴직을 내고 지방으로 내려갔다. 나중에 전해 들은 바이지만 어르신은 아들의 결정을 극구 만류했다고 한다. 그리고 아들이 주재원이라는 성장할 수 있는 기회를 잡지 않고 당신의 병간호를 위해 귀임했다는 사실을 돌아가실 때까지 가장 마음 아파했다고 한다. 이것이 바른 효인가 하는 의문이 들었다. 본인도 지금은 그때의 결정을 후회하는 것 같다. 그러나 자식된 도리로 당연히 해야 하는 일 아니었겠는가? 이것이 현재의 효를 보는 우리 사회의 시각이다.

우리는 어릴 적부터 효녀 심청을 배워왔다. 아버지 심봉사를 구하기 위해 인당수에 몸을 던져 먼저 죽은 심청이가 효녀라고 추앙한다면 어린 딸의 목숨을 대가로 생명을 건진 심봉사의 삶은 어떻게 보아야 하는가? 딸을 대신한 그 삶은 축복받아야 하는가?

심봉사 또한 한평생 죽은 딸을 가슴에 안고 살다가 한스럽게 죽었을 것이 자명하다. 세상 천지에 제정신 가진 어느 부모가 자식의 희생으로 행복해진다고 보는가. 부모는 자식이 사회에 나가 사회가 필요로 하는 사람으로 성장하고 성공할 때 보람을 느끼고 행복을 느낀다. 나보다 더 나은 삶을 후대에게 물려주려는 본능이 진화하는 유전자의 동기 아닌가. 자식이 행복하게 사는 것이 곧 진정한 효일 것이다.

미래를 열어가는
뉴패러다임
국민운동

성장 한계 봉착, 일본의 잃어버린 20년을 따라갈 것인가? 성장도 고용도 없는 경제, 양극화, 복지 딜레마 등 오늘의 우리 사회를 대변하는 이슈들이다. 모두 어렵다고 아우성이다. 한국의 성장엔진이 멈추고 성장에 가려진 모든 사회문제가 봇물 터지듯 한꺼번에 드러나고 있다. 우리 기업의 주력 사업 대부분이 시장성장 정체기에 도달했다. 군대식, 효율 중심, 평생직장으로 대표되던 성장기는 끝났다. '더 싸게, 더 빨리, 더 좋게' 만들자는 제조 경쟁우위 시대가 끝난 것이다. 우리 사회 전반이 성장기가 끝나고 총체적인 한계들이 드러나는 변곡점에 접어든 것이다.

지금의 어려움은 하루아침에 잉태된 것이 아니다. 우리는 1970~80년대 초까지 7%대 성장, 1990년대 5%대로 성장하다가 리먼 사태 이후 3% 성장률이 고착화되었다. 구조적인 문제를 임기응변식의 경기부양책이나 방편으로 바로잡을 수는 없다. 사회 곳곳에 위로와 격려의 말잔치가 아닌 구체적이고 실질적인 대안, 뉴패러다임이 필요하다. 지금의 위기는 수단과 방편을 바꾸는 변화로는 해결할 성질의 것이 아니다. 새로운 궤도, 차원, 프레임으로 옮겨 타는 패러다임 전환만이 구조적 혁신이다.

고도성장기의 구패러다임을 버리자

뉴패러다임을 연구 개발하는 원칙은 우리가 배워온 과거 지식으로 격물치지(格物致知)를 일으켜 신지식(新知識), 곧 미래를 여는 새로운 지식을 일으키는 것이다. 수단이 아닌 사물의 본질을 찾는 것이 격물치지다. 지식인은 과거 지식을 많이 아는 사람이지만, 신지식인은 미래를 창조해내는 지식인을 이른다.

도입기 – 성장기 – 성숙기의 생명주기 곡선상에서 성장기에는 수단과 방편의 변화만으로도 성장할 수 있지만 성장기에서 성숙기로 넘어가는 변곡점 돌파는 반드시 패러다임 시프트paradigm shift가 동반되어야 한다. 새로운 패러다임을 찾지 못하고 성장기의 패러다임에서 벗어나지 못하면 쇠퇴기를 맞고 성장엔진은 소멸한다. 성장 시대가 막을 내린 지금 우리 사회는 각 분야에서 뉴패러다임이 필요하다. 기업경영의 뉴패러다임, 사회 가치관의 뉴패러다임, 정치 지도력의 뉴패러다임 등 새로운 사회경영 백서가 필요하다. 바야흐로 우리 사회 각 분야별로 미래를 여는 뉴패러다임을 찾아서 연구 개발해야 할 때가 온 것이다. 우리 사회는 변화와 혁신을 지난 10여 년 이상 외쳐왔지만 진정한 혁신은 일어나지 못했다. 혁신의 본질은 방법의 변화가 아니라 차원을 달리하는 패러다임 전환에 있다.

빈곤퇴치 프로젝트를 추진하면서 민·관 단체들의 조직장을 많이 만날 기회가 있었다. 단체명을 들어도 실제로 무슨 역할을 하는지 추측하기가 쉽지 않았다. 나는 그들을 만날 때마다 그 조직의 경영이념과 최근의 이슈와 대응 내용을 조심스럽게 물어보았다. 많은 리더들이 조직의 정체성과 역할 확대를 고민하고는 있지만 특별한 변화를 일으키려는 열정은 보이지 않았다. 시시각각 변화하는 상황에 대응해야 하는 기업에 몸담았던 내 관점으로는 현상유지가 그들에게 굳어진 체질같이 보였다. 혁신이란 조직의 역할을 새롭게 인식하고 역할을 새롭게 정의하는 데 있다. 우리 사회가 바뀌려면 이분들이 각자의 조직에서 새로운 패러다임을 열고 새로운 사회역할을 개발해야 한다.

한 회사에 새로 취임한 회장은 취임사에서 "모든 부문에서 1등이 될 것"을 주문했다고 한다. 1등주의는 고도성장기 전형적인 구패러다임 경영이념이다. 신문사설에서 '청년에게 일자리를'이란 제하의 기사를 자주 본다. 해법 제시란 게 새로운 관점은 없고 임시대응책뿐이다. 인류의 진화는 곧 패러다임 진화다. 패러다임은 한 시대 국민의 생각을 지배하는 운영규칙이다. 패러다임을 바꾸지 않으면 우리 사회는 한 발자국도 앞으로 나아갈 수 없다. 지금 우리 사회가 정체하는 이유는 우리 국민의 패러다임이 구식이기 때문이다. 사회정의, 봉사, 상생, 융합, 혁신, 복지, 고객중심 등 말은 나와 있으나 뭘 어찌해야 하는지에 대한 답은 없다. 우리 사회에는 일례로 착한 복지정책이 차고 넘친다. 무상복지가 가져오는 피해를 제대로 분석해본 사람도, 연구도 부족하다. 복지수급자가 기하급수적으로 늘어나는 본질적 이유다. 남을 탓하는 정책도 버려야 한다. 어려움을 겪는 장본인은 고치지 않고 환경만 고치려 든다. 이는 문제해결보다는 사회 왜곡만을 가져온다. 복지정책에도 새로운 패러다임이 요구되는 이유다.

우리는 몸이 아프면 병원을 찾는다. 내 몸의 병을 고치려는 게 우선이지 남의 탓을 하고 있을 수는 없지 않은가. 우리가 삶의 환경을 바라보는 것도 마찬가지라고 본다. 현재 내가 삶에 어려움을 겪고 있다면 어려움을 겪는 조직, 단체에 속해 있다면 먼저 고쳐야 할 사람은 나이고 내가 몸담은 조직이 우선이다. 중소기업은 중소기업대로, 대기업은 대기업대로, 국민 한 명 한 명은 어려움을 겪는 내가 당사자이니 나의 부족함부터 먼저 반성한다는 의식전환의 뉴패러다임부터 열어야 한다. 가장 많이 어려움을 겪는 본인이 반성할 게 가장 많은 것이 자연의 이치가 아니겠는가. 생산적 반성이란 나, 상대방, 환경의 3요소가 모여 상황을 만들었으니 굳이 책임의 비중을 묻는다면 가장 어려움을 많이 겪는 본인에게 가장 많은 책임이 있음을 자각하는 것이다.

시대정신에 부합하는 뉴패러다임

성장기의 패러다임을 접고 미래를 열어가는 뉴패러다임을 연구 개발하는 원칙은 시대정신에 있다. 성숙기의 시대정신은 사회 공동체에 대한 공헌이념이다. 지금까지 쌓아온 힘으로 사회를 위해 무엇을 할 것인가를 생각하자. 사회적 기업은 공헌이념을 표방한다. 우리 사회는 힘과 인기를 얻는 출세지상주의에서 각자가 각자의 자리에서 제 역할을 하며 얻게 되는 존경을 귀하게 여기는 사회로 진화한다.

마이클 포터(하버드대 교수, 경영전략 대가)는 "전략은 남과 다른 일을 하는 것이고 남과 같은 일을 한다면 남과 다른 방식으로 해야 하고 또 다른 일을 하더라도 남이 하지 못하는 일을 하는 것"이라고 정의한다. 그가 말하는 남과 다른 일이란 결국 역할이다. 인간은 사회적 동물이므로 상호 간에 다른 역할로 의존하고 공존하는 공동체를 만든다. 누가, 어느 나라가, 어느 기업이 공동체에 더 기여하느냐가 성공 여부를 결정한다. 경쟁의 대상은 사실 같은 일을 하는 상대방이 아니라 사회 구성원, 즉 고객에 대한 공헌에 있다.

성장 시대에서 성공 시대로, 경쟁 시대에서 상생융합과 공유의 시대로, 나와 내 조직을 위한 패러다임에서 공동체를 위한 패러다임으로, 수단과 모순의 시대에서 목적과 정답의 시대로, 기술중심 시대에서 사람중심 시대로, 많이 벌어들이는 시대에서 잘 쓰는 시대로, 과거 지식 시대에서 미래를 여는 지혜 시대로 진화해야 한다. 즉, 많이 아는 것이 아니라 아는 것을 어떻게 잘 활용할 것인지가 중요하다.

활자 시대에서 동영상 시대로, 남보다 더 일찍 더 많은 시간을 육체노동으로 보내는 아침형 인간의 시대에서 두뇌노동의 생산성을 중시하는 시대로, 효율 시대에서 창조 시대로, 개인기 시대에서 서로 힘을 합치는 팀워크 시대로, 역량을 쌓고 기르는 시대에서 쌓은 역량을 잘 활용하고 운용하는 시대로의 대전환이다.

미래를 열어나가는 뉴패러다임 사회운동

빈곤퇴치 프로젝트를 각계각층에 소개하면서 지지를 호소했다. 다들 프로젝트에 대한 내용은 묻지 않고 우리가 어느 단체에 소속되어 있는지, 누가 대표인지에만 관심을 보인다. 내용보다 스펙을 먼저 따지기 때문이다. 뉴패러다임의 개발 주체인 우리 사회 모든 리더에게 묻는다. 조직의 수장으로 어떤 새로운 패러다임을 조직에 제시하고 있는가? 지금 내가 속한 조직의 리더가 제 역할을 하고 있는가를 알 수 있는 질문 중 하나다. 사회 각계각층의 지도자에게 뉴패러다임을 요구하고 뉴패러다임을 제시하지 못한 리더는 실격시키는 지도자 시험이 바로 뉴패러다임운동이다.

사회는 뉴패러다임을 여는 지도자를 필요로 한다. 당신이 미래를 여는 뉴패러다임이 없다면 지금 자리에서 내려오라! 우리 사회가 모든 분야에 뉴패러다임을 제시하는 리더를 등용해 진정한 혁신을 펼쳐나갈 때 정체를 벗어나 새로운 도약을 기약할 수 있다. 왜 우리 사회에 이런 모순들이 생겨났는가에 대한 정답을 찾는 것이 뉴패러다임이다. 산업뿐만 아니라 이 사회 전반을 지배하는 상식, 사회통념, 편견, 보편적 가치관 등에 대한 구조조정이 필요하다. 과거 역사기록에 대한 지식이 아니라 앞으로 어떻게 살아나가야 할 것인지에 대한 새로운 패러다임을 제시하는 자가 신지식인이고 미래의 진정한 리더 자격을 갖춘 자다.

뉴패러다임운동은 성장기의 방편에의 집중에서 본질을 찾아가는 성숙의 과정이기도 하다. IBM의 디자인 사고방식이 좋은 예다. '테이블에 꽃을 더 잘 꽂을 수 있는 물건을 디자인해보라'는 방법에 대한 질문에서는 다양한 모양과 크기의 꽃병이 탄생된다. 이에 비해 '사람들이 집에서 꽃을 즐길 수 있는 더 좋은 방법을 찾아보라'는 본질적인 질문을 하면 벽에 꽃을 꽂아놓기, 태양광으로 24시간 회전하는 꽃지지대, TV 스크린을 활용해 여러 가지 꽃을 보여주기 등의 완전히 다른 아이디어가 도출되었다고 한다. 이미 이러한 발상의 전환으로 사회를 바꿔가는 리더들의 뉴패러다임 사례들을 주위에서 많이 찾아볼 수 있다.

:: 현실화되고 있는 뉴패러다임 사례

- **헬스케어 뉴패러다임**: 질병치료 → 예방의학

  호주 등 선진국은 이미 병자, 환자의 치료 중심 의학에서 병이 생기기 전에 예방해 환자, 병자 수 자체를 줄이려는 사전 건강관리 쪽으로 의학체계가 진화하고 있다. 치료라는 방편에서 병의 근원을 치유하려는 본질로 다가서는 경향이다.

- **투자회사의 PB평가 뉴패러다임**: 수수료 수입 → 고객이익률

  주식거래 중개수수료로 직원 업적을 평가하던 증권사들이 최근 삼성증권을 필두로 고객이 맡긴 돈에 얼마나 수익을 가져다주었는지를 평가하는 고객 중심 원칙으로 바뀌고 있다. 과거에는 고객이 맡긴 돈이 수익이 나든 말든 수수료를 올리려면 사고팔고를 자주 권유하는 행태가 일반적이었다. 이는 경제성장과 더불어 장기적으로 주가가 올라가는 성장기 패러다임이다.

- **학교교육 뉴패러다임**: 교사 중심 수업 → 학생 중심 수업

  '거꾸로 교실'이 대표적인 사례. 교사 중심의 획일적, 일방적 지식 전달에서 학생 스스로 공부하는 환경으로 진화하고 있다.

- **과학자 역할 뉴패러다임**: 과학자의 전문 지식 → 과학 지식의 실용화

  생활 속에서 활용할 수 있는 과학 지식의 실용화가 중요해지고 있다.

- **복지정책 뉴패러다임**: 독거노인 돌봄 → 동거 대학생 추천

  프랑스의 상생 사례로 독거노인의 외로움을 달래주고 인간적 유대를 유지해주려는 심리적 복지에 힘쓰고 있다.

　대한민국 지식인 모두가 나서서 사회 각 분야에서 뉴패러다임을 찾아내는 연구 개발 시대를 열어나가는 사회운동이 필요하다. 신지식인이 새 시대를 열기 위해서는 새로운 방법을 찾아나서야 한다. 이 사회를 어떻게 풀어나갈 것인가?

지금 우리 사회는 정보의 바다에서 허우적대면서도 한편으로는 제대로된 지식과 정보에 목말라하고 있다. 이 시대 우리는 무슨 지식을 필요로 하는가? 경쟁게임에서 벗어나 내 할 일을 찾는 게임으로, 경쟁하지 않는 블루오션 업종으로, 차별화를 이루는 뉴패러다임을 열어야 한다. 경쟁력이 답이 아니라 사회 공동체에 기여하는 새로운 역할이 답이다.

경제성장기에 소비자는 성능이 개선된 단품 구매에 만족하지만 성숙기에 이르러서는 솔루션, 즉 더 복합화된 제품과 서비스를 요구한다. 성숙기 시장에서는 기업 간, 직원 간 경쟁이 아니라 서로의 재능을 융합할 때 비로소 상생의 길이 열린다. 기업도 타 조직, 타사와의 융합상생을 기저에 둔 경영이념으로 업그레이드해야 한다. 같은 업종에서의 경쟁이 아니라 '이 사회에, 소비자에게 어떻게 남과 차별화된 역할을 할 것이냐'로 바뀌어야 한다. 타인과 어떻게 융합할 것이냐가 중요해지는 이때, 이러한 변화를 선도할 수 있도록 기업의 조직, 관리, 리더십의 유형 또한 바뀌어야 할 것이다.

뉴패러다임

3

기업
경영

저성장을 돌파하는 힘, 융합경쟁력

경영이념의 진화,
기업의 운명을
좌우한다

2000년대 중반, 당시 삼성전자 CEO였던 윤종용 부회장을 모시고 유럽 출장길에 올랐을 때 피터 드러커의 부음을 들었다. 그날 저녁, 윤 부회장님과 피터 드러커와의 추억을 들으면서 식사를 했던 기억이 난다. 나는 피터 드러커의 골수팬이다. 시중에 나와 있는 피터 드러커의 모든 책을 갖고 있고 교과서처럼 책에 줄을 쳐가면서 읽고 또 읽었다. 학교를 졸업한 이래 그의 저서를 통해 경영의 원리를 배웠고 내 머릿속에는 아직도 그의 명언들이 가득 차 있다. 직원들과의 회의나 강의 때 수시로 인용한다. 나는 책을 통해서 그에게서 경영학을 배운 가장 충실한 학생이었다. 나의 경영원칙 대부분이 고객가치 창출, 새로운 시장창출과 같은 그의 경영철학에서 형성되었다고 해도 과언이 아니다.

30여 년 동안 기업에 몸담으면서 나는 피터 드러커뿐만 아니라 수백 권에 달하는 경영서적을 탐독했다. 70년대까지 경영자들은 전략

strategy과 조직structure을 바꾸면 실적이 오른다는 믿음을 가지고 있었다. 여기에 5S, 즉 직원들의 공유가치shared value, 제도, 규정 등의 기업 운영 시스템system, 기업문화style, 인재확보staff, 필요역량skill을 더한 게 맥킨지의 이론이다. KFS Key factor for Company Success 이론은 휴대전화 업계는 통화권의 넓이, 백화점은 상품구색과 입지, 제지업은 목재 섬유의 활용률, 커피는 원료 확보 등 업종별 특성, 즉 업의 본질을 결정짓는 요소에 의해 성패가 좌우된다고 주장한다. 보스턴컨설팅그룹이 주장한 제품 포트폴리오 매니지먼트Product Portfolio Management, PPM는 시장점유율 대비 시장성장률에서 저비용이 강점이라는 전제를 깔고 있다. 삼성전자가 신모델을 도입하며 소니를 제치고 세계 1등이 된 전략의 배경 논리이기도 하다. 이와 같은 많은 경영학자와 컨설팅 회사가 제시한 다양한 이론이 도움이 되기는 했지만 그 어디에서도 기업의 흥망성쇠에 대한 본질적인 해답을 찾을 수는 없었다.

기업은 인재가 모인 만큼 성장한다

왜 어느 기업은 대기업으로 성장하고 장수하는데 어느 기업은 크지도 못하고 단명하는지 그 근본 원리를 풀려면 경영학을 다시 써야 한다. 톰 피터스가 『초우량 기업의 조건In Search of Excellence』이란 책으로 대히트를 쳤지만 그가 거론한 기업 중에 실제 살아남은 기업은 소수에 불과하다. 또한 짐 콜린스가 지적했던 성공한 기업의 유전자인 인재, 시스템, 조직문화 모두가 지속성 있는 성공을 보장하지는 못한다.

앞서 언급한 윤종용 부회장은 2000년대 초에 『초일류로 가는 길』

이란 '경영이념서'를 작성한 바 있다. 그는 초고를 사내 임직원들에게 돌려 일독을 권하고 피드백을 몇 번이고 받았다. 전용기로 출장길에 오르면 비행기 안이나 식사 자리에서 끊임없이 초일류 비전을 설파했다.

　시작과 끝이 있는 모든 만물은 도입기 − 성장기 − 성숙기의 시그모이드 곡선(sigmoid curve, 생명주기 곡선)을 그리며 진화한다. 기업도 예외는 아니다. 도입기에서 성장기로 넘어가는 경계에는 특이점singular point이 존재한다. 이 시점에서 얼마나 크고 질적인 경영이념을 세웠느냐에 따라 우수인재가 몰리고 기업은 그 인재가 모인 만큼 성장한다. 기업이 성장기를 지나 성숙기에 접어들면 변곡점에 직면한다. 성장기의 경영이념이 시효를 다하는 시점이다. 성장시킨 힘으로 다음은 무엇을 할 것인가가 변곡점에 세워야 할 새로운 경영이념이다. 성장기에 축적한 핵심역량과 자산을 활용해 성숙기의 과실을 맺을 수 있는 일과 새로운 역할을 찾아 성공 시대를 여는 것이다. 새로운 시대에 맞는 사업 명분이 나와야 새로운 성장동력을 찾고 필요한 인재를 얻을 수 있다.

　물자공급이 부족하던 때의 동기부여는 인센티브, 돈, 승진으로 가능하지만 1차적인 욕구가 충족되면 사람은 그다음 단계의 욕구를 충족하려 든다. 상위 단계인 존경의 욕구, 자아실현의 욕구가 충족되려면 사람의 마음을 움직여야 한다. 기업이념으로만 인재를 모을 수 있다는 뜻이다. 기업이념에 대한 공감도가 높으면 회사에 대한 직원의 만족도는 올라가고 자발적으로 조직에 헌신하게 된다. 연매출 35조, 100년 장수기업 '마즈Mars'가 좋은 예다. 마즈는 직원의 성과가 먼저가 아니라 성과를 낼 수 있는 환경을 먼저 고려하는 회사다. 성숙기는 기업이 성장기를 지난 후 성공이냐 실패냐를 가름하는 시대다. 변곡점에서 새로운 경영이념을 찾지 못한 기업은 서서히 쇠퇴해 소멸한다. 3대 부자가 힘들다는 경고가 여기서 비롯되었다.

경영이념의 진화가 기업의 성장과 수명을 결정한다

기업경영의 본질은 생산, 판매, 기술 등 물자를 경영하는 것이 아니라 이를 운영하는 사람을 경영하는 것이다. 이를 일찍부터 간파하신 분이 삼성 창업주 이병철 회장이다. 이 회장은 "기업은 곧 사람이다"라고 정의했다. 사업 품목은 사람을 모으고 키우기 위한 방편일 뿐이다. 경영의 근본 대상은 사람이고 사람경영의 출발점은 회사의 경영이념이고 경영이념의 진화가 기업의 성장과 수명을 결정한다. 우리나라 최대 기업인 삼성을 예로 들면 창업 1대는 창업이념(사업보국, 인재제일)으로 기업의 진로를 정했다. 2대는 성장이념(글로벌 초일류가 되자)을 세워 기업을 글로벌 기업으로 성장시켰다. 글로벌하게 기업을 성장시킨 역량으로 존경받는, 사랑받는 기업이 되어 성공 시대를 열어가도록 사업이념을 진화시켜야 할 과제가 우리 앞에 있다. 성장power brand은 성공beloved brand을 위해 힘을 기르는 준비 단계일 뿐이다.

이러한 기업사는 생명주기 곡선으로도 설명할 수 있다. 창업 도입기(창립이념) 30% 기본성장 → 특이점(성장이념 수립) → 성장기(70%까지 성장, 성장팽창 시대, power brand) → 변곡점(성공이념 수립) → 성숙기 100%(결실, 존경받는 기업)의 흐름이다. 힘을 쌓은 후 사회에, 세상에 필요한 일을 찾아낼 때 더 큰 인재가 모인다. 우수한 인재가 몰리지 않으면 뉴패러다임이 나오질 않는다. 대기업이 성장 시대 이후 새로운 이념을 찾지 못하니 인재가 떠나고 정체되고 있다. 지금 잘되고 안 되는 회사를 경영이념의 잣대로 분석해보면 답이 있다.

회사가 직원들을 새로운 이념으로 충전시키지 못하고 공부할 시간을 주지 않고 일만 시키면 직원들은 회사의 성장과 함께 성장하지 못하고 도태된다. 이는 회사의 미래 경쟁력을 떨어뜨리는 결과를 초래한다. 일본의 F= MA(힘 = 질량 × 가속도)를 경영이념으로 삼는 메이난제작소 사례를 보자. 전 임직원이 가장 바쁜 월요일 오전 4시간 동안 물리학을 공부한다. 수십 년간 매주 전 직원이 해오고 있고 물리학 수준이 미국의 MIT 공대 수준이라 한다. 50년간 연속 흑자 행진에 불황을 모르는 회사다. 임직원이 성장하면 회사는 자연적으로 성장한다. 회사는 결국 임직원의 지적 수준만큼 성장한다.

경영이념을 평가하는 세 가지 잣대

사람이 모인 기업은 생명체와 같다. 경영이념은 회사 구성원 창발의 원천이다. 조직의 팀워크와 구성원의 업무에 대한 몰입도 또한 경영이념에서 나온다. 요즘 우리 기업들은 GWP Great Work Place와 같은 조사 기법을 사용해 조직의 건강도를 측정한다. 아무리 우수한 인재를 뽑아놓아도, 아무리 좋은 근무환경을 제공해도 구성원 모두가 공유하는, 살아 있는 이념이 없다면 인재활용과 직무만족도는 제한적이다. 우리 회사가, 우리 조직이 '무슨 역할을 해서 이 사회에 어떻게 기여한다'라는 경영이념은 조직 생명력의 기본이다. 생명의 기초가 호흡이듯이 같은 생각, 같은 뜻은 조직의 호흡이다. 구성원의 의식을 하나로 모으는 구심점이 경영이념이다. 이념 없는 조직은 모래

알이다. 리더가 해야 할 세 가지 핵심임무는 ① 조직의 이념을 세우고 ② 미래를 여는 뉴패러다임을 제시하고 ③ 실행과 성과를 책임지는 것이다. 기업 구성원 모두에게 경영이념이 살아 있게 하는 것이 최우선 책무다. 경영이념의 질이 크고 높을 때, 구체적이고 분명할 때 조직력은 강화된다.

오늘날 대한민국 국민이라면 먹고사는 최소한의 기본 조건은 해결되는 사회 속에 살고 있다. 그런데 우리나라의 자살률이 세계 1위라고 한다. 사회적 동물인 인간은 사회 속에서 각자의 역할을 수행하며 함께 살아가는 사회적 존재. 사회 속에서 내 역할(이념)을 찾지 못할 때 인간은 정신적으로 황폐해진다. 모든 우울증의 근본 원인은 같지 않을까? 우리는 그렇게 사회적 존재로 진화해왔다. 심지어 투사는 특정 조직의 이념을 위해 생명을 보존하려는 유전자의 본능도 거슬러 자기 목숨을 걸지 않는가. 이념은 사회적 동물인 인간에게 존재이유다.

기업은 '경영이념의 질과 크기'에 따라 성장 규모가 결정되고 장수한다. 기업이 잘되는 비결은 경영이념에 있다. 기업의 경영이념을 분석해보라. 경영이념은 세 가지 잣대로 '질과 크기'를 평가할 수 있다. 사회성(이념의 사회적 가치, 질), 차별성(이념의 밀도), 수혜대상 범위(이념의 크기)다. 일례로 자동차 회사들의 사업이념을 보자. 테슬라는 "2020년까지 GIGA FACTORY를 통해 연 50만 대의 전기차를 생산하겠다", 아우디는 "완벽한 무인자동차를 만들겠다", BMW는 "모든 차를 탄소섬유로 만들겠다", 푸조 시트로엥은 "2리터로 100km를 달리게 하겠다", 볼보는 "교통사고 사망자를 0명으로 만들겠다"라고 천명했다. 한국의 현대차는 미래지향적 목표로 무슨 이념과 비전을 가지고 있는가?

높은 뜻, 높은 목표 여부가 기업성장의 원동력이다. 뜻의 격차가 3년 후, 30년 후 기업의 격차를 만든다. 돈을 버는 사업과 돈이 벌리는 사업구조는 다르다. 전자는 그저 장사에 불과하고 후자는 바른 경영이념을 추구하는 기업에 주어지는 자연적인 결과물이다. 장사치와 기업가의 차이가 여기에 있다. 희망과 비전이 없는 기업은 영혼 없는 기업이다. 이념 없이 기업을 키울 수는 없다. 오늘날 우리 대기업의 사세는 이미 특이점에서 각 기업이 세운 경영이념의 크기와 질에 비례해서 성장했고 격차가 벌어졌다.

고도성장기를 지난 우리 기업은 이제 "1등 하자, 초일류가 되자"라는 성장기의 이념에서 "공동체를 위해 무슨 역할을 할 것인가"라는 새로운 경영이념으로 나아가야 한다. 기업이 몸담고 있는 이 사회가 보다 성숙된 공동체로 진화하고 있기 때문에 사회 진화에 도움이 되는 역할을 하는 것이 바로 시대정신에 부합하는 적자생존의 길이다. 따라서 미래는 공익성을 기본 바탕으로 하여 사회에 도움이 되는 사업이념이 나와야 한다. 즉, 기업의 진화 방향은 사회적 기업이다. 최근 CSV(Creating Shared Value, 기업과 사회의 공유가치 창출)라는 용어가 회자되는 것은 시대정신을 반영하고 있기 때문이다.

성공시대를 이끄는 경영이념

그러면 성공시대를 여는 경영이념은 어떻게 찾을 것인가? ① 내가 지금까지 쌓아온 핵심역량과 자산은 무엇인가, ② 이 자산과 역량을 필요로 하는 상대방이 누구인가, ③ 그 역량과 자산을 어떻게 활용할 것인가의 세 가지 질문에 대한 답에 있다. 일례로 업계 리더들을 보

자. 전기자동차를 만들면서 축적된 기술로 종합 에너지 회사로 변신하겠다는 테슬러의 비전, 자동차를 만든 기술과 고객을 토대로 이동형 서비스Mobility SVC 업체로 변신하겠다는 BMW, 스마트폰으로 축적한 기술과 브랜드력으로 스마트워치, 스마트카 등 타 사업군으로 계속 시장을 확대하고 있는 애플 등이 뉴패러다임으로 미래를 열고 있는 기업이다.

성장정체에 빠진 명품패션업계에 미다스 손으로 통하는 경영자가 있다. 바로 경영을 맡은 브랜드마다 두 자릿수로 성장시킨 마르코 비자리Marco Bizzarri 다. 그의 비결은 무엇일까? 그는 패션업계 출신도 아니고 디자이너 출신도 아니다. 컨설팅업계 출신이고 패션 문외한이다. 그가 회사를 맡으면 가장 먼저 하는 일이 있다. 바로 그 회사만이 가지고 있는 경쟁력이 무엇일까를 찾고 이를 활용하는 방법을 찾는 일이다. 구찌Gucci의 CEO가 되기 전에 그가 이끌던 스텔라 매카트니의 기업경쟁력은 '친환경' 이미지다. 동물 소재를 쓰지 않는 것을 원칙으로 합성가죽, 인조모피 제품을 적극 개발해 시장을 공략한 것이 그의 핵심 경영전략이었다. 반면 보테가 베네타의 매력은 '질 좋은 가죽가방' 이미지가 강하므로 이탈리아 가죽 장인들을 대거 채용해 고급 핸드백 제작에 집중했다. 구찌는 100년에 걸친 '역사와 패션 리더의 위치'가 강점이므로 역사와 전통을 가진 구찌 로고를 디자인의 일부로 승화시키는 전략을 택했다. 특별한 것이라기보다 기존의 강점을 활용해 잘 운용한 것이 새로운 성장을 가져왔다. 모두 시대정신인 활용과 운용의 뉴패러다임으로 전환해 경영이념을 진화시킨 사례들이다.

생산의 시대에서
활용의 시대로,
융합을 리드하는 경영관리

삼성전자 사내 유보금이 60조를 넘었다는 언론보도가 있었다. 우리 사회는 대기업이 현금을 쌓아놓고 투자를 하지 않는다고 야단이다. 30대 대기업의 사내 유보금이 700조 원에 이르고 우리나라 2년 예산과 맞먹는다. 대기업의 성장이 더 이상 우리 사회 전체로 낙수효과가 일어나지 않고 있다고 보는 시각이 늘어나고 있다. 돈을 쌓아두고도 청년실업, 장년층 실업문제에 기업이 적극적으로 나서지 않고 있다고 보는 것이다. 소득 양극화를 심화시킨다는 우려도 깊다.

한편으론 성장이 정체되고 수익성이 악화되니 기업들은 관리가 주축이 되어 경비를 줄이고 인력 구조조정에 나선다. 쥐어짜기식 전통적 위기관리 패러다임에서 벗어나지 못하고 있다. 대기업이 유보금을 해외진출이나 신성장동력 투자나 사업의 경쟁력을 올리는 데 쓰지 않고 내수시장에서 중소기업 상권과 경쟁하는 데 쓴다면 국민의 지탄이 클 수밖에 없다. 우리 사회가 성장기에는 경쟁 속에서 앞만 보고 달려왔지만 성장이 정체되면서 각종 불만이 표출되고 있다. 이에 편승해 일부 정치인은 유보금에 대한 과세를 주장하기도 한다.

기업이 벌어들인 돈을 바라보는 관점

기업의 부는 개인기업이나 창업주 일가의 재산이 아니다. 오너 일가는 사회가 맡긴 사회자산을 관리하고 있는 주체일 뿐이다. 기업이 벌어들인 돈으로 사회에 필요한 일을 할 것인가, 돈을 창고에 쌓아두기만 할 것인가? 사내 유보금으로 사회에 보람된 일을 하지 못하면 각종 부작용이 일어나기 시작한다. 사회가 맡긴 돈을 제대로 쓸 줄 모르니 이 또한 책임이 크다. 30대 대기업이 보유한 700조 원의 사내 유보금은 우리 사회가 축적한 미래 투자 자산이다. 지금 세대에서 나누어 먹을 파이가 아니라 미래 성장엔진을 가동하기 위한 마중물 자산이다. 기업이 쌓은 자산은 우리 사회 구성원 모두가 땀 흘려 쌓아놓은 자산이 모인 것이다. 우리 사회의 미래를 열기 위해 축적해놓은 자산이다. 국민의 기대가 여기에 있다.

기업이 벌어들인 자산으로 사회가 다시 성장할 수 있는 길을 열어주지 못하면 성장기의 과실을 분배하자는 국민의 요구가 거세진다. 성장정체가 길어질수록 기업, 특히 글로벌 기업으로 성장한 대기업에 대한 국민의 원성은 증폭될 것이다. 국민의 지지를 받지 못하는 기업은 생존 자체가 불가능하다.

성장 시대에 쌓은 현금 유보금으로 '성공하는 일'을 해내는 것, 즉 새로운 성장동력을 찾는 것이 관리의 뉴패러다임이다. 성장기에는 부실을 방지하고 들어오는 현금을 잘 축적하는 일이 관리의 미션이었다. 경리는 절세하고 관리는 돈이 새는 것을 막는 리스크 관리가 주 업무였다. 유보금을 많이 쌓아둔 것이 성공의 잣대는 더욱 아니다. 성장기에 경쟁에서 이겼다면 당연히 회사는 팽창하고 사내 유보금은 쌓이게 마련이다. 사실 유보금이 과도하게 쌓인다는 사실 자체가 이미 미래 대비를 못하고 있다는 반증이기도 하다. 벌어들이는 돈을 미래를 위해 어떻게 잘 쓰느냐가 지속성장이 생명인 기업의 근본이다. 돈을 쌓아두고 쓸 줄 모른다면 관리자는 기업가가 아니라 창고지기에 불과하다.

요즘 대기업을 중심으로 미래 성장동력 확보를 위한 M&A가 활발하다. 다소 늦은 감이 없지 않지만 돈을 쓰기 시작한 것이다. M&A도 융합전략의 일환이다. 내부에 없는 역량을 외부로부터 유입해 내부와 융합을 일으킨다. 기업 내 관리부서는 M&A의 사업성을 평가하는 역할에서 진일보하여 성장동력을 발굴하는 사업기획 관리로 패러다임을 바꾸어야 한다. 기업의 미래 동력이 불투명하다면 유보금을 쌓아두고도 투자처를 찾지 못한 관리의 무능력을 변명할 여지가 없다.

융합시대, 사업부제를 버려라

나는 일본의 마쓰시타를 벤치마킹해 사업부제를 도입하는 프로젝트의 실무자 역할을 했다. 당시 일본에 출장을 가서 사업부제의 조직 원리와 구상을 공부한 기억이 난다. 사업부제 도입 이후 사업부 간 경쟁과 사업부 내 신속한 의사결정이 경쟁력에 새로운 축이 되었다. 우리 기업의 오늘을 있게 해준 대부분의 제품과 서비스는 시장의 성장기를 지나 성숙기에 접어들었다. 기업의 수익력, 성장력이 악화일로에 있다. 근무 강도는 더해지고 조직의 피로도는 높아간다.

제조업의 특성이 반영된 효율 중시 조직문화, 직원 간에 경쟁을 부추기는 상대평가 시스템, 사업부 간 경쟁을 유도하는 사업부제, 성과에 따른 신상필벌의 보상체계, 수십 배에 달하는 임원과 사원 간의 연봉격차 등은 성장기에 유효한 채찍이고 당근이다. 성장 시대의 화두인 경쟁은 시장이 성숙되면 시효가 만료되고 출혈경쟁으로 변질된다.

성장기는 서로 경쟁하면서 성장한다. 단품 시대다. 사업부 간 경쟁을 부추기는 사업부제가 효율성을 발휘하는 시대다. 산업이 성숙기에 이르면 단위 사업부 제품과 기술로는 성장한계를 맞이하고 사업부 간 경쟁은 융합가치 창출에 장애 요인으로 작용한다. 성장기 소비자는 성능이 개선된 단품 구매에 만족하지만 성숙기 시장은 솔루션, 즉 더 복합화된 제품과 서비스를 요구하고 이는 사업부 간의 융합을 통해 가능하다. 우리 기업은 아직 성장기의 조직 및 인력관리 패러다임에 매여 있다.

오늘날 기업의 관리부서는 개별 사업부와 개인을 평가하고 관리하는 주체에서 서로를 융합하는 주체로 거듭나야 한다. 융합에서 새로운 가치를 만들어내는 시대다. 관리가 만들어놓은 성장기의 관리 프레임인 상호 경쟁의 벽을 허물고 상생 융합을 유도하도록 돈의 흐름을 관리해야 한다. 돈이 흐르는 곳으로 기업의 인력자원은 따라 흐른다. 돈이 흐르는 곳에 인센티브가 작용하는 것이다.

사업부 간 벽을 넘어 전사적인 융합에서 새로운 비전을 찾아야 한다. 바야흐로 신관리의 시대다. 성공시대를 열어 존경받는 회사를 만들기 위한 책임이 관리에게 있다. 관리는 회사의 자산을 관리한다. 하지만 이제는 돈을 관리만 할 것이 아니라 잘 쓰는 것이 중요하다. 회사가 그동안 성장하면서 쌓아놓은 현금자산, 인력, 기술력, 브랜드력, 해외 거점망 등 모든 자산을 어떻게 잘 활용해 새로운 성장동력을 찾을 것이냐, 사업부 간의 서로 다른 경쟁력을 잘 융합해 어떻게 새로운 가치를 개발할 것이냐가 관리의 신패러다임이다.

기업 간, 직원 간 경쟁이 아니라 서로의 재능을 융합할 때 비로소 상생의 길이 열린다. 미래의 인력관리 뉴패러다임은 진화된 인본주의 철학을 바탕으로 한다. 개개인의 창의성과 열정, 저마다 갖춘 소질을 다양하고 자유롭게 발휘하도록 스스로 목표를 정하고 스스로 평가하는 체제로 진화해야 한다. 수십 년간 MBO(management by objectives, 목표관리)를 적용해왔지만 진정한 MBO는 아직 실현되지 않았다. 단어만 사용할 뿐이지 평가 툴이라는 방편에 매여 본질을 보지 못하고 있다. 개개인의 다양성과 창의가 중시되는 연구 시대다.

성장기에는 경쟁을 기저에 둔 조직이념(1등 하자, 최고가 되자 등)이지만 성숙기에는 타 조직과 타사와의 융합상생을 기저에 둔 조직이념으로 업그레이드해야 한다. 같은 업종에서 상대방을 이기자의 경쟁이 아니라 '이 사회에, 소비자에게 어떻게 남과 차별화된 역할을 할 것이냐'로 바뀌어야 한다. 이를 위해 타인과 어떻게 융합할 것이냐가 중요하다.

시대에 맞는 조직이념을 세우지 못하면 직원의 역량은 30%밖에 발휘되지 못하니 일을 해도 신이 나지 않고 힘들게만 느껴진다. 우수인재가 떠난다. 1등이 되기 위해 지금까지 쌓아온 힘, 브랜드, 유통, 인재, 네크워크, 기술을 잘 활용해 새로운 가치를 만들어내야 한다. 예를 들어 브랜드력을 가졌다면 브랜드력은 없으나 좋은 제품과 서비스를 가진 여타 중소기업과 제휴해 새로운 솔루션을 구성해 시장에 내보낼 수도 있다.

융합시대 조직관리, 팀워크를 부추기는 팀제

우리 기업은 수년간 팀제를 시도해왔지만 진정한 팀제는 아직 실현되지 않았다. 지금까지의 팀제는 융합 시대를 준비하기 위한 연습과정이었다. 조직의 위계를 줄여 결재 단계를 축소하고 스피드를 올리는 수단으로, 권위적인 문화인 규율, 질서, 통제를 완화하고 팀원 상하 간의 자유로운 커뮤니케이션을 유도하고자 팀제를 사용해왔다.

융합 시대 조직역량은 상호 경쟁에서 나오는 것이 아니라 상호 상생노력에서 나온다. 팀제의 본질은 최적의 팀워크가 나오도록 최적의 팀원 구성, 팀원 간 각자의 강점을 살려 융합해내는 리더십 역량에 있다. 경쟁 시스템으로는 진정한 팀제를 구현할 수 없다. 획일적 규율, 통제 문화에서 연구문화로 업무 양태도 바뀌어야 한다. 사업부 간도 경쟁의 벽을 허물고 기술과 제품을 융합해야 한다. 사업부제가 사업부 간 상생을 막고 있다. 사업부제 이후의 조직운영 뉴패러다임은 바로 진정한 팀제 실현이다. 바야흐로 시대는 성장기의 생산과 축적의 시대에서 활용과 운용의 시대로 진화하고 있다. 활용과 운용은 융합역량에 달려 있다.

앞만 보고 달려온 경영기능공, 안식이 필요하다

30여 년간 휴가도 변변히 보낸 적 없다가 안식년을 얻어 사회공부를 하고 보니 만감이 교차한다. 산업한류 프로젝트를 추진하면서 대기업 출신 임원들을 많이 만날 기회가 있었다. 모두들 현직에 있을 때는 30분 단위로 미팅이 있고 화장실 가는 시간마저 촌각을 다투었노라고 이구동성으로 말한다. 직급이 높아질수록 그 강도가 심해지는 것도 일반적이다. 현대판 노예가 있다면 이를 두고 한 말이라고 하소연하는 분들도 있다. 임원이 되고 나서 처우는 좋아졌지만 개인의 삶은 더 피폐해졌다는 고백도 잇따른다. 주말은 물론 365일 잠든 시간 외에는 책임진 목표숫자가 머릿속에서 떠난 적이 없다. 스마트폰이 나온 이후 그 강도는 더해진다. 5분 단위로 메일을 확인하고 답장을 한다. 밖에서 보면 고액 연봉을 부러워할 수도 있겠지만 실상은 사뭇 다르다. 맡은 사업의 미래에 대해 직위에 맞게 공부하고 생각해볼 시간의 부족도 공통적으로 안타까워하는 일 중의 하나다. 기업에 따라 정도의 차이는 있겠지만 오늘날 우리 사회 대기업 임원들의 자화상이다.

최근에 대기업을 중심으로 최장 1년의 휴가 사용을 제도화하려는 움직임이 일고 있다. 환영할 일이다. 10년 단위로 짧게는 3개월, 길게는 1년 정도 회사 업무를 떠나 쉬면서 충전할 시간을 갖는다는 것은 오늘과 같은 지식노동자들에게는 꼭 필요하다. 지식노동의 생산성, 곧 창의력은 그저 열심히 한다고 나오는 게 아니다. 직장이란 울타리를 벗어나 사회공부를 할 수 있는 시간은 지적으로 충전하고 혁신 아이디어를 낼 수 있는 안목을 키워준다. 대학에서 교수를 중심으로 시행 중인 안식년을 우리 사회 전 부문에 확대할 필요가 있다.

바르게 쉴 줄 아는 경영자

광고 카피에 "열심히 일한 당신 떠나라"는 문구가 있다. 보상의 의미도 있겠지만 충전을 하라는 의미로 다가온다. 놀게 되면 에너지가 소모되지만, 쉬게 되면 에너지가 충전된다. 쉴 때는 내가 무엇이 부족한지가 보인다. 에너지가 충만하다는 것, 지적 수준이 높다는 것은 내 분별력, 판단력이 좋아진다는 의미다.

회사는 대기업으로 성장했는데 그곳에서 일하는 구성원은 성장하지 못했다. 회사가 성장이 멈추고 어려워지는 것은 직원의 성장이 회사의 성장을 따라가지 못했기 때문이다. 일만 하다가 공부할 시간을 갖지 못하기를 반복하며 20여 년이 지나면 생각이 굳어져버린다.

임원들이 3~6개월 만이라도 안식년을 갖게 해주고 사회연구 논문을 쓰게 하자. 새로운 사업기회는 사회 속에 있다. 사회를 연구할 시간을 주자.

오늘날 우리 사회는 CEO 난에 봉착했다. 기존 사업이 성장기에 있을 때 경영의 주안점은 최대 실적을 내기 위한 효율 운영에 집중했다. 그러다보니 인재들이 사업가로 자라지 못하고 효율만 관리하는 관리 전문가로만 성장했다. 성장기가 끝나고 달라진 상황 앞에서 새로운 비전을 제시할 CEO가 없다.

경영기능공은 많으나 진짜 경영자는 없다

일찍이 마쓰시타 창업자인 고노스케는 사장들에게 '경영기능공'이라는 표현을 해가며 사업을 보는 안목을 질타한 바 있다. 대선후보로 나온 이명박 대통령에 대해 묻는 기자의 질문에 정인형 한라그룹 회장의 답변이 세간에 화제가 된 적이 있었다. "우리나라에 제대로 된 기업이 몇 개냐? 2만 개 정도 된다. 그럼 이명박은 20,001번째 관리자일 뿐이다"라고 말이다. 오너가 고용경영자를 보는 시각을 보여주는 예다. 오너는 월급쟁이 경영자를 진정한 경영자로 보지 않는다는 뜻이다.

사장, 부사장이라는 사람들이 정작 회사가 나아가야 할 방향과 비전은 제시하지는 않고 실무자들의 일까지 일일이 지침을 주고 챙겨야 하는지 이해할 수 없다는 불평이 사원급들 직원에게서 많이 나온다. 직급과 직책에 걸맞은 자기 숙제는 안 하고 아랫사람 숙제만 체크한다는 불만이다.

회사가 크고 작고를 떠나 회사 운명 전체를 책임지는 진정한 CEO의 역할을 할 수 있는 회사를 경영하고 싶다는 게 모든 비즈니스맨의

로망 아닌가.

성장기는 관리자, 전문가의 역할이 큰 시기다. 경영자가 나오기 어려운 환경이다. 창업 이래 모든 사업이 성장 일로에 있었기 때문에 직급승진이란 시간이 가면서 담당 직무를 더 효율적으로 할 수 있다는 경험치에 대해 보상으로 주어지는 것이다. 임원이든, 사장이든 경영자라기보다 주어진 업무를 잘 관리한 관리자이고, 좀 더 직설적으로 표현하면 단순업무를 반복적으로 해서 숙달된 '경영기능공'에 가깝다. 이들은 이미 형성된 시장에서 자원을 효율적이고 효과적으로 활용해 경쟁에서 앞서 나가는 데는 역량을 발휘하나 시장이 성숙기에 이르면 그다음 사업으로의 비전을 개발할 수 있는 능력은 부족하다. '경영기능공'으로 육성되었지 사업가로 키워진 것이 아니기 때문이다. 좀 더 근사하게 말하면 '전문가 사장'이다. 이들은 경쟁 시대의 승자들이다.

이제 진정한 CEO 시대, 사회를 경영하고 인류를 경영해야 하는 진정한 경영 시대가 열린다. 경영자는 시대정신부터 공부해야 한다. 업계 성장기의 경쟁 패러다임에서 벗어나 기업을 상생 패러다임으로 진화시킬 수 있는 비전을 가진 자가 진정한 경영자다. 지금 우리 기업들은 성장기에서 성숙기로 넘어가는 변곡점에서 새로운 운영규칙을 제시할 경영자를 찾고 있다. 경영자다운 경영자가 나오지 않으니 다음 단계로 넘어가지 못하고 정체되어 있는 것이다.

진정한 경영자는 대의를 갖춘 기업가

미래가 요구하는 진정한 경영자는 대의를 갖춘 기업가다. 기업의 사회적 책임에 대한 철학을 갖고 공동체 이념에 부합하는 기업 비전을 세울 수 있는 경영자다. 기업가는 사회를 알고 사회 속에서 기업이 무슨 역할을 찾아서 할 것인지, 곧 사회문제를 해결하기 위해 새로운 솔루션, 새로운 가치를 어떻게 열어갈 것인지를 미래 비전으로 제시하는 경영자다. 사회에 기여하는 제2의 도약을 이끌어낼 수 있는 사업이념으로 사회로부터 존경을 얻을 수 있는 경영자다. 사회공부가 없으면 기업가로서는 성장할 수가 없다. 우리 사회에는 수십억대 연봉을 자랑하는 사장의 영웅담이 늘 회자된다. 고도성장기의 신화다. 이제 그 신화가 꺼져가고 있다. 사회는 새로운 영웅을 기다리고 있다. 기존 사업의 정체를 딛고 새로운 사업의 길, 새로운 비전을 열어갈 수 있는 진정한 기업가를 대망한다.

이 시대 사업의 대상은 기술이 아니라 사람을 상대하는 것이다. 시대는 인본주의로 가고 있다. 기술과 제품은 기업운영의 시발점은 되지만 항상 변해야 하는 것이므로 기술과 제품에 매이지 않고 사람을 중심에 두는 경영자가 인본주의 CEO다. 기술과 제품에 매이면 곧 성장한계가 찾아온다. 기업은 사람이고 사람을 움직이려면 사람을 감동시킬 만한 콘텐츠가 있어야 한다. CEO 과정, 고위경영자 과정을 보면 미래를 바꿀 기술 트렌드 교육이 주다. 세상 이치에 관한 공부는 드물고 그나마 인문학에 대한 상식이 전부다. 인문학의 의미가 무엇인가? 기술이 발전되고 나면 이제 사람을 공부하기 시작한다. 인간을 이해하는 것이 인문학이다. 이 시대 CEO는 직원들의 정신적 멘토가 될 수 있어야 한다. 공동체에 기여하는 조직이념을 제시할 수 있어야 하고 직원들의 정신적 성장을 책임지고 리드할 수 있는 소양을 갖춘 사람이어야 한다. 전문 분야에 똑똑한 CEO보다 사람을 존중하는 CEO가 등용되어야 하는 이유다.

지금은 두뇌노동 지식사회이다. 생산성은 어디서 오는가? 앞만 보고 달려온 경영기능공들에게도 충전할 시간을 주자. 안식년은 사회를 공부하는 시간이다. 사회를 보는 눈이 창의력의 원천이다. 사회성이 기업이나 개인의 진정한 능력이다. 이 사회를 더 살기 좋은 사회로 만들어가는 데 무슨 역할을 할 것이냐가 바로 사회성 지수다. 사회성 지수가 높은 사람은 사회를 볼 줄 알고 읽을 줄 아는 안목을 가졌다. 나아가 자신을 공인으로 자각하고 사회문제를 나의 문제로 인식하고 사회문제 해결에 책임감을 느낀다. 먹고살기 위한 생계에만 골몰한 개인주의 인간에서 공동체를 우선하는 공인으로 진화해 가는 사람이다.

경쟁사회 리더,
상생사회 리더

　나만큼 리더십이란 측면에서 시행착오를 많이 겪은 사람도 많지 않을 것이다. 특히 해당국가의 사회성숙도, 구성원의 지적인 성숙도를 이해하지 못하고 성장기의 리더십을 행사하려다 많은 부작용을 경험했다. 인사팀으로부터 경고를 받은 적도 있다. 업계에서 우리 회사에 취직하면 독재자 같은 사장이 실적을 너무 쥐어짠다고 현지인들이 손사래를 친다는 것이다. 성과도 많았지만 실수도 많았던 나의 리더십의 단면을 보여주는 몇 가지 사례를 들어본다. 고도성장기를 경영해온 베이비붐 세대들에게는 흔히 통용되던 리더십의 유형들이다.

▶ 혁신경영

　나는 항상 간부들에게 "before you, after you"를 묻는다. 그 자리에 앉아 3개월이 지나고 1년이 지나면서 무슨 변화를 일으켰느냐를 묻는다. 미래를 위한 긍정적인 변화와 성과를 내지 못한 간부에게는

'월급도둑'이란 거친 말이 날아간다.

▶ 속도경영

"나는 불이다. 같이 활활 타든지 그대로 있든지, 결정은 여러분들 몫이다." 내가 자주 하던 말이다. 나는 모든 일이 결정되면 엄청난 속도를 요구했다. 납기준수를 철칙으로 했다. 한번 지시한 사항은 수첩에 날짜와 시간을 기록해놓고 수시로 일의 진척도를 챙겨 보고 기대만큼 진도를 내지 못하면 중간에 업무 담당자를 바꾸기도 자주 했다.

▶ 신상필벌주의

현지 직원에게도 국내직원과 동일한 처우를 해주고 성과가 좋은 직원에게는 획기적인 보상을 해준다는 원칙으로 해외 최초로 파격적인 목표달성 인센티브 제도를 도입했다. 연말이면 직원 중 서너 명은 목표를 초과달성해 인센티브를 받았다. 당시 현지 일간신문에서 현지인 간부 몇 명이 연말 보너스로 집 한 채를 샀다고 기사화될 정도로 파격적인 수준이었다. 우수인력에 대한 파격적인 보상과 처우로 현지 최고의 인재들이 한번쯤 도전하고 싶은 회사로 알려졌다.

한편 주말에 예고 없이 지방으로 출장을 가서 매장을 둘러보기도 한다. 매장관리가 회사 지침대로 지켜지지 않은 대리점은 곧바로 현장에서 책임자를 징계했다. '타이거 보스'라고 불릴 정도로 단호할 땐 단호하지만 모든 직원과 혼연일체(渾然一體)가 되어 노력한 결과, 2009년 11월 동남아 국가 중에 최초로 노키아를 제치고 핸드폰 판매 1등을 달성했다. 시장조사기관인 GFK가 시장점유율 1등을 발표하자 영업인력들이 감격에 겨워 사무실이 눈물바다를 이루었다. 직원 모두가 반드시 1등을 하겠다는 열의로 차 있었고 회사의 목표를 개인 목표로 받아들였기에 가능한 일이었다.

▶ 톱다운 경영

나는 법인장 부임 초기 짧은 시간에 전 직원에게 법인장의 경영 원칙과 비전을 알리기 위해 중간간부를 통하지 않고 직접 커뮤니케이션을 자주 했다. 매월 월례회의는 지방에 있는 지점 인력도 모두 참석하게 해서 법인장의 메시지를 직접 듣게 했다. 매장단의 판매원에서부터 리셉션 인력까지 모든 직원을 모이게 했다. 지점 인력이 방콕으로 오려면 비행편을 이용해야 하기 때문에 항공비가 적지 않았지만 최소한 3개월은 계속했다. 매주 수요일에는 도시락 중식 간담회를 열고 시장의 매장관리 실태점검 결과를 토론하게 했다. 방콕시장을 간부별로 할당하여 1주일 전후로 사진을 찍고 개선사항을 리스트하고 보완조치 결과를 공유하게 했다. 영업간부뿐만 아니라 인사, 관리, 서비스 등 모든 부서 간부가 한 개 지역은 책임지고 관리를 하게 했다.

▶ 경쟁주의

태국 사람의 성향을 나타내는 표현이 있다. "마이뺀라이(괜찮다)", "마이미빤하(문제없다)", "짜이옌옌(서두르지 말고)"은 현지인들이 업무를 대하는 태도에도 묻어난다. 문제가 분명히 있어도 심각하게 인식하지 않는 무사안일주의가 흐르고 있다. 나는 단기간에 조직에 긴장감을 불어넣기 위해 여러 가지 상징적 행위를 취했다. 부서 간 성과를 비교해서 항상 등수를 매겨 공개함으로써 경쟁을 유도했다. 법인은 3~4개월이 지나자 뚜렷한 변화를 보이기 시작했다. 경쟁하기를 싫어하던 현지인들이 어쩔 수 없는 경쟁환경에서 서로 간에, 부서 간에 성과를 비교하기 시작했다. 금요일이면 주간 마감 목표는 나 몰라라 하고 5시만 되면 썰물 빠져나가듯이 퇴근을 하던 현지인들이 하나둘씩 실적을 챙기기 시작하고 금요일 주간 마감 시간까지 숫자를 맞추려는 노력이 이어졌다. 그다음 월요일 주간 오후 마감 회의 시에는 목표달성을 한 부서에 법인장이 나서서 의도적인 칭찬을 아끼지 않았다. 나는 실적평가에 극히 엄격하다. "경쟁력은 경쟁에서 나온다"는 믿음으로 간부 간, 부서 간 경쟁을 조장하고 이긴 부서와 리더를 수시로 확인하고 공개적으로 인정해주는 것을 즐긴다.

▶ 현장주의

아프리카 지역장으로 있을 때는 나이지리아 라고스에서 가장 치안이 불안하고 모두들 가기를 꺼리는 컴퓨터 빌리지를 구석구석 방문했다. 현지인들도 위험하다고 만류한 곳이다. 하지만 자주 방문하다 보니 현지의 패거리들이 나를 먼저 알아보았다. 심지어 반가워하며 내가 매장에서 나오면 오히려 앞장서서 길을 만들어주곤 하였다. 나는 마치 홍콩영화의 보스처럼 그들에게 호위를 받으며 현지인 간부도 감히 들어가지 못하는 생생한 로컬 시장을 휘젓고 다닐 수 있었다. 같이 출장을 다니던 주재원도 처음에는 떨면서 다니다가 나중엔 오히려 즐기는 눈치였다. 이런 현지인들과의 교감 덕분에 그 지역 시장 상황을 더욱 깊숙이 알게 되었다. 당시 현지인 간부들도 덥고 냄새나고 지저분한 매장은 자주 가지 않고 에어컨이 있는 사무실에서 일하려는 경향이 많았다. 내가 그런 위험까지 감수한 까닭은 현지인 직원들에게 우리 물건이 팔리는 곳이면 어디든지 가서 매장을 직접 확인하고 개선하는 실행을 솔선수범으로 보이려 했던 것이다.

리더십에는 정답이 없다

리더십에 정답이 있을까? 나는 단호히 없다고 본다. 다만 시대정신을 아는 안목이 기본 조건이다. 리더십은 구성원이 소속해 있는 사회의 성숙도에 따라 달라져야 한다. 나의 이야기가 성공한 리더십 사례로 보일 수도 있지만 이 일화들을 소개한 목적은 이제 이런 유형의 리더십은 한국과 같이 성숙된 사회에서는 통용되지 않는다는 말을 하고 싶어서다.

역사가 승자의 기록이듯이 리더십도 성과로 평가된다. 리더십으로 사람을 평가하는 것이 아니라 조직의 성과로 그 리더십은 평가받는다. 뛰어난 성과의 원인을 파악하는 과정에서 조직을 이끈 리더의 성향이 유형화되고 벤치마킹된다. 그렇다고 리더십이 학습의 대상이 아니라는 뜻은 아니다. 정형화된 모범이 없다는 것이고 각자 맡은 조직의 사명에 따라 최적화된 리더십만 존재할 뿐이다. 다만 이 글에서는 시대정신과 부합되는 리더십의 방향성을 제시하고자 한다.

성과에 대한 평가가 곧 리더십에 대한 평가로 이어지는 예는 많다. 기업에서 임원평가시 작성하는 인물평을 예로 보자. 성과를 내지 못한 리더십은 아무짝에도 쓸모가 없다. 소신이 고집으로 바뀌고 추진력은 무리수로, 합리는 우유부단으로, 꼼꼼함은 대범하지 못함으로 평가된다. 상무에서 전무로 진급할 때, 사업이 전성기를 지나 쇠퇴기에 이르러 퇴임시킬 때 등 같은 사람에 대하여 때마다 달라지는 것이 인물평이다. 스티브 잡스의 스마트폰이 성공했기 망정이지 스마트폰

시장이 꽃을 피우지 못했다면 아마도 그는 사람을 함부로 대한 인격적으로 미성숙한 망나니로 평가절하되었을 것이다.

당신 조직에 새롭게 제시한 뉴패러다임은 무엇인가

정계, 관계, 학계, 재계, 종교계 등 우리 사회 각계각층의 많은 지도자급 인사들을 만날 기회가 있어 그들을 만날 때마다 그가 맡고 있는 조직의 목표, 비전 등을 묻는 질문을 부담스럽지 않게 간접화법으로 해보았다. 대부분의 조직이 성장기에 성장을 잘 관리하는, 즉 효율을 극대화하는 관리자의 역할을 리더의 주 역할로 인식하고 있다. 오늘날의 리더십은 무엇이 문제인가? '당신 조직이 어떤 미래를 열어갈 것인가, 당신이 리더로서 조직에 새롭게 내놓은 뉴패러다임은 무엇인가'라는 질문에 자신 있게 답할 수 있는 리더는 몇이나 될까?

성장기에는 상사가 직위, 직책이라는 힘의 논리로 부하직원을 통솔했지만 앞으로는 힘의 논리로 조직을 관리하려 들면 모두 역효과로 돌아온다. 미래는 지식과 경험의 활용이 중요하고 운용의 묘는 힘이 아닌 지혜에서 나오기 때문이다. 신지식인은 현재 우리가 공유하는 상식을 깨고 뉴패러다임을 개발하는 사람이다. 과거의 시행착오를 비판의 대상이 아니라 오늘 우리에게 정답을 찾게 하는 진화 과정으로 이해하려는 자세를 가진 이가 진정한 리더다.

신리더는 직위, 직책이 주어지면 공부하는 자세로 임하는 것이 기본이다. 우리는 이를 리더의 학습능력이라 부르지만 새로운 지식을 흡수하는 역량 그 자체보다 배우려는 태도, 겸손함을 뜻한다. "Stay hungry"는 여전히 자신이 부족하다고 생각하며 공부하는 자세다. 지금 과장으로 승진했다면 과장의 역할이 무엇인지 연구하고 공부하라는 뜻이 담겨 있다. 과장이 무엇인지도 모르고 과장 행세를 하면 성장은 정체된다. 만년 과장일 뿐이다.

기술보다 사람을 잘 아는 리더

고도성장기에는 조직의 성장 목표를 향해 일사불란하게 조직을 움직이게 하는 지시형 리더십을 효율적이라 평가했다. 리더십을 비전형, 친화형, 화합형, 솔선수범형, 육성형 등 다양한 유형으로 구분하기도 한다. 성장기를 지나 성숙기에 접어든 지금은 업무 중심이 아닌 사람 중심 리더십으로 진화해야 한다. 임직원 상하 간의 존중이 기본 덕목이다. 일례로 리더가 특정 분야에 전문지식이 너무 많으면 부하직원의 전문성을 인정할 수가 없다. 부하직원은 자기보다 전문지식이 많은 상사를 의식해 소극적으로 변하게 되고 자신의 역량을 십분 발휘할 수 없게 된다. 앞으로는 전문지식보다는 부하직원을 존중하려는 리더의 마음이 우선적으로 요구된다. 알리바바의 마윈은 "나는 지금도 인터넷 뒤에 있는 기술에 문외한이고 코딩도 모른다. 내가 기술을 모르기 때문에 기술자를 존경한다. 기술 이전에 사람이 있다. 내 역할은 소비자 입장에서 기술을 테스트하는 일이다"라고 고백한다.

성장기에는 연구 개발 전문가가 사장이나 CEO로 발탁되는 경우가 많지만 성숙기는 새로운 경영이념을 제시할 수 있는, 조직원의 의식을 한곳으로 모을 수 있는 인문학적 소양과 철학을 가진 사람이 리더로 등장할 것이다. 지금은 인본주의 시대다. 기술보다 사람과 사회를 더 잘 이해하는 역량이 리더의 핵심 자격이 된다. 사우스웨스트 항공사 켈러허Kelleher 회장은 "전문가는 필요 없다. 사람과 잘 어울리고 사람을 도와주는 걸 좋아하는 직원을 우선 채용한다. 나머지는 다 가르치면 된다"고 말한다. 또한 직원들에게 놀듯이 일하라고 주문한다. 주주, 고객보다 직원을 최우선으로 하는 가족문화를 추구하고 있다. 극심한 불황기에도 해고를 불허한 마쓰시타 회장도 직원 존중을 보여주는 리더십의 좋은 예다.

리더의 역할은 구성원의 성장을 도와주는 데 있다. 즉, 사람경영 마인드가 첫째다. 리더는 직원을 위해 얼마나 노력을 했느냐가 중요하고 리더의 힘은 여기에서 나온다. 리더가 이끌고 있는 모든 직원은 리더의 책임이다. 조직에서 직책이 높아질수록 리더의 지휘 아래로 모여든 사람들이 많아져 영향을 받는 사람도 많아진다. 융합 시대에는 직원 간의 진정한 학습조직이 이루어진다. 전통적인 연구 개발뿐만 아니라 경영의 모든 부서에서, 모든 구성원이 연구 개발을 생활화해야 한다. 이것이 진정한 지식노동자다. 새로운 리더십은 구성원이 서로 모여 융합하도록 유도하는 일이 기본이다. 융합해야 뉴패러다임이 나온다. 한 명의 천재 시대는 끝이 났다. 연구개발은 더 이상 혼자 하는 것이 아니다.

리더의 공인 마인드에서 성공이념이 잉태된다

고도성장기의 성장이념에서 성숙기의 성공이념으로 진화시키는 주체는 리더다. 힘 있는 기업에서 존경받는 기업이 되는 길은 오직 소비자에게 남과 다른 차별화된 가치를 제공할 수 있을 때만이 가능하다. 우리 사회 3세대 경영인에게 던져진 숙제다. 일본항공 우에키

사장은 취임 후 '덩치가 가장 큰 항공사'를 지향하던 성장이념을 '고객에게 가장 사랑받는 항공사'로 바꾼 다음 부실기업을 재건하는 데 성공했다. 일본 전자기업의 변신을 보자. 히타치는 철도, 중전기 등 인프라사업으로, 파나소닉은 자동차 재료, 주택 관련 사업으로 전환하고 있다. 성장시 강점을 활용해 새로운 영역으로 사업이념을 진화시킨 사례다.

인류의 의식은 개인주의, 가족주의, 사회공동체주의, 국가주의를 넘어 이제 인류공동체주의로 진화하고 있다. 공동체에 공헌한다는 공인정신은 우리가 소속된 사회와 조직에 국한되지 않고 더 큰 공동체인 세계로 확대되어야 한다.

진정한 리더는 자기가 담당한 조직의 성장과정에서 발생한 모순을 인정하고 그 토대 위에 미래를 열어갈 새로운 진화 방향과 비전을 제시한다. 과거의 모순이 없었다면 오늘의 학습효과도 없다. 즉, 과거를 부정하는 태도는 공인정신을 가진 리더의 면모가 아니다.

개념의 융합도 조직 통합을 위해 리더에게 필요한 역할이다. 사회가 통합되려면 먼저 우리 사회를 규정짓는 개념의 융합부터 시작해야 한다. 비전통합이 곧 사회통합이다. 지역갈등, 세대갈등, 남북갈등 등 모든 것이 비전의 괴리에 기인한다. 앞으로는 서로 다른 조직과 단체의 비전을 통합할 수 있는 뉴패러다임을 제시할 수 있는 리더가 진정한 리더다.

우리 사회의 저성장 위기와 그로 인한 모든 갈등은 결국 산업화 시대의 리더십이 한계에 봉착했음을 알리는 리더십의 위기이기도 하다. 한계돌파는 한계를 뛰어넘는 패러다임 전환으로만 가능하다.

GE 크로톤빌 연수원 크리슈나무르티 원장은 "지휘와 통제에 의존한 리더십 모델은 산업화 시대, 고도성장기에 유효했고 미래는 연결과 영감의 리더십이 모범이 된다"라고 주장한다. 이제 리더는 단순히 상사가 아니라 멘토가 되어 조직원에게 영감을 줄 수 있어야 한다는 뜻이다. 조직원과 조직의 미래를 설계하는 것이 진정한 리더십이고 리더십의 본질이다. 지식이 부족하던 시대의 전문가적 리더십에서 구성원 간의 융합을 이끄는 지도자적 리더십 시대가 온 것이다.

회사는 학교다,
4 : 3 : 3 노사관계
분배원칙

현대중공업을 보면 2015년 들어 영업손실을 많이 보고 있는데도 노조가 인간다운 대우를 해달라, 처우개선을 더 많이 해달라고 사측에 요구하고 있다. 사측과 노측 간 괴리감이 크다. 노조란 사측으로부터 노동자의 인권을 보호하기 위한 제도다. 노조가 보장되지 않는 나라는 민주주의를 실현하지 못한 나라로 취급하고, 비노조를 표방하는 삼성과 같은 기업의 경영진들을 악덕 기업주로 폄하한다. 바른 분별인가? 2015년은 메르스에, 42년 만의 가뭄에 경제가 안팎으로 어려운데 온건 성향인 한국노총이 18년 만에 총파업을 결의하고 나섰다.

경영은 주주가치 극대화를 위해서라는 논리가 GE를 비롯해 한 시대를 풍미한 적이 있었다. 경영은 고객만족이라는 논리도 널리 알려져 있다. 경영활동은 직원이 하는 것이니 직원이 행복하지 않고는 주주도, 고객도 만족시킬 수 없음은 자명한데 아직도 많은 기업에서 직원의 행복은 아직도 뒷전이고 직원행복은 노무관리 부서의 형식적인 업무 중의 하나로 치부된다.

대기업 사장단 100억대 연봉과 비정규직 100만 원 월급이 회자된다. 우리 사회의 빈부 격차를 상징적으로 보여주는 사례로 자주 거론된다. 이는 성장시대 경쟁환경의 산물이고 전문경영인 시대의 극점 현상이다. 이제 그 모순 속에서 새로운 운영법칙(뉴패러다임)을 찾아야 한다.

노사문제가 생기는 근본 원인은 무엇일까

고금을 막론하고 노사관리의 본질은 분배에 있다. 모든 노사문제는 분배의 형평성에 뿌리를 두고 있다. 만일 노사가 공감하는 분배원칙이 있다면 노사문제는 근본적으로 설 땅이 없다. 매년 우리 사회는 임금인상을 요구하는 노사분규가 끊이지 않는다. 회사가 적자를 내도 임금인상 요구는 그치지 않는다. 현대자동차의 임금은 매출과 영업이익이 2배나 많은 도요타를 추월했다. 높은 임금상승률, 경직된 노사관계, 둔화된 생산성 등으로 우리의 전통적인 제조 경쟁우위는 위기에 처해 있다.

노사쟁의가 없는 사회는 가능한가

회사가 성장하면서 종업원이 같이 성장해야 하는데 안목이 성장하지 못하고 월급쟁이 마인드로 회사생활을 하다 보면 지적 수준이 회사의 수준에 비해 떨어질 수 있다. 노동을 판 대가를 챙기려고 사측과 대립각을 세우게 되는 종업원 마인드는 여기에서 비롯된다. 노사분규가 일어나는 근본 원리다. 의식 성장에 가치를 두지 않고 노동의 대가만을 생각한다는 것은 결국 더 많은 분배 요구로 귀결된다. 종업원이 지적으로 성장을 못하니 업무에 뉴패러다임을 열 수 없고 결국 회사는 성장을 멈춘다. 사람을 못 키운 결과는 회사에게로 돌아온다. 회사가 정체되는 이유다.

아직 업계는 노사분규로부터 자유로운 해법을 찾지 못했다. 중국도 1만 달러 이상의 소득수준으로 올라서고 고도성장기가 지나면 한국의 시행착오를 그대로 따라서 노사분규를 대대적으로 겪을 것이다.

오늘날 대부분의 노사관리는 성장기의 패러다임에 머물러 있다. ESI지수(종업원만족도)를 측정한다, GWP(훌륭한 일터) 캠페인을 한다, 문제사원을 사전 관리한다, 불만사항을 사전에 찾아 해결해준다, 복지혜택을 늘려준다 등이 그런 예다. 종업원의 의식이 성장하는 환경을 만들어주고 성장하도록 이끌어주는 방향으로 노사관리의 패러다임이 진화해야 한다.

:: 노사관리의 뉴패러다임

종업원의 직업관에서부터 뉴패러다임이 필요하다

직장은 단순히 생계를 위한 수단이 아니라 사회공부를 하기 위한 학교다. 삶의 목적이 의식 진화에 있다면 우리는 개개인의 발전과 성장을 목적으로 회사에 다닌다. 직장생활은 내가 성장하기 위한 환경을 제공한다. 공부하는 자세로 직장생활을 한다면 모든 환경을 긍정적인 자기 발전의 에너지로 흡수할 수 있다. 스스로 지적 수준이 높아져 질 높은 일을 처리할 수 있는 능력이 생김은 물론 직장생활을 통해 나날이 발전하는 나를 발견하고 삶이 충만해질 수 있다. 급여는 나의 성장환경을 뒷받침하는 방편이지 목적이 될 수는 없다. 생계를 위한 직장생활이라면 일은 돈을 받는 노역으로 전락되고 창발의 원천인 의욕은 사라진다.

회사는 종업원의 성장을 위한 사회학교

회사도 종업원을, 노동력을 제공하는 인력자원으로만 볼 것이 아니라 일은 개개인의 성장을 위해서라는 관점 전환이 필요하다. 종업원이 회사를 사회학교로 바라본다면 경영관리의 근간은 학생인 종업원 개개인이 계속 성장하고 발전하도록, 잠재력을 최대한 발휘할 수 있도록 환경을 조성해주는 것이 되어야 한다. 경영관리의 우선 순위는 종업원이 내는 성과가 아니라 종업원 자체가 되어야 한다. 성과는 종업원 성장을 잘 지원해줄 때 자연적으로 얻어지는 결과물이다. 일찍이 마쓰시타 고노스케는 "당신의 회사는 무엇을 만듭니까?"라는 질문에 "사람을 만든다"고 대답하라고 가르쳤다. 제품이나 서비스가 아니라 사람을 잘 길러내는 회사가 기업의 본질이다. 그는 회사가 사회학교임을 간파한 리더다.

40(종업원) : 30(관리자) : 30(주주)의 분배 원칙

노사(勞使)관계의 기본이 되는 40(종업원) : 30(관리자) : 30(주주)의 분배 원칙부터 천명하자. 노사가 회사에 공동투자한다는 원칙 아래 4:3:3의 분배율을 적용하면 회사는 투명 운영체제가 된다. 회사가 성장하고 이익이 발생하면 노사는 분배율에 따라 각자 이익을 돌려받는다. 지금 당장 현금배당이 아니라 주식으로 이익을 분배할 수 있다. 종업원이 분배받은 이익을 회사에 다시 공동투자를 하는 식이다. 회사를 퇴직할 때 70%의 현금배당을 회수한다. 재직 시는 보유주식에 상응하는 수익금 배당을 받는다. 보유주식 전체를 회수하려면 70%만 현금화하여 받는다. 4:3:3 분배율을 투명하게 적용하면 분배 요구로 인한 분규는 설 땅이 없어진다. 회사에는 최고의 인적 경쟁력(애사심, 열정과 헌신)을 갖출 여건이 조성된다. 분배철학이 투명하게 정착된 회사는 노사

간 갈등이 최소화되고 국가도 퇴직한 종업원에 대한 부담 자체가 줄어든다. 세금으로 운용되는 국가의 부담을 덜어주는 것이다. 유럽 선진국들의 대부분이 실시하고 있는 종업원지주제는 바로 이러한 분배철학을 기초로 한다.

두뇌노동의 시대,
산업화 시대의
근무 행태를 버리자

    나는 6시 30분 출근에 익숙해진 사람이다. 현직을 떠난 지금도 새벽이면 눈을 뜨고 무언가를 해야만 하는 전형적인 새벽형 인간이다. 그런 내가 이제 새벽형 인간 예찬론을 접으려 한다. 시대가 달라졌다.

    일부 대기업이 임원을 중심으로 새벽 출근을 시행하고 있다. 현대차 그룹은 정주영 회장이 새벽 출근을 일상화하면서 기업문화로 자리 잡았다. 삼성은 핸드폰이 고도성장을 하던 2012년 하반기부터 임원 대상으로 6시 30분 출근을 시작했다. 우리 사회는 출세하는 사람들의 공통점이 '새벽형 인간'이라고 예찬하기도 한다. 새벽 근무를 옹호하는 사람들은 예외 없이 50대 후반이나 60대에 집중되어 있다. 이들이 누구인가? 바로 우리나라의 압축성장을 이끌어온 주역들이다. 아직도 이들은 조직의 정점에서 부지런함을 미덕으로 보여주는 롤모델을 자처한다.

    산업사회에서는 육체노동을 해야 하므로 아침 일찍 일어나고 밤에 일찍 잠드는 규칙적인 습관이 중요했다. 우리는 초등학교 때부터 '일찍 자고 일찍 일어나기'를 바른생활로 배워왔다. 이에 비해 지금 우리는 국민의 상당수가 육체노동보다 지적노동에 종사하는 지식사회를 살고 있다. 지식사회에서 생산성을 올리기 위해서는 우리의 생활 태도와 리듬에 뉴패러다임이 요구된다.

새벽 출근은 절대 근무시간이 성과와 직결되던 성장기의 근면성을 상징한다. 엄격한 규율과 획일성을 대표하는 조직문화다. 효율을 중시하던 '마른 수건도 쥐어짜는 것'이 경쟁력의 원천이었던 성장기의 패러다임이다. 하지만 규율과 절제에 잘 적응하는 사람들이 있는 반면 자유분방한 사람도 있다.

진정 유연한 사고와 창의력이 새벽 출근 문화에서 나올 수 있을까? 우리 두뇌는 대개 낮 시간보다는 저녁 시간에 집중력이 올라가고 뇌 활동이 활성화된다. 지적 노동의 생산성은 정해진 근무시간에 비례하기보다 개개인의 생체리듬에 영향을 더 많이 받는다. 시간의 양보다 창의력, 집중력의 문제이기 때문이다.

주로 육체적인 일은 아침 시간에 할 때 생산성이 높고 지적인 일은 저녁 시간에 할 때 생산성이 높다. 창의적인 작업은 집중력이 요구되므로 안정적인 밤 시간에 하는 것이 효율적이다. 아침에 늦게 일어나는 사람을 게으르다고 하면 이는 농부의 패러다임이다. 지금은 신지식인 시대다. 지식인에게 농민적 근면성만을 요구하는 사회 문화는 구태다.

열심히 일만 하는 자가 아니라 제대로 쉴 줄 아는 자

우리의 몸은 활동과 휴식을 적절하게 맞춰주어야 원활하게 돌아간다. 뇌는 새로운 지식에서 몸은 음식에서 에너지를 얻는다. 하루 24시간을 효율적으로 쓰려면 24시간 중 30%는 수면시간, 30%는 지식충전을 위한 휴식시간, 나머지 40%는 노동시간으로 분배한다. 지적 노동은 곧 두뇌노동이고 두뇌는 충분한 수면시간과 지식 충전 시간을 필요로 한다. 휴식을 취하는 목적은 에너지를 소비하며 놀기 위해서가 아니라 두뇌에는 부족한 지식을, 육체에는 에너지를 보충하기 위한 것이다. 쉰다는 것은 곧 충전을 의미한다. 24시간 중 60%인 14시간 정도가 지식노동자에게 수면과 지적 충전으로 자유롭게 주어지고, 제대로 활용될 때 지식노동의 생산성은 향상된다. 두뇌가 장시간 근무로 충분한 수면과 휴식을 갖지 못하면 지식노동의 효율은 현저히 떨어진다. 충분한 수면(7시간), 충분한 휴식(7시간, 두뇌충전), 집중적인 지적 노동(10시간)의 균형이 지식인의 생산성을 좌우하는 뉴패러다임이다.

기업 조직에 공부하는 문화를 조성하고 새로운 지식을 끊임없이 흡수해가는 학습조직화는 두뇌노동의 생산성 제고에 필수다. 지식시대에는 휴무가 단순히 일을 하지 않는 시간이 아니라 두뇌노동의 생산성을 올리기 위한 충전시간이다. 일주일 동안 밤낮없이 일하고 주말에 잠만 자면서 흐지부지 보내면 충전은 없다. 주말에는 잘 쉬어야 한다. 뇌를 재충전하기 위한 여행, 안목을 높이기 위한 문화예술 전시회나 공연 관람 등이 모두가 충전을 위한 휴식 활동이다. 휴일 없는 초과근무, 장시간 근무는 두뇌노동의 생산성을 망치는 주범이다. 구글, 애플이 대학교 캠퍼스처럼 언제 어디서든지 자유롭게 토의하고 협의할 수 있는 근무환경을 제공하고 사무실 내에 도서관을 설치해 지식 충전을 유도하는 것 또한 지식노동자의 생산성 향상을 위한 투자다. 열심히 일만 하는 자가 아니라 제대로 쉴 줄 아는 자가 두 뇌노동의 승자다.

근무시간의 양이 아닌 조직원 간의 융합이 생산성 결정

시장이 성숙기에 들면 남보다 더 열심을 요구하는 경쟁의 패러다임에서 창의(創意)의 뉴패러다임으로 전환해야 새로운 성장기회가 열린다. 사람은 각자 저마다의 소질을 갖고 있다. 창의는 개개인의 근무시간의 양이 아닌 상호 간의 융합과 상생에서 나온다. 구글 캠퍼스를 보라. 만나고 또 만나고 토의하고 또 토의한다. 창의는 1인 활동이 아니라 상호 간의 아이디어 융합에서 온다는 것을 깨달은 것이다. 융합과 상생의 토양은 새벽형 인간도 저녁형 인간도 모두 서로의 소질을 자유롭게 발휘하게 하는 자율에 있다. 자율은 개개인의 체질, 소질, 취향을 중시하는 인본주의다. 근래에 책임근무제(네이버), 자율 출퇴근제(삼성) 등이 시범적으로 도입되고 있다. 우리 사회 전반에 확산할 일이다. 회사가 직원들을 충전시키지 않고, 공부할 시간을 주지 않고 일만 시키면 지식 시대에는 도태되고 결국 회사의 경쟁력은 떨어진다.

기업 CSR,
사회적 기업으로 나아가는
마중물 투자

 2012년 전기도 없고 학교도 없는 아프리카 지역에 학교를 만들었던 적이 있다. 만델라의 유지를 받들기 위해서였다. 40피트 컨테이너를 개조하여 태양광으로 작동되는 이동식 인터넷교실Solar Powered Internet School, SPIS이었는데, 어떤 나라는 교육부에서 이 컨테이너 교실을 구매하기도 하였다. 회사에서는 SPIS를 B2G사업으로 발전시켜 보급사업을 더욱 확대하게 되었다. SPIS 사례는 유네스코에서 기업의 사회공헌 활동으로 높이 평가받아 베스트 프랙티스로 인정받았다.

 나는 아프리카 초대 총괄 지역장으로 부임하면서 '불모의 아프리카 시장을 키우기 위한 방법에 무엇이 있을까'를 연구했다. 현지가 필요로 하는 제품개발이 시장확대이자 진정한 사회공헌이라고 생각하고 'Built For Africa(아프리카에 맞는 기술개발)' 캠페인을 추진했다. 전기보급률이 30% 이하에 머물고 있고 정전이 자주 발생하는 현지 환경을 고려해 불안정한 전압으로부터 제품을 보호할 수 있는 서지

세이프Surgesafe TV, 정전 시에도 음식을 오래 보관할 수 있게 얼음팩이 내장된 듀러쿨Duracool냉장고, 습기·먼지·번개 등의 아프리카 악조건하에도 고성능을 유지하도록 3중 보호장치가 내장된 트리플 프로텍터Triple protector 에어콘 등의 아프리카형 신제품을 출시했다. 이는 현지로부터 큰 호응을 얻었고 단기간에 삼성 브랜드를 아프리카 소비자들에게 각인시키는 계기가 되었다. 최고의 CSR은 현지가 필요로 하는 제품을 우리 기술로 개발해 공급하는 것이다.

오늘날 많은 기업들이 다양한 CSR활동을 펼치고 있다. CSR활동이 기업 이미지를 올리는 데 기여하고 기업에 불리한 여론을 잠재우는 데 유효하다고 믿는다. 그러나 CSR이 일회성 이벤트에 그치고 사회에 지속적인 효과를 제공하지 못하는 현실은 안타까운 일이다.

근래에는 CSV(Creating Shared Value, 사회와 기업의 공유가치 창조)로 발전할 수 있는 CSR이 화두다. 어떤 일이든 사업화를 해야 지속성이 있고 확산 효과가 크다. 사업화할 수 있는 아이템일 때 사회로부터 진정한 가치를 인정받는다. 사회적 가치를 인정받지 못하는 CSR은 임시적이고 그 효과도 제한적이다.

모든 기업은 태생적으로 사회적 기업을 지향한다. 사회에 가치를 제공하지 못하면 창업 자체가 성립할 수 없기 때문이다. 인간이 끊임없이 진화하듯이 우리가 사용하는 용어의 개념도 성숙되고 진화한다. 과거의 기업은 '이윤추구'를 지상목표, 존재이유로 삼았다. 적자를 내지 않고 이익을 내야 생존이 가능하고 이익 극대화를 위해서라면 반사회적 편법도 불사했다. 소위 생계형이다. 이 단계에서 더 진화하면 '동일 업종에서 1등이 되자, 최고가 되자'는 경영이념의 단계에 이른다. 그리고 여기서 나아가 기업이 성장해 힘을 얻으면 진정한 사회적

기업으로 진화해 사회로부터 존경받고 성공기업의 반열에 오른다.

지금은 우리 기업이 사회적 기업으로 진화할 때

공유경제(共有經濟, sharing economy)도 기업이 열어갈 수 있다. 기업의 사회적 책임이 사회 소외계층에게 일자리를 제공하는 것만을 의미하는 것은 아니다. 기업은 우리 사회가 당면하고 있는 모든 문제를 해결함으로써 사업기회를 개발하고 가치를 제공할 수 있다. 환경오염을 유발하는 모든 원부자재를 친환경으로 전환시킨다든지, 사회문제를 해결할 새로운 시스템을 도입한다든지, 우버택시, '열린 옷장'과 같이 공유경제를 목표로 자원낭비를 줄이려는 사업 등은 기업이 공동체인 사회에 어떻게 공헌하고 기여하는지 상징적으로 보여준다.

기업의 사회공헌 활동도 소비자의 안목이 성장한 결과다. 사회를 구성하는 소비자의 의식이 공동체를 더욱 우선할 때 기업도 사회적 가치를 우선하게 된다. 무슨 사업을 해도 소비자의 의식이 고도로 진화되었으므로 공급이 수요를 따라가지 못하던 성장기의 제품과 서비스 제공만으로는 유지할 수가 없다. 소규모의 식당이라 할지라도 사회적 식당이어야 하고 종교단체도 사회적 단체를 지향해야 한다. 돈을 벌기 위해 사업을 계획한다면 실패다. 사회적 가치를 정의하고 지금 이 사회 수준, 눈높이에 맞는 사업을 먼저 설계하지 않으면 사업은 성공할 수가 없다.

기업의 CSR은 사회적 가치가 충분히 있을 때 인정받는다. 따라서 사회적 가치가 높은 CSR은 신규사업의 효과를 검증하기 위한 마중물 투자다. 검증 후 CSV, 즉 사회와 기업이 공유하는 가치로 발전시킨다.

CSV로 발전된 사업은 사회에 널리 보급되고 수혜자를 확대한다.

임원들이 연탄 배달 봉사활동을 한다. 하루 시간을 내서 임원 수십 명이 달동네를 방문하고 독거노인 집에 연탄을 배달한다. 이들의 하루 일당을 합치면 얼마나 될까? 저녁에는 다 같이 모여 단합대회 겸 회식을 한다. 아마 당일 일당과 회식비를 합하면 온종일 배달해준 연탄 값의 10배는 족히 될 것이다. 오늘날 우리 기업들은 다양하게 CSR 활동에 돈을 쓰고 있다. 외부에서 보기에는 큰 차이가 없고 기업 규모에 따라 금액만 차이나는 정도로 비치고 있다. 임직원이 공동체의 일원으로서, 사회문제를 연구하고 해결책을 찾는 연구활동 중심의 사회공헌 활동을 전개하면 개별 기업마다 차별화되고 질 높은 공헌 프로그램을 개발할 수 있다. 사회적 기업으로 새로운 사업 기회를 발굴하는 동인도 될 수 있다. 임직원들의 창의적 연구 마인드도 진작하고 사회문제를 연구한다는 보람과 긍지를 느끼게 하는 데도 도움이 될 것이므로 인성 함양과도 연결된다.

사회공헌 활동이 새로운 사업기회가 된다

기업의 봉사활동은 우리 사회에 올바른 봉사활동의 롤모델이어야 한다. 기업의 사회공헌 활동을 공짜 점심 주기로 인식하는 사회정서부터 바꾸어야 한다. 공짜 점심 봉사활동은 사회를 어지럽히는 역기능으로 귀결될 수도 있다. 봉사의 본질부터 바로잡자. 바른 봉사활동 철학은 기업 임직원 마음관리, 나아가 노사관리의 뉴패러다임과 연계된다. 기업이 대학생 인턴을 뽑아 지식봉사 캠페인을 해보자. 복지관 노인들을 방문해 사회 동향을 파악할 수 있는 신문을 읽어주자. 그분들의 생각이 어떻게 바뀌는지 관찰해보자. 임직원이 사회를 바라보는 시각이 달라진다.

일례로 광주 김희중 가톨릭 대주교를 만나 뵈었더니 지역 내 농부, 어부들 걱정이 크셨다. 어촌은 양식장의 오염문제가 심각하니 대기업에서 오염 방지 방안을 연구해달라는 의견을 주셨다. 또한 작황에 따라 농산물 가격이 폭락할 경우 어떻게 가공 처리하여 부가가치를 내서 농가소득을 안정화시킬 수 있는지 연구해달라는 주문도 하셨다. 농어민과 공동연구 등 연구결과를 논문으로 발표하게 한다. 이는 우리 사회를 연구사회로 만들어 각종 사회문제를 해결하려는 국민운동으로도 승화시킬 수 있다. 이러한 사회문제를 해결하는 연구활동이 바람직한 CSR 주제이고 사회적 기업으로의 진화를 위한 첫걸음이다.

한국기업의 글로벌 CSR 차별화

은퇴 시대를 맞이한 한국의 베이비부머는 개발도상국이 필요로 하는 기술을 모두 가지고 있다. 이들을 개발도상국으로 파견해 부문별 노하우를 전수하게 한다면 개발도상국은 해당 기업에 신뢰를 보일 것이고 이는 B2GBusiness to Government사업과도 연계할 수 있다.

국내 대학에 개발도상국 학생을 대상으로 압축 경제성장 노하우를 주 내용으로 한 학과를 개설하고 장학사업을 펼치는 것도 좋은 CSR이다. 개발도상국 공무원을 한국으로 초청해 한국형 경제개발 모델을 교육시킨다면 이 또한 한국 기업만이 특화해서 할 수 있는 사회공헌 활동이다. KDI가 추진하고 있는 KSP 사업을 브랜드 인지도가 있는 대기업과 연계해 수익사업화할 수도 있다. KOICA(Korea International Cooperation Agency, 한국국제협력단)의 ODA 사업도 기업과 연계하면 마중물 투자가 될 수 있고 지속성을 갖고 수혜인력을 확대할 수 있다. 나는 아프리카에 주재하면서 많은 ODA 프로젝트가 유명무실해져서 현지로부터 인정받지 못하고 이벤트에 그치는 것을 보았다. 엄청난 국세 낭비라는 지적을 현지 교민이나 파견 인력들로부터 자주 들었다. 개인 사업이라면 이렇게 돈을 쓰지 않을 것이다. 기업의 사업 마인드가 들어가야 효율적 사업운영이 가능해진다. 지금처럼 하는 개발원조는 수혜국이나 주최 측 모두에게 기회 손실을 가져온다.

인재를 뽑는 새로운 잣대,
선(先) 회사이념 후(後) 적합인재

나는 15년간 인사업무를 담당했다. 대리 때 방콕에 주재원으로 나가 사원급 현지인 채용을 했다. 지역 전체를 책임지는 아프리카, 동남아 지역장 시절에는 연봉 수백만 달러의 임원급까지 채용했다. 나의 채용 성공률은 그 사이에 얼마나 향상되었을까?

세상 물정 모르고 현지인을 잘 이해하지 못했던 초급간부 때 했던 인력 채용은 30% 이하의 성공률이라 자평한다. 법인장, 지역장을 거치면서 성공률은 향상되었지만 여전히 채용은 어렵다. 30분 정도의 면접 몇 번으로 사람을 파악하기는 쉽지 않다. 최소한 3개월의 수습 기간 동안은 겪어보아야 그 사람이 보이기 시작한다. 그러나 20여 년의 해외생활 동안 수많은 국적의 사람들을 면접해보고 수많은 시행착오를 겪으면서 한 가지 깨달은 바는 있다. 바로 면접 포인트다. 인성에 방점을 둔 면접은 성공 확률이 높은 반면, 업무의 전문성에 초점을 둔 면접은 실패 확률이 높았다.

인재는 그 기업의 경영이념을 보고 모인다. 경영이념의 수준이 낮으면 우수 인재가 오지 않는다. 즉, 우수한 사람을 뽑으려면 회사의 경영이념부터 바르게 세워야 한다. 특히 인재확보에 어려움을 겪는 중소기업일수록 외부환경을 탓하기 전에 회사의 경영이념이 바로 서 있는지 먼저 짚어봐야 한다.

인재는 기업이념에 끌리고 질 낮은 인력은 처우 조건에 끌린다. 우수한 인재일수록 당장의 급여 수준보다 이 회사에서 얼마나 성장할 수 있는지를 먼저 본다.

미래의 희망을 열어가는 회사인가? 배울 게 있는 회사인가? 차별화된 사업 명분은 가지고 있는가? 우리 사회에, 소비자에게 어떤 차별화된 가치를 제공하는 회사가 될 것인가에 대한 현실적인 비전과 역할은 정립되어 있는가? 경영이념의 질적 수준에 따라 직원의 성장 범위는 정해지고 이는 곧 기업성장의 범위를 결정한다. 바른 경영이념 없이는 인재를 바르게 키워낼 수 없기 때문이다. 우수인재는 면접관을 면접한다. 회사에 대해 많은 질문을 쏟아낸다. 본인도 회사도 면접을 같이 하는 것이다.

사업이념에 부합하는 가치관을 가진 인재

2006년 태국 전자시장은 도매상과 딜러에게 판매를 위임하는 유통관행이 지배적이었다. 판매법인이라고는 하지만 대리점에 재고를 공급하는 선에서 영업활동은 끝난다. 소비자가 우리 제품을 제대로 경험하게 하려면 회사의 리테일(소매) 정책에 맞게 매장관리가 이루어져야 한다. "태국 전자시장에서 최고의 리테일 유통회사를 만들자,

고객에게 최고의 매장경험을 제공하자"를 경영 비전으로 내걸고 리테일 전문가를 적극 영입했다.

당시 유니레버, P&G 같은 FMCG(Fast Moving Consumer Goods, 생활용품 업체)업계와 전자업계 간의 인력 교류는 전무한 상태였다. 식음료, 소비용품 등을 공급하는 FMCG업계는 제품의 특성상 일찍부터 소매 중심의 유통체계를 발전시켜왔다. 전자시장의 유통에 새로운 바람을 일으키고 싶었다. 전자업계의 리테일 혁신을 선도하자는 기업 전략에 공감하여 당시 많은 FMCG 인력들이 모여들었다. 이들은 후에 FMCG업계와 전자업계를 넘나들며 태국의 최고 엘리트 리더들로 성장했다.

사업이념에 부합하는 가치관을 가진 인재가 우선이다. 면접에서는 이념면접, 가치관 면접이 가장 중요하다. 왜 이 일을 하려 하는지, 무엇을 하려고 이 회사에 입사하려는 것인지, 앞으로 어떻게 살려고 하는 것인지, 무엇을 위해 살 것인지 등 개인이 가진 가치관의 질을 집중적으로 파악한다. 긍정적이고 발전적인 가치관을 가진 사람을 뽑자. 가치관이 분명하게 서 있다면 기술은 부족해도 좋다. 기술은 배우면 되는 것이다.

경쟁이 아닌 차별화된 기업 역할이 요구되는 오늘날 표준화된 스펙보다 기업문화에 맞는 인재가 절대적으로 필요하다. 매슬로 인간욕구 5단계 이론에서 보듯이 지금은 자아실현 욕구가 경제적 욕구보다 더 강한 동기유발 요소로 작용하는 시대이므로 기업이념에 동참하려는 의지가 무엇보다 중요하다.

나는 앞서 언급한 유통혁신을 추진하면서, 리테일 전문회사를 자회사로 만들게 되었다. 매장 판매원의 첫 인상이 고객에게 크게 영향을 미치므로, 외모가 호감이 가는 판매원을 채용하길 원했다. 그런데 인사과장에게 이렇게 표현하면 차별대우 논란을 불러올 것 같아서, 가만히 불러 우리 브랜드가 지향하는 이미지가 무엇인지를 설명해보라고 했다. "세련되고 열정적이며 스마트하다"라는 답이 돌아왔다. 임직원 모두가 브랜드 홍보대사이니 브랜드 이미지를 잘 전달하는 사람들을 뽑으라고 했다.

직원은 흔히 말하는 'brand looking', 즉 우리 브랜드의 얼굴이다. 그러나 뭐니뭐니 해도 우리 회사와 뜻을 같이할 수 있는 사람이냐가 가장 중요하다. 급여 조건보다 우리 회사에서 일을 하고 싶은 사람을 최우선으로 채용한다. 스펙을 보지 말고 태도를 보고 뽑자. 이런 일을 하고 싶어서 응모했다는 사람을 뽑자. 알리바바 그룹(Alibaba group, 阿里巴巴集团)의 마윈(馬雲)은 창업 초기 무모하게 보이는 회사의 비전에 공감하는 인력을 우선 채용한 것이 가장 큰 성공 비결이었다고 고백한다.

실력을 보는 새로운 잣대

2010년 아프리카 초대 지역장으로 발령이 났을 때 나는 부임 초기 6개월은 지역본부를 만들기 위한 인력 채용에 대부분의 시간을 보냈다. 마이크로소프트에서 영입한 조지George는 면접 첫날 면접관인 나를 오히려 면접했다. 그는 우리 회사가 아프리카에서 매년 2배씩 성장해 검은 대륙을 블루 아프리카로 만들고 5년 내에 100억 달러 시장으로 키우겠다는 나의 목표를 듣고는 급여는 회사가 알아서 정해주고 같이 뛸 수 있는 기회를 달라고 했다. 가전시장에서 일한 경험은 없었지만 나는 그의 입사 의지를 보고 영입을 결정했다. 조지는 그 후 5년간 우리 회사 아프리카의 최고운영책임자Chief Operating Officer, COO로 사하라사막 이남에서 비즈니스 기본체계를 구축한 리더가 되었다.

산업화가 한창인 성장기에는 효율이 경쟁력이고 효율은 표준화된 인재 투입으로 극대화되기 때문에 스펙, 자격증을 중시한 채용으로 기울기가 쉽다. 하지만 성숙기에 이르면 실력이란 것이 많이 아는 것, 얼마나 전문지식에 해박하느냐가 아니라 어떻게 활용할 것이냐에 있다.

그 지식을 활용해 지금까지 무엇을 이루었느냐 즉, 활용 능력이 중요하다. 학생으로 공부할 때는 학교 성적으로 평가되지만 사회에 들어오면 진정한 실력으로 평가하는 이치다. 실력은 상대방에게 자신의 지식을 활용해 도움이 되는 일을 할 때 발휘된다. 상대방에게 도움이 되는 일을 하려면 상대방을 이해할 수 있어야만 가능하니 실력 발휘는 사람을 대하는 기술에서 나온다. 사람에 대한 연구의 과정은 곧 인성을 쌓아가는 과정이다.

2012년 남아공 전자시장에서 우리의 핸드폰이 블랙베리가 차지한 스마트폰 판매 1등 자리를 탈환하지 못하고 있을 때, 나는 남아프리카공화국의 블랙베리 사장이었던 인력을 영입한 바 있다. 언론에 떠도는 화려한 그의 경력과 면접 시 보여준 유창한 언변과 오만할 정도의 자기 PR, 자신감이 나를 압도했다. 그는 과도한 보수 조건을 내걸고 교묘하게 줄타기를 했다. 업계 지명도가 높은 그를 영입하면 유통에도 지배력을 높일 수 있어 최적의 구원투수 같아 보였다.

그러나 6개월이 채 안 되어 그가 일보다는 사조직을 만들고 자신의 홍보를 위한 언론 플레이에 더 많은 시간을 보낸다는 것을 알고는 곧바로 해고했다. 부끄러운 실패였다. 그의 인성역량을 보지 못한 패착이었다.

비정규직, 수습기간 제도의 본질

사람들은 같은 말을 서로 다르게 이해하고 사용할 때가 있다. 많은 시행착오를 빚어내는 이유다. '비정규직', '수습기간'이란 용어도 그렇다. 입사 후 회사의 조직 분위기나 일 자체가 적성에 맞지 않아 떠나는 사람도 많다. 회사 또한 채용해놓고 바라던 인재가 아니면 업무에 적잖은 손실이다. 회사는 비정규직 제도의 본질을 무시한 채 인건비 절감 대책으로 악용하고, 직원은 갓 입사한 수습임에도 불구하고 정규직 대비 처우가 부족하다고 불평한다.

모든 채용을 비정규직부터 시작하자. 정규직이 되기 전에 회사도 개인도 서로를 판단할 시간이 필요하다. 아무런 검증도 없이 새로운 가족이 될 수 있는가. 비정규직은 비정상도 아니고 열등한 상태도 아닌 정규직이 되기 전에 서로 간에 테스트 기간으로 반드시 거쳐야 할 과정이다. 사회갈등을 해소하려면 비정규직을 바라보는 관점부터 바뀌어야 한다. 인력의 대부분을 비정규직으로 채워놓는 회사나 일을 좀 할 만하면 퇴사해버리는 직원이나 양쪽 모두 기회손실이다.

인건비 절감용으로 비정규직을 쓰는 회사는 인력의 충성도가 저하되고 근무의 질이 떨어져 경쟁력 저하를 초래한다. 철새처럼 직장을 옮기는 사람에게는 능력이 쌓이지 않는다. 수습기간 운영은 직급과 직책에 따라 차이가 있겠지만, 회사도 본인도 서로가 맞는지 약혼기간을 거쳐 결혼할 것인지 상황 판단을 하는 지극히 정상적인 프로세스가 되어야 한다. 비정규직 운영의 본질로 돌아오자.

영업맨의 진화,
생계형 세일즈맨에서
사업가형 비즈니스맨으로

2015년 2월 남양유업 대리점 사태를 보자. 본사에서 영업 인력에게 매달 판매목표를 하달한다. 영업 인력은 판매목표를 달성하기 위해 대리점주에게 강매를 한다든가, 목표달성을 못하면 본인 사비로 판매량을 채워 넣는다고 한다. 경쟁적인 리베이트가 난무하고 영업직은 기피 대상이 되어버렸다. 안타까운 일이다. 하지만 생각해보자. 어떤 회사이든 오늘 판매 실적이 있어야 하고 판매가 있어야 회사는 돌아간다. 오늘도 수백만의 영업 인력들은 국내에서, 해외에서 결코 녹록지 않은 영업전선을 뛰고 있다.

장사꾼이 아닌 비즈니스맨으로서의 영업성과 3요소

사람을 상대하는 영업은 기계를 다루는 기술직이나 관리가 주업무인 사무직과는 그 복잡성 측면에서 사뭇 다르다. 사무직에 있을 때는 영업직이 더 자유롭게 보이고 생활도 다채롭게 보이기도 한다. 그러나 영업은 하루하루를 실적 숫자로 산다. 월말이 다가오는 것이 두렵다. 월말 마감을 앞두고는 잠을 설치기 일쑤다. "숫자가 인격이다"라는 우스갯소리가 나올 정도다. 과정이 어떠하든 숫자로 나타나는 결과로 평가받는 것이 영업맨의 숙명이다.

기업은 성장했지만 아직도 영업 인력은 생계형 세일즈맨 수준에 머물러 있다. 비즈니스맨, 즉 사업가로 성장하지 못하고 월급쟁이로 남아 있다는 뜻이다. 남양유업 사태는 최악의 영업 행태를 구사한 세일즈맨의 말로가 어떠한지 보여준다. 이런 사태가 왜 일어났을까? 공급이 부족한 성장기는 양적 성장을 우선시하는 영업 관행이 유효하다. 유통이라는 파이프라인을 선점하는 방식이다. 시장이 성숙기로 옮겨 갔는데도 영업 관행이 질적 성장으로 바뀌지 않으면 부작용이 나타난다. 오늘날 영업 기술을 가르쳐준다는 코스가 난무한다. 아직도 대부분의 교육은 제품판매에 초점을 맞추고 있다.

반면 비즈니스맨으로서의 영업 성과는 3요소로 결정된다. 제품이란 매개체가 30%이고 고객에 대한 사전 연구가 40%, 고객과 만나 쌓은 신용, 즉 고객자산이 30%다. 곧 사람이 70이고 제품이 30이라는 뜻이다. 영업의 본질은 사람을 대하는 것이다. 제품과 서비스는 사람을 만나기 위한 방편이다. 사람을 잘 대한 결과물이 판매실적이다. 판매가 저절로 따라오게 하는 영업과 물건팔기에 주력하는 장사와는 차원이 다르다.

진정한 영업실력은 사람을 상대하는 능력

고객을 만나 고객에 대해 연구 학습하는 과정이 영업이다. 따라서 영업 인력에 대한 교육은 인성함양, 사회연구가 70%, 제품 관련은 30%의 비중으로 실시되어야 한다. 사람을 만나려면 사람에 대한 공부가 먼저다. 리베이트에 의존하지 않고 지적인 역량으로 성과를 내는 영업의 본질이 여기에 있다. 단기적으로 실적달성이 어렵더라도 고객에게 장사꾼으로 접근하지 말고 겸손하게 신용을 쌓아야 한다.

분당에는 미래에셋, 유안타증권, 삼성증권이 모두 한 건물에 모여 있다. 박 대리, 김 대리, 명 대리, 세 사람에게 똑같은 브라질 국채를 추천받았다. 누구에게 내 돈을 맡길 것인가? 박 대리는 브라질 국채가 환율이 떨어져 지금이 매입적기라고 했다. 매입 시한도 못 박았다. 김 대리는 브라질 국채가 꼬박꼬박 이자가 나오고 소득세가 면제되는 등 다른 펀드와 비교한 강점을 강조했다. 명 대리는 브라질 국채가 환율이 많이 떨어졌지만 더 떨어질 수 있으니 좀 더 기다려보는 게 좋겠다고 했다. 이자가 나오지만 환율에 따라 수령이자액은 이런저런 리스크가 있고 이미 매입한 고객들의 불만 사항이 이런 것들이 있으니 알고 계시라고 한다. 누구에게 돈을 맡기겠는가? 고객의 자산을 진정으로 걱정해주는 영업 인력은 누구인가?

1인 영업은 가고 팀워크 영업이 대세다

지적인 영업은 사람 마음을 움직이도록 소통하는 업이다. 지금은 인터넷 등으로 고객 개개인의 지적 수준이 높기 때문에 혼자만의 힘으로는 상대방을 설득하기 쉽지 않고 고객의 요구 또한 하드웨어 단품에서 활용가치를 높이는 솔루션을 찾고 있다. 최소한 3명 이상이 서로의 전문적인 지식을 통합해야 융합이 일어나고 설득력은 배가된다. 일례로 B2B Business to Business 수주과정을 보면 고객이 찾고 있는 솔루션에 대한 전문기술을 제공하는 솔루션 전문가와 고객의 생리를 잘 아는 영역별 버티컬vertical 담당자, 그리고 솔루션을 잘 홍보할 수 있는 PR 담당자가 한 팀이 되어 프로젝트를 추진한다. 은행이나 증권사에서 금융 전문가, 세법 전문가, 부동산 전문가가 함께 상담하는 것도 같은 이치다.

상대방에 대한 설득력은 팀이 공유하는 영업 비전에서 나온다. 우리가 제공하는 제품과 서비스로 '고객을 어떻게 이롭게 하겠다'라는 영업이념부터 정립해야 한다. 주어진 환경에서 고객을 위해 무엇을 할 것인지를 제시하려면 고객 관점에서 볼 줄 알아야 하고 이것만이 고객에게 진심으로 전달된다.

학교가 없어진다, 글로벌 1등 대표주자 TV 사업의 미래

우리나라 TV사업은 대한민국 제조우위 성장모델의 상징적 사업이다. 일본에서 기술을 들여와 반세기 동안 삼성, LG를 필두로 글로벌 시장으로 진출했다. 한국이 일본 업체를 제치고 2006년 1등(시장점유율 기준)에 올라선 이래 9년째 글로벌 1등을 해오고 있다. 그런 TV사업이 시장정체기를 맞아 업계 전체가 어려움을 겪고 있다. 2010년경에 이건희 회장은 "향후 10년 내에 지금 1등 하고 있는 사업은 모두 사라질 것이다"라고 예언했다. 당장 대안을 준비하지 않으면 그리될 것이라는 위기의식을 표현한 것이고 이를 피해 가려면 10년 내에 TV사업을 완전히 새롭게 혁신해야 한다는 주문이기도 하다. 나는 TV사업의 시장성장률, 매출성장률, 영업이익 성장률, 부가가치 성장률, 가격하락률 등 4~5년 트렌드를 분석하면서 우리 기업의 오버헤드(관리비용) 증가율이 꺾이지 않으면 곧 적자가 날 가능성이 높다는 것을 직감했다. 그만큼 출혈경쟁이 심한 계륵사업이 되어가고 있다. 업계 1등을 해도 산업의 생명주기 곡선을 피해 갈 수는 없는 것이다. TV사업은 성장기를 지나 성숙기로 들어서고 있다.

더 좋은 TV 만들기로 경쟁하던 전통적인 하드웨어 TV사업은 이미 정점을 지난 것이다. 아무리 더 좋은 TV를 만든다 하더라도 소비자는 추가기술에 웃돈을 낼 의사가 없다. 지금 TV도 충분히 좋은 것이다. 기술이 성숙되었다는 뜻이다. 기술이 성숙되면, 곧 시장이 성숙되면 경쟁은 출혈경쟁으로 변질된다. 업체들의 수익성은 악화되고 더 좋은 제품을 만들기 위한 추가 연구 개발 투자가 회수되지 않는다. 성장기에 시장과 함께 성장하면서 키워온 기술력, 브랜드력, 시장지배력을 활용해 새로운 가치혁신을 개발해야 한다. 단순히 더 좋은 TV를 만들어 파는 것에서 TV기술을 활용해 소비자에게 어떤 새로운 가치를 제공할 것인지 사업 이념 전환이 필요한 때다. 다시 말해 TV사업을 어떻게 소프트 사업으로 바꿀지가 관건이다.

교육환경 플랫폼 혁신, 학교가 없어진다

해외에 살다가 최근에 한국으로 들어온 지인이 중학교 2학년짜리 아들을 분당에 있는 학교에 입학시켰다. 이사 온 첫해 1년은 아들이 학교에 적응하는 데 부부가 달라붙었다. 동급생들과 수준 차이가 많이 나니 아이 스트레스 지수도 올라간다. 특히 국어, 역사를 매우 어려워하는 눈치였다. 학교가 학생의 수준에 맞게 공부할 수 있는 환경을 제공해주지 못하니 말이다. 부모는 태블릿을 하나 사서 아들에게 주고 국어, 역사 과목에 대한 학원가의 동영상 강의를 신청해서 듣게 했다. 아이가 동영상 강의에 재미를 붙이면서 학교생활에도 많은 도움이 되었다고 한다. 이처럼 요즘에는 PC, 태블릿, 스마트폰 등 멀티미디어 기기를 활용한 학습이 보편적이다.

여기서 한발 더 나아가 이런 상상을 해보자. 30% 학생이 희망에 따라 등교하지 않고 자택이나 본인이 원하는 공간에서 학습할 수 있고 교과목 중에 30%는 온라인으로 학점을 이수할 수 있게 한다면 어떨까? 등하교 최소화로 교통 혼잡은 사라지고 학교 폭력문제 등에서 커다란 변화가 일어날 것이다. 학교 건물은 다양한 커뮤니티 센터 community center로 전환하여 사용할 수 있다. 교육 주체는 정부에서 민간기업으로 이전되고 교사는 가르치는 활동에서 연구원으로 변신하여 교육 내용을 개발해 온라인에 넣어주는 역할을 하게 된다. 물리적인 학교 건물, 교사, 집단학습으로 대표되는 전통적인 체계가 점차 사라진다. 학생은 획일적으로 학교에 모이지 않고 멀티미디어 환경에서 각자 소질에 맞게 개인학습 체계로 진화한다. 온라인 강좌 무크 MOOC, Massive Open Online Course가 좋은 예다. TV사업의 미래는 바로 여기에 있다.

TV사업은 '멀티미디어 교육환경 구축' 사업으로 진화

미래에는 교사 중심의 획일적인 집합식 재래식 학교 시스템에서 멀티미디어 기술을 활용해 학생 중심의 '멀티미디어 개인 맞춤형 교육환경'으로, '공간 제약에서 자유로운 교육환경'으로 변모할 것이다. 우리나라도 입시를 준비하는 학생들이 학교에서 학원으로, 이곳저곳을 전전하는 등 비효율이 매우 높다. TV는 멀티미디어 교육환경의 플랫폼으로써 주축이 되고 핸드폰, 태블릿, PC 등과 같은 기기들이 보조 역할을 하게 된다. 이미 많은 학교가 '거꾸로 수업flipped learning'과 같은 동영상 자택학습을 도입하고 있다.

나는 아프리카에서 태양광 스쿨을 보급하면서 학교가 턱없이 부족하고 인구가 산재해 있는 개발도상국에서는 멀티미디어를 활용한 학습이 교육환경에 일대 혁신을 가져올 수 있다는 점을 누구보다도 많이 경험했다. '멀티미디어 교육 플랫폼'은 세계에서 한국이 가장 잘 할 수 있는 사업이다. 세계에서 앞서가는 한국의 통신 인프라와 TV, 태블릿, 핸드폰과 같은 멀티미디어 기술을 기반으로 재래식 교육환경을 멀티미디어 환경으로 혁신시킬 수 있다. 이에 더해 하드웨어적인 교육환경 전환과 더불어 학교운영 측면의 소프트한 노하우를 컨설팅사업으로 발전시킬 수 있다.

교육 전용 포털 구축, 플랫폼사업으로의 진화

머지않아 세계 유수의 교육 콘텐츠를 전 세계시장에 유통시키고 더 다양한 교육 콘텐츠를 개발하려는 경쟁이 본격적으로 전개되는 교육포털 경쟁 시대가 올 것이다. 멀티미디어 교육환경을 토대로 교육 전용 포털을 구축하는 '교육 플랫폼education platform 사업'이 유망하다. 최근 유튜브는 물론 무크, 메가스터디Megastudy, 학생용 입시 대비 사이트 등 인터넷상에는 크고 작은 교육 사이트가 우후죽순으로 생겨나고 정크 콘텐츠가 난무하고 있다. 이런 상황에서 교육 수요자와 공급자 사이에서 검증된 맞춤형 콘텐츠를 연결해주는 플랫폼이 절대적으로 필요하다. 지식융합 시대, 만인의 멘토멘티 시대, 100세 시대, 평생교육, 1인학교 운영, 개발도상국 교육 수요, 교육기회 평등,

맞춤형 교육 검색 수요 등 양질의 교육 콘텐츠를 전 세계적으로 공유, 확산하려는 욕구가 급팽창하고 있다.

그러므로 교육 플랫폼사업은 지금의 상거래 플랫폼이나 SNS 플랫폼보다 더 큰 성장잠재력을 가지고 있다. 우리의 멀티미디어 기술, 네트워크 기술을 합치면 페이스북을 능가하는 플랫폼을 구축할 수 있다. 대형 교육 사이트인 무크, 코세라COURSERA, 한국의 메가스터디 등을 인수하거나 협업하면 단기간에 사용자 기반 확대도 가능하다. 우리나라가 세계적으로 미래의 새로운 지식을 선점해나가는 데도 도움이 된다. 특히 국내기업이 인수한 세계 최고 통번역 서비스업체와 협업해 '소통이 자유로운 글로벌 플랫폼'으로 포지셔닝해서 지구촌의 누구든지 자국어로 글로벌 교육 콘텐츠를 구매할 수 있게 하면 영어 중심의 기존 플랫폼들과도 차별화할 수 있다.

교육 콘텐츠 개발사업으로 진화

멀티미디어 교육 플랫폼은 교육 내용의 디지털화, 동영상화, 게임화 등 쉽고 재미있게 습득할 수 있는 교육 콘텐츠 시장을 급성장시키는 환경으로 작용하고 있다. 새로운 교육 콘텐츠 개발사업은 하드웨어를 뛰어넘는 새로운 IP(Interlectual Property, 지적재산권)의 원천이다. 특히 한류를 활용한 교육 콘텐츠, 한국의 압축성장 콘텐츠(KDI의 KSP 등), 전 세계적으로 딜레마를 겪고 있는 복지사업 콘텐츠 등을 앞서 개발해 개발도상국에 보급한다면 한국만의 차별화된 교육용 콘텐츠를 제공할 수 있다. 우리 사회는 압축성장의 여파로 물질적 성장과 정신적 성장의 괴리를 가장 많이 경험한 나라다. 우리나라가 앞서 구축할 미래지향적 '멀티미디어 교육환경과 교육 콘텐츠'는 개발도상국의 롤모델이 될 것이다.

학교의 전통적인 교육 콘텐츠도 동영상으로 변환되어서 멀티미디어 교육환경에 맞게 재포맷팅되어야 한다. 초·중·고 모든 과정을 인터넷을 통해 개인의 소질과 학습 수준에 맞게 학습할 수 있도록 디지털화하고 재미를 곁들인 동영상 콘텐츠로 만들어 학습효과를 배가할수 있어야 한다. 교육 내용 또한 과거 지식이 아니라 미래를 살아가는 데 필요한 '생활 실용 지식' 중심으로 바뀐다. 과거 지식을 정리한 기존 교과목은 모두 인터넷을 통해서 얻을 수 있는 공유지식이므로 스스로 학습하고 학교교육은 공동체 의식, 창의력 함양, 인성교육 중심의 신교육학으로 바뀌어야 한다.

근래에 입시 위주 공교육의 퇴행성을 우려하는 목소리가 높고 공교육 정상화를 위한 새로운 패러다임을 적용하려는 혁신학교 사례들이 나오고 있다. 입시 성적 중심, 취업 준비 스펙 쌓기 중심에서 창의력, 지도력, 인성 교육 중심으로 패러다임 전환을 시도하고 있다. 인성교육은 곧 사람과 어울려 사는 법을 가르치는 사회교육이다. 창의교육은 암기식 지식 축적에서 지식을 활용해 무엇을 할 것인지로 교육의 방점이 바뀌는 것이다.

핀란드의 '현상기반 학습'이 우리나라에서도 시험적으로 확대되고 있다는 것은 고무적이다. 시대의 변화를 따라가며 분야 간의 벽을 허무는 융합교육으로 핀란드는 강력한 교육개혁을 주도하고 있다. 세상은 급박하게 변하는데 우리나라의 교육개혁은 더디다. 자신이 배우는 것과 세상을 연계하여 깨닫게 해서 학생 스스로가 공부해야 할 이유를 찾아가게 하는 것이 진정한 자율학습이다.

서울의 삼각산고는 학생별 '1인 1프로젝트'를 시행하고 있다. 학생 각자가 생활 속의 문제들, 스스로 관찰한 사회문제를 하나씩 선택해 주제를 정해 원인을 분석하고 솔루션을 찾는 프로젝트다. 사회를 보는 학생들의 안목을 키워주는 것이다. 죽어 있는 과거 지식의 전달이 아니라 우리가 살아가면서 당면하고 있는 각종 사회문제들을 어떻게 창의적으로 해결할 것이냐가 사회공부의 시작점이다. 즉, 과거 지식을 암기하는 교육에서 아이들이 살아갈 미래환경에 어떻게 잘 적응하느냐가 공교육의 기본이 되어야 한다.

제조에서 솔루션 기획 중심의 소프트웨어 회사로 진화

TV의 하드웨어 기술은 '기술 컨설팅사업', '기술 라이선스 사업' 등으로 중국 등 타 제조업체에게 오픈하여 수익사업화할 수 있다. 중국 TV업체들이 약진하고 있다. 이들과 경쟁할 게 아니라 이들에게 필요한 TV 제조기술을 라이선싱하고 교육 플랫폼 구축의 파트너로 만들 수 있다. 제조는 점진적으로 원가경쟁력이 높은 중국에 이관하고 우리는 연구 개발과 소프트웨어 중심의 솔루션 기획회사로 거듭난다. 중국업체의 판매대수가 커질수록 TV가 주축이 되는 교육 플랫폼사업은 탄력을 받을 것이다.

모든 사업은 3단계의 진화 과정을 거친다. 사업의 생명주기를 100%로 본다면 1단계 사업 초기는 사업 방향을 설정하고 30% 정도의 기본적인 성장을 한다. 30% 기본 성장을 바탕으로 2단계는 성장 이념을 세우게 되고 그 경영이념의 크기와 질에 따라 70%까지 성장 팽창한다. 3단계는 70%까지 성장한 힘으로 100%의 완성을 위해 꽃

을 피우고 열매를 맺어 새로운 생명주기로 갈아타는 것이다. 1, 2단계
는 성장과정 연장선상에 있지만 3단계로의 진화는 차원이 다른 뉴패
러다임을 필요로 한다. 더 좋은 기기를 만들려는 기술 중심에서 "기
기를 활용해 무슨 일을 할 수 있느냐"에 답해야 할 시점이 바로 지금
이다.

NEW PARADIGM

국민이 키운 대기업,
창업 100년을 향한 비전

오늘날 우리 사회에서 대기업은 국민기업으로서의 애정보다는 가진 자로서 국민 반감의 대상이 되고 있다. 하청업체 쥐어짜기, 중소기업 업종 침해, 양극화 주범, 인재 독식, 수출보다 높은 내수 폭리 등 마치 대기업이 우리 사회 모든 악의 근원인 양 매도되고 비난받고 있다. 경제민주화는 곧 재벌, 대기업에 대한 견제구로 간주된다.

삼성, 현대, LG를 포함해 한국 대기업은 국익에 지대한 공헌을 하면서도 우리 사회로부터 지탄의 대상이 되고 있다. 대기업이 다양한 사회 봉사활동을 펼침에도 불구하고 국민으로부터 존경을 받지 못하는 이유는 어디에 있을까? 국민의 기대에 부응하려면 단순한 사회공헌 활동이 아니라 한국의 대표기업에 걸맞은 질 높은 역할이 필요하다. 이 길을 찾는 것이 바로 국민에게 존경받고 사랑받는 브랜드가 되는 길이다.

우리 사회에서 대기업의 본질은 무엇인가? 대기업은 개인 기업이 아니다. 우리 사회가 같이 키워온 국민의 것이다. 아들딸 자식 키워 모든 인재를 대기업에 보냈다. 대기업이 우리 사회, 국민 한 사람 한 사람에게 진 빚이 가장 크기 때문에 우리 사회가 대기업에 기대하는 책임과 기대 또한 가장 크다. 성장정체로 어려움이 가중될수록 대기업에 대한 국민의 비난과 원망은 더욱 커질 것이고 이는 경영 외적인 부담으로 작용할 것이다.

국민이 키운 대기업, 진정한 보답은 무엇인가

우리 대기업이 진정한 초일류가 되려면, 널리 알려진 브랜드에서 품격이 있고 사랑받는 브랜드가 되려면, 남이 하지 못하는 우리 대기업만의 역할을 할 수 있어야 한다. 대기업이 성장하면서 우리 사회에 진 빚을 갚는 길을 찾아야 한다. 우리 대기업이 성장할 때는 정부의 육성정책, 국산품 애용과 국민저축의 힘도 버팀목이 되어주었다. 국민 88%의 생계를 책임지고 있는 중소기업, 중국에 밀려 어려움을 겪고 있는 중소기업, 매출의 87%를 내수에 의존하는 중소기업을 살리는 길이 바로 대기업의 책임이고 역할이다. 적어도 한국 사회에 있어서 대기업은 민이 아니라 관에 가깝다. 'Korea'라는 국가브랜드가 아직 미약할 때 우리 대기업은 국민을 대표하여 해외로 나가 국가를 알리고 글로벌 기업으로 성장해왔다. 삼성, 현대, LG가 구축한 글로벌 브랜드의 신용과 네트워크를 자동차, 핸드폰, TV 판매에만 사용할 것이 아니라 대한민국 중소기업의 경제영토를 확장하는 데 쓸 수 있다.

대·중소기업, 진정한 동반성장

대기업의 개발도상국 법인장이나 지점장은 주재국의 정부 고위관료들을 만날 기회가 수시로 주어진다. 주재국에서 펼치는 사회공헌 활동은 사회 전반 이슈를 다루게 되고 고위관료들은 국가경영 전반에 대해 자문을 요청해온다. 이렇듯 현지리더들과 교류가 많은 대기업의 해외 거점을 대한민국의 해외진출 교두보로 활용하여 중소기업의 해외 판로를 열어줄 수 있어야 한다. 대기업은 공기관(公機關)으로서 우리 사회가 보유한 모든 역량을 융합하는 주체가 되어야 한다. 중소기업이 갖춘 역량, 중장년층의 경험과 기술, 고학력 청년 인재, 국가 브랜드 등을 활용해 대한민국 성장을 이끄는 견인차 역할을 해야 한다. 대기업에 대한 국민의 기대 수준에 부응하는 질 높은 사회봉사는 따로 있다. 이 길만이 오늘날 글로벌 기업으로 성장한 대기업이 국민기업으로 사회에 진 빚을 갚는 최대 사회공헌이고 진정한 상생의 길이다.

우리 국민은 88올림픽, 평창동계올림픽 유치 등에서 현대, 삼성과 같은 대기업이 주도적인 역할을 수행한 것을 잘 알고 있다. 나는 2018년 동계올림픽 유치를 위해 한국대사관과 대기업이 하나가 되어 각국의 IOC 위원이 평창 개최를 지지하는 세력이 되도록 성공적으로 협업하는 과정을 지켜보았다. 우리 대기업의 신성장 패러다임으로 컨트리마케팅 사례(국가단위 인프라 솔루션 개발사업)를 주목하는 이유가 여기에 있다. 단품 판매에 그치지 않고 브랜드 신용을 활용해 개발도상국의 지역개발, 도시개발, 국가 전체 경제개발 콘셉트를 컨설팅하고 사업화하여 개발도상국 경제성장에 기여하는 것이 컨트리마케팅이다. 그룹 내 관계사, 협력사뿐만 아니라 중소기업까지 포함시켜 사업 포트폴리오를 구성하고 개발도상국의 개발 수준에 따라 맞춤형 공단을 조성하고 사회 인프라사업을 전개한다면 우리 기업은 개발도상국의 경제성장과 함께 무한한 성장 기회를 다시 얻을 수 있다.

정부도 대기업을 견제하려는 규제 중심의 패러다임에서 대기업의 글로벌 네트워크를 활용해 국내 중소기업이 해외로 진출하도록 지원하는 정책을 적극적으로 펴야 한다. 민·관 협업, 대기업과 중소기업 동반성장을 북돋우며 정부가 리더십의 중심이 되어야 한다. 싱가포르를 보라. 남미, 아프리카, 중동에 진출하는 중국 기업들을 보라. 정부가 중심에 있다. 우리 대기업의 현지 거점뿐만 아니라 KOTRA, 대사관, KOICA 등 모두가 대한민국 주식회사 소속이다. 한국에서 파견된 NGO 단체의 활동도 결국 국가신용으로 귀결되므로 우리 기업의 사업활동과 연계될 때 시너지가 생긴다. 현지에 진출한 한국의 민·관이 힘을 합칠 때 대한민국이 현지 사회에 기여할 수 있는 역량은 더욱 커진다.

창업 100년을 향한 사업이념의 진화

구글, 페이스북 CEO들의 인터뷰 기사를 보면 그들이 어떠한 경영이념을 갖고 있는지 알 수 있다. 일례로 아프리카 오지에 인터넷을 보급하기 위해 풍선을 띄우겠다는 구글의 발상에는 인류의 삶을 어떻게 바꾸겠다는 포부가 드러난다. 이에 비해 중국 CEO들의 인터뷰 내용을 보면 "삼성을 따라잡겠다", "3년 내 1등이 되겠다" 등 성장기의 경쟁의식을 경영이념으로 표방하는 경우가 많다. 의식이 성장기의 패러다임에 머물러 있다는 반증이다. 하지만 알리바바와 같은 중국의 글로벌 기업들은 창업이념부터 다르다. 마윈 회장은 "판로확보에 어려움을 겪는 중소기업들을 돕기 위해 창업했다. 알리바바는 사람들의 희망이 무엇인지, 이 사회가 어디로 나아갈 것인지, 그 과정에 기여하고 싶다"고 했다.

대기업의 예로 삼성을 들어보자. 이병철 창업회장은 '사업보국'을 경영이념으로 삼성의 진로를 열고 대한민국 국부(國富)의 토대를 세웠다. 이건희 회장은 '초일류 기업'을 이념으로 한국의 삼성을 글로벌 일류기업으로 팽창 성장시켰다. 이제 글로벌 기업으로 성장한 삼성은 '인류사회에 공헌한다'는 그룹의 경영이념을 실천해야 할 미션이 남아 있다.

우리 대기업의 역사, 평균 나이는 40대 후반의 중년을 지났다. 경쟁과 모방을 통한 성장기는 끝났다는 뜻이다. 이제 우리 대기업은 고도성장기의 성장이념에서 벗어나 지금까지 쌓아온 힘, 브랜드력, 기술력, 인재력을 활용해 산업한류를 일으키는 주체세력이 되어야 한다.

변곡점에 선 대기업의 재도약

세상에 어떤 사업도 산업과 시장의 수요성장 곡선을 피해 갈 수는 없다. 산업과 시장이 사라져서가 아니라 시간이 가면 해당 산업의 기술은 숙성하고 선두 기업은 성장하면서 관리비용(오버헤드)이 높아진다. 제품의 기술이 일정 수준으로 성숙되면 소비자는 더 이상 프리미엄 품질에 웃돈을 지불하려 들지 않는다. 선두주자들은 후발업자와의 차별성을 잃게 된다. 기술은 일반화되고 높아진 관리비용은 수익성을 떨어뜨린다. 한국의 제조업이 모두 겪는 일이다. 이런 시점이 지난 지 오래다. 인정하기 싫지만 망하는 길로 가고 있는 중이다.

현대는 자동차 시장점유율을 잃고 있고, 삼성은 핸드폰, TV등 주력 사업 매출이 정체되고, LG 또한 수익력 악화에 시달리고 있다. 한국을 대표하는 대기업 모두가 미래 성장엔진을 찾고 있지만 아직 뚜렷한 대안은 떠오르지 않고 있다. 구글, 애플 등이 내놓은 미래 비즈니스 구조를 따라잡기에도 벅차다. 일본의 7대 전자업체들(소니, 마쓰시타, 샤프, JVC, SANYO 등)이 한국에 경쟁력을 잃은 후 급격히 쇠퇴의 길로 갔는데 한국도 같은 길을 가고 있지는 않은가? 제조 경쟁우위를 중국에게 넘겨버리면 우리 기업이 살길은 무엇인가?

대기업의 주력사업은 노쇠화되고 성장력, 수익력 모두 악화되고 있다. IT와 자동차의 융합, IT와 의학, 바이오와의 융합 등 신성장동력 키워드로 IT와 제조업과의 융합이 떠오르고 있다. 과연 올바른 성장 패러다임인가? 애플은 우리나라 최고기업인 삼성전자 주가의 5배다. 세계의 미래를 리드하는 기술들은 대부분이 실리콘밸리 벤처기업startup에서 나오고 있다. 우리 기업들보다 수배의 자본력을 가진 구글, 애플과 같은 기술기업들이 세계의 신기술을 웃돈을 주고 블랙홀처럼 빨아들이고 있다. 우리가 신기술 개발로 그들과 경쟁할 수 있을까? 우리가 제품화한 기술은 외부에서 개발된 것이지 우리가 개발한 원천기술을 제품화해 세계적으로 성공한 경우는 많지 않다. 외부에서 수입한 기술의 완성도를 높인 것이 우리의 제조경쟁력이다.

대한민국이 고도성장기를 지나 정체기에 접어들어 각종 사회문제가 동시에 불거져 나오는 이때에 한국의 대표기업인 대기업이 한국호의 미래이고 희망이다. 지금 우리 경제는 성장정체를 겪고 있지만 대기업들이 지금까지 쌓아온 힘과 자산을 잘 활용하면 엄청난 성장

기회와 밝은 미래가 대기업은 물론 대한민국 앞에 펼쳐져 있다.

성장기에서 성숙기로 넘어가는 변곡점에 위치한 우리 대기업들은 과실 한 그루가 성장하여 열매를 맺어 새로운 생명주기 곡선을 그리듯이 재도약이냐 쇠퇴냐의 갈림길에 놓여 있다. 세계는 바야흐로 성장기의 경쟁 패러다임에서 이제 융합과 상생의 뉴패러다임으로 새로운 시대를 열어가야 할 창의적 지식사회로 진화하고 있다.

한국의 대기업, 압축성장 노하우를 전파할 산업한류의 주체

대기업의 미래 비전은 그룹 내 없는 사업과 기술을 새로 발굴해내는 데 있지 않고 지금까지 쌓아온 역량과 자산을 필요로 하는 시장과 소비자를 찾아 이를 잘 활용하는 운용 전략에 있다. 기회는 ① 신흥국의 경제개발 컨설팅 및 사회 인프라사업, ② 신흥국 경제개발을 지원하는 국제 금융사업, ③ 교육, 컨설팅사업, 교육 관련 플랫폼사업, ④ 복지사업에 새로운 기회가 있다.

:: 대기업의 미래 기회

1. 성장엔진을 신흥국의 인프라사업으로 전환한다. 휴대폰, TV, 자동차 등 주력 상품의 제조 경쟁우위 사업모델에서 대기업의 브랜드 공신력을 활용해 성장엔진을 신흥국의 인프라사업으로 전환한다. 그룹 관계사의 역량뿐만 아니라 국내 중소기업까지 포함된 다양한 사업 포트폴리오를 묶어 한국이 지금까지 쌓아온 개발 경험을 활용해 저개발국, 개발도상국, 중진국이 필요로 하는 기술과 업종으로 맞춤형 공단사업을 펼쳐 경제개발

을 지원한다면 현지로부터 크게 환영받을 것이다. 또한 성장정체에 빠져 새로운 돌파구를 찾고 있는 대한민국에 성장모델을 제시할 수 있다. 신흥국의 지역개발, 도시개발, 국가 전체 경제개발 콘셉트를 컨설팅하고 사업화시킨다. 우리의 강점인 정보통신, IT기술을 활용해 사회 인프라사업을 전개한다.

2. 신흥국 인프라사업은 한국에 새로운 국제 금융사업기회를 열어준다. 대기업과 한국이 아프리카에 진출해 생필품 공단과 같은 시범단지를 성공시켜 기아를 퇴치하고 경제성장의 자립기초를 구축해준다면 일거에 국제사회의 주목을 받을 것이다. 국제사회 빈곤퇴치에 동참하려는 국제기구 및 세계의 부호재단으로부터 자금을 유치할 수 있다. 대한민국이 개발도상국의 국제금융 중심국으로 거듭날 수 있는 기회가 주어진다. 물론 이 모든 기회는 글로벌 브랜드로서의 국제사회 신용을 가진 대기업이 앞장설 때만이 가능하다.

3. 대한민국은 세계 30% 선진국과 70% 신흥국 경계에 위치한 독특한 국제적 위상으로 '교육, 컨설팅사업'에 무한한 기회를 가지고 있다. 교육사업 1차 고객은 신흥국이다. 한류 콘텐츠 등 문화사업은 교육사업의 일부다. 한류 2.0이 곧 교육사업이다. 교육사업은 글로벌 컨설팅 업체인 맥킨지, 액센추어 등을 뛰어넘는 21세기 뉴패러다임 컨설팅사업으로 성장할 수 있다. 기존의 컨설팅 콘텐츠가 과거 노하우를 집대성한 것이라면 우리의 압축성장 경험의 시행착오를 반영해 신흥국에게 미래의 뉴패러다임을 여는 기업경영 뉴패러다임 컨설팅, 국별 복지설계 뉴패러다임 컨설팅, 국별 교육체계 뉴패러다임 컨설팅, 도시계획 뉴패러다임 컨설팅, 경제개발계획 컨설팅, 사회 인프라 업그레이드 컨설팅 등 국가, 지자체, 정부기관(교육부, 복지부 등)을 주 고객으로 컨설팅사업을 추진한다. 마스터플랜 수립과

함께 계획 실행plan execution, 운영operation에 필요한 하드웨어, 소프트웨어 참여업체와 컨소시엄(단품제조 기업, 인프라 기업 등)을 구성하여 토털 솔루션을 제공한다. 한국의 중소기업은 개발도상국의 산업별, 업종별로 현지업체와 제휴하고 관리 전반, ERP(Enterprise Resources Planning, 전사적 자원관리) 시스템, 기술 등 동일 업종 기업운영 전반에 대한 컨설팅을 제공하는 파트너십을 맺어 현지업체와 경쟁하지 않으면서 윈윈할 수 있는 성장전략을 취할 수 있다.

한편 미래는 멀티미디어 기술을 활용한 '교육환경 혁신'이 새로운 사업기회로 대두된다. 전통적인 학교건물과 교사를 중심으로 한 현재의 교육환경은 학교라는 물리적 공간에 제약받지 않는 멀티미디어 환경과 학생 스스로 학습하는 체제로 점진적으로 전환되고 있으며 이를 선도하는 것은 한국이다. 멀티미디어 교육환경을 구축하는 사업은 세계에서 가장 앞선 통신 인프라와 휴대폰, TV 등 멀티미디어 기기의 글로벌 시장점유율 1위인 한국 대기업이 현재의 위상을 활용하면 가장 잘할 수 있는 사업이다. 멀티미디어 환경 토대 위에 '교육용 콘텐츠 전용 플랫폼사업'을 추진할 수 있다.

4. 지구촌은 지금 선진국을 위시해 복지 딜레마에 빠져 있다. 선진국과 후진국 간 빈부 격차의 확대, 국가 내 소득양극화 심화, 인구대비 복지수급자의 기하급수적 증가, 노령화 사회로 복지부담 가중 등 복지에 대한 뉴패러다임을 찾지 못하면 과거 인류문명이 붕괴했듯이 지구촌은 새로운 도전에 직면할 것이다. 미래에는 복지 딜레마를 해결할 뉴패러다임 개발이 선후진국 모두에게 최고의 '사회 컨설팅사업' 기회로 부상할 것이다. 한국은 압축적으로 선진국의 복지 딜레마를 겪고 있고 선진국을 벤치마킹하고 있으나 답은 선진국에 없다. OECD 말미에 있는 대한민국이 선진국 복지정책의 모순을 연구하여 뉴패러다임을 개발해 선진국은 물론 앞으로 겪게 될 개발도상국에게 복지 패러다임을 새롭게 열어주어야 할 책임이 있다.

창업 100년을 향한 우리 기업의 비전은 성장기를 통해 구축한 역량으로 세계 속에서 우리만의 차별화된 역할을 정립할 때 새로운 성장의 길이 열린다. 인류는 산업화가 이룩한 물질 성장의 토대 위에 정신적 성장을 추구하는 인본주의, 인문과학의 시대로 옮겨 가고 있다. 이는 교육 사업의 시대가 오고 있다는 뜻이다. 콘텐츠 생산역량이 새로운 경쟁력이 되고 콘텐츠 개발역량을 가진 기업이 지구촌을 리드할 것이다. 일례로 중국과 경쟁하며 더 좋은 제품을 만들고 더 많이 팔려고 할 것이 아니라, 뉴패러다임이 담긴 교육 콘텐츠를 개발해 14억 중국 시장에 인터넷으로 보급하는 것이다. 교육 전용 플랫폼을 구축하자. 미래는 새로운 교육 콘텐츠를 팔고 사는 콘텐츠 IP의 시대다. 복지 사업도 본질은 교육에 있다. 복지 수급자의 사회 적응력을 높여 사회 구성원으로서의 역할을 할 수 있게 교육 기회를 제공하는 것, 100세 시대에 정신적 성장을 지속하도록 평생교육을 제공하는 것 등이 복지 사업의 본질이기 때문에 미래의 모든 복지 사업은 교육 중심으로 재편될 것이다. 교육 사업과 복지 사업이 미래의 신산업으로 부각되는 이유다.

잘되면 제 탓, 못 되면 조상 탓이라는 속담이 있다. 아마 남 탓 잘하는 우리 사회를 경계한 것이리라. 인과응보의 법칙이 적용된 결과가 사회 속의 부메랑 효과다. 뿌린 대로 거두리라는 성경 말씀도 같은 맥락이다. 우리 삶에 어려움이 온다는 것은 자연법칙에 어긋나게 살고 있다는 경고다. 몸이 아프든 일이 풀리지 않아 마음이 아프든, 모두 환경적응에 실패하고 있다는 신호다. 우리는 초등학교 때부터 바른생활을 배웠지만 어찌 된 일인지 지금 우리 국민 대다수가 힘들어하고 있다. 마음이 아프고, 몸이 아프다. 어떻게 고칠 것인가? 적자생존의 자연법칙을 상기하면서 각자의 사회적응 역량을 올리는 길밖에 없다.

뉴패러다임

4

자기
경영

신(新)성공학은 사회연구와 사회지식에 있다

나의 삶의 질,
생각그릇 키우기

아프리카 출장길을 나와 같이 다녔던 젊은 동료직원들은 헐벗은 사람들을 보면서 혀를 끌끌 차곤 하였다. 생활 쓰레기와 함께 살아가는 현지인들, 언제 씻었는지도 모를 헝클어진 머리하며 지저분한 옷차림 등을 보면서 아프리카 사람들이 천성적으로 게으르고 열등하다고 생각하는 것 같았다. 나에게는 그리 낯설지 않은 풍경인데 말이다.

어릴 적 우리 집 울타리 넘어는 모두 쓰레기장이었다. 마을 어귀 큰길은 항상 길 양쪽 집에서 버린 생활 쓰레기들이 어지럽게 널브러져 있고 그 사이로 쥐들이 떼 지어 다닌다. 장마가 오는 날이면 재래식 화장실의 오물을 집 밖으로 퍼내는 집들이 여럿 있었다. 겨울에는 물이 부족해 목욕은 고사하고 한 달씩 빨래를 하지 못해 똑같은 옷을 입고 다녔다. 밥상 위에 덮어놓은 신문지를 벗겨내면 먹다 남은 밥그릇 위에 파리 떼가 까맣게 앉아 있다. 그 시절 과연 우리가 게으르고 열등해서 그런 환경에서 살았던 것일까. 우리의 살아가는 환경이 그러했고 우리의 의식 수준이 그 환경보다 더 나은 삶을 상상하지 못했기에 그렇게 살 수밖에 없었다.

서부 아프리카에는 프랑스인들이 많다. 현지인들과 같은 환경 속에 처해 있지만 살아가는 모습은 천양지차(天壤之差)다. 프랑스의 눈높이와 마인드로 살아가기 때문이다. 만델라 대통령은 내게 아프리카인의 생활수준은 그들의 의식 수준과 비례한다고 하면서 아프리카 사람들의 의식 수준을 높이도록 먼저 교육을 시켜야 한다고 강조했다.

우리 사회는 부자를 보는 시각과 편견도 다양하다. 부자는 운 좋은 사람인가, 재테크를 잘하는 사람인가, 돈 욕심이 많은 사람인가? 개인은 개인의 의식 수준, 사회는 사회 구성원의 의식 수준이 삶의 수준을 결정한다. 우리가 삶의 질을 올리려면 우리의 의식 수준인 생각부터 키워야 한다. 우리는 어떻게 생각을 키울 수 있을까?

생각그릇 키우기는 공부 마인드가 출발점이다

마음이 가난한 자는 복이 있다 하였다. 스티브 잡스는 "Stay hungry, Stay foolish"라고 했다. 이상이 높으면 현재의 나의 수준에 만족하지 않고 향상심이 생긴다. 생각의 질이 부유하면 삶도 부유해지고 생각의 질이 가난하면 삶도 가난해진다.

부유한 생각의 틀을 닦으려면 경제학적으로 사고해야 한다. 경제학은 선택하고 결정하는 것에 관한 학문이다. 우리 삶은 매 순간의 선택과 결정에 의해 이루어진다. 선택과 결정을 하려면 판단해야 하는데 판단은 개인 사고력의 결과물이다.

판단력, 분별력이 선택의 질을 결정한다. 판단력, 분별력은 어떻게 길러지는가? 먼저 입력input을 많이 해야 한다. 지식을 흡수해야 한다. 요행이나 기복에 의지하지 않고 스스로 실력을 쌓으려는 공부 마인드다. 공부 마인드는 모든 일을 남을 탓하기보다 자기반성의 재료로 활용한다. 생각의 시공간을 넓고 크게 하면 결과output도 달라진다. 요즘은 누구나 쉽게 무엇이든 인터넷을 통해 스스로 공부할 수 있는 시대다. 일상생활을 통해 내게 주어지는 환경을 관찰하면서 공부할 수 있고 주변 사람들과의 대화를 경청하면서 공부할 수도 있다. 공부 마인드는 내 주변 모든 것을 공부 재료로 삼는 마인드다.

나의 서재에는 30여 년간 읽어온 경영서적을 포함해 3,000여 권의 책이 있다. 특히 학자가 쓴 책보다는 경영 일선에서 수십 년간 몸으로 경영 통찰insight을 발견해낸 일본 경영자들이 쓴 서적을 집중적으로 읽었다. 한국에 출장 올 때마다 교보문고에서 라면 박스가 넘치도록 책을 사 가지고 돌아갔는데 그 책들이 모여 지금 나의 서재를 이루었다. 경영·역사·과학·경제·종교·철학·기술 등 읽은 책의 요점을 엑셀로 20여 년간 정리해놓은 파일 목록이 7,000개에 달한다.

어릴 적 겨울, 눈 내리는 새벽이면 나의 아버지는 박종화의 대하소설 『자고 가는 저 구름아』를 소리 내어 읽으셨다. 나는 따뜻한 이불 속에 몸을 숨기고 낭랑히 들려오는 책 읽는 소리를 듣곤 했다. 부친은 겨울밤에는 동네 어른들을 모시고 두런두런 이야기꽃을 피우셨다. 타고난 이야기꾼이었던 것이다. 농번기인 겨울에는 역학공부에 몰두하셨는데 깨달은 바가 있으셨는지, 어느 날 큰 결정을 내리셨다. 혹세무민(惑世誣民) 하는 미신이라고 무당을 멀리하셨던 아버지는 집안에 탈이 없기를 비는 안택제사(安宅祭祀)도 더 이상 드리지 않았고 마을 전체가 참가하는 산신제도 끊었다.

부친은 그해 여름 보리타작을 하다가 눈을 다쳤다. 마을 무당이 신을 노하게 해서 다친 것이라 했다. 부친은 아랑곳하지 않고 결심을 바꾸지 않았고 외눈으로 사시다가 돌아가셨다. 우리 형제들은 아직도 왜 부친이 그 시대에, 그렇게 엄청난 결심을 했는지 모른다. 작은집, 고모네들도 큰집인 아버지의 결정에 반대했다. 혹여 집안에 사고라도 난다면 모두 부친 탓이 될 판이었다. 당시 마을 사람들에게는 상상도 할 수 없는 일이다. 그 이후로 마을 사람들은 한 집 두 집 산신제를 그만두었고 얼마 지나지 않아 산신제는 완전히 사라졌다. 부친은 3대 제사만 봉사(奉祀)하라고 유언을 남겼다. 시대를 앞서 사신 분이었다. 지금 생각해보면 아버지는 혁신가다. 아마도 역학을 독학하며 당신 스스로 두려움을 이겨낼 수 있는 어느 정도의 지식과 경지에 이르렀고 자신감을 갖게 된 결과가 행동으로 나타난 것임에 틀림이 없다.

주인 마인드는 지혜의 보고다

한때 우리 사회에는 '잘될 거야'라는 무조건적인 긍정론이 유행했다. 소위 자석이론이 인기를 끌던 때가 있었다. 무조건 잘될 거야 하고 믿으면서, 뭐가 잘돼야 하는지는 모르는 맹목적인 희망은 무지의 소치일 뿐이다.

무엇을 하든 내가 주인이라는 의식을 갖는다. 당연한 소리지만 우리는 쉽게 이를 잊어버린다. 우리도 모르게 샐러리맨 근성이 드러난다. 역설적이지만 월급쟁이가 월급쟁이가 되지 않으려면 스스로 주인 행세를 해야 한다.

이명박을 평가해달라는 기자의 질문에 정주영 회장은 이렇게 대답했다고 한다. "이 군은 과장일 때 부장같이 일을 해서 부장을 시켰고, 부장이 돼서는 임원이 하는 일을 해서 이사를 시켰다. 이사가 되어서는 대표이사 역할을 하기에 사장을 시켰다. 나는 승진시키기에 바빴다"고 말이다. 나는 회사생활 내내 월급쟁이라는 생각을 해본 적이 없다. 내 월급이 얼마인지도 몰랐다. 오너보다 더 오너 같은 사람이라는 평도 들었다. 나는 내가 스스로 내 일의 주인이 될 때 에너지를 내는 사람이다. 단언컨대 나는 내가 오늘의 삼성을 만드는 데 역할을 한 사람이지, 삼성에서 봉급만 받은 사람은 아니다. 나는 회사원이었지만 샐러리맨으로 살아본 적은 없다.

영업점을 내고 손님이 오면 주인은 반갑고 고맙다. 감사한 마음으로 고객을 대한다. 그러나 영업점이 확장되면서 직원을 뽑으면 직원은 주인이 처음 영업점을 열었을 때의 마음을 가지고 있지 않기 때문에 고객을 돈을 버는 영업 대상으로 대한다. 고객은 그 미묘한 차이를 금방 알아차린다.

상가의 성공 여부는 'repeated client', 즉 영업실적의 몇 퍼센트가 단골고객으로 이루어지느냐에 장래성이 달려 있다. 가게가 어느 정도 알려진 이후는 단골고객의 비중이 곧바로 성패를 결정한다. 단골고객 비중이 늘어나지 않는다면 실패로 갈 가능성이 높다. 고객들이 다시 찾지 않는다는 뜻이기 때문이다.

내 생각의 크기를 결정하는 공인 마인드

중소기업과 스타트업 기업이 많이 입주해 있는 판교 테크노밸리에 사무실이 있어 자주 들렀다. 아무 곳에서나 담배를 피우고 꽁초와 마시던 일회용컵을 노상에 버리고 가는 인근 사무실 직원들을 보고 나는 꽤나 충격을 받았다. 인간은 사회적 동물이기 때문에 인간의 진화 방향은 공인의식의 고양이다. 우리는 상호 의존해서 살아가므로 공동체의 번영이 곧 개인의 삶의 질을 결정한다. 국가주의, 민족주의도 결국은 과정일 뿐 모두 글로벌 공동체주의로 진화한다. 프랑스 대학생들이 지구 반대편의 중국 폭스콘 공장의 근로 조건 개선을 요구하고 나서는 것은 그들의 의식이 국가, 종교, 민족을 넘어 글로벌 공동체주의로 가고 있다는 뜻이다.

2015년 겨울 초입에 페이스북 CEO 주커버그가 딸의 출산과 함께 52조 원에 이르는 자신의 전재산을 사회에 기부하기로 약속했다. 딸에게 재산 대신 더 좋은 세상을 물려주고 싶다는 그의 기부 메시지는 31세밖에 안 된 청년의 생각의 크기가 어떠한지를 웅변적으로 보여주고 있다. 소프트뱅크 손정의 회장은 "내 가족을 떠나 많은 사람, 백만 명을 돕고 싶다. 뜻(志)을 세우고 공헌하고 싶다. 세상에 온 목적은 뜻을 이루기(成) 위해서다"라고 공언한다. 소프트뱅크가 현재의 규모로 성장할 수 있었던 배경이 바로 손 회장의 공인 마인드에서 비롯된 것임을 쉽게 알 수 있다.

인간이 동물과 다른 점은 나 혼자만 살아가는 것이 아니라 각자의 역할을 나누어 하면서 공존하는 것이다. 나의 존재는 곧 내가 사회 속에서 어떤 역할을 하느냐에 달려 있다. 나의 생존을 넘어 내가 속한 사회를 위해 무슨 역할을 할 것인지 생각하는 마음부터 키워야 한다. 나의 관점이 나를 넘어 내 주변 사람들의 안위를 바라보기 시작할 때 내 의식의 지평은 확대된다. 당연히 내게 보이는 사물과 상황이 달리 인식된다.

막연하게 바라고 희망하는 바와 구체적으로 무엇을 이루겠다는 비전과는 다르다. 내가 공동체를 위해 무엇을 할 것이냐가 나의 비전이 될 때 우리는 공인으로 재탄생된다. 즉, 공인이념이다. 공인 마인드로 사물을 바라보면 무엇이든 혼자 하겠다는 생각에서 벗어나 상생을 위해 타인과 어떻게 융합을 일으킬 수 있을 것인지, 나와 타인이 가진 역량을 함께 활용할 수 있는 방안이 보이기 시작한다.

공인 마인드는 고객 중심 마인드다

공인 마인드를 경영학 관점에서 보자면 고객 중심 마인드다. 고객의 불편과 행복에 귀 기울이고 알아채고 이를 해결해주려는 발상력이다. 기업가정신은 곧 공인 마인드에서 온다. 돈은 돈다. 즉, 흐른다. 어디로 흐르나? 공동체에 기여하는 사람에게로 모이는 공동체의 보상이다. 즉, 부는 공인 마인드의 크기와 질에 달려 있다. 크기는 얼마나 많은 사람에게 혜택이 가는지, 질은 얼마나 남다른 혜택을 제공하는지에 따라 결정된다.

돈의 진정한 속성은 버는 것이 아니라 벌리는 것이다. 타인의 문제를 해결해줄 때 돈이 벌린다. 돈은 벌려고 해서는 안 되고 돈이 벌리는 일을 하면 돈은 저절로 들어온다. 부자가 되려면, 돈을 벌려면 철저하게 타인 중심, 고객 중심으로 생각하지 않으면 안 되는 이유다. 사람들이 무엇을 원하는지, 무엇을 간절히 필요로 하는지 알아차려야 한다.

부자가 된다는 것은 자연법칙으로 보면 이 사회에 더 많이 기여한 결과다. 지금 가난하게 살고 있다면 이 사회에, 주위 사람들에게 기여한 바가 적기 때문이다. 소득의 격차, 즉 빈부격차는 어디서 오는가.
생각 마인드, 곧 사고력, 판단력, 분별력의 차이에서 온다.

자기개조의 출발점,
나쁜 습관과의
전쟁

내가 안식년을 가지면서 제일 먼저 한 것은 직장생활 동안 내가 얻은 나쁜 버릇들, 습관들을 고쳐나가는 것이다. 인생 2막을 위한 가장 기본이 되는 준비다. 바쁜 일과에 쫓겨 물을 안 마시는 습관, 잘 씹지 않고 급하게 먹는 습관, 술을 체력에 못 이기게 과음하는 습관, 휴식 없는 업무집중, 체질에 맞지 않는 육식 위주 회식, 완벽에 대한 강박관념, 지나친 목표 스트레스, 불충분한 수면, 남을 설득하려는 습관, 부하직원을 나의 페이스대로 몰아붙이는 성향, 반대 의견에 대한 직설적 대응 성향 등등. 나의 나쁜 습관들을 열거해보니 끝이 없을 정도다. 직장생활을 하다 보면 자기 시간관리가 불가능할 때가 많다. 화장실 가는 시간, 수면시간, 식사시간 등 기본적인 생활 패턴이 업무를 중심으로 불규칙하게 돼버린다.

지난 5월에 내가 아끼는 후배 한 명이 교통사고로 삼성의료원에 입원했다. 내장을 다쳤으니 자칫 생명을 잃을 수도 있는 대형 사고였다.

병문안을 가보니 후배 하는 말이 걸작이다. 다시 생명을 얻었으니 앞으로 더 열심히 살겠다고 한다. 그런 그에게 나는 그럼 이제껏 열심히 살지 않았느냐고 되묻고 싶었다. 후배는 그날도 새벽까지 야근하고 퇴근하다가 교통사고를 당했다. 야근이 많은 회사, 가드 레일이 불분명한 교통환경이 사고의 원인이라고 했다. 내가 무슨 말을 해주랴. 앞으로 너무 열심히 살지 말라고 했어야 하나? 후배에게 왜 교통사고가 일어났을까? 후배가 그저 운이 없었던 것일까? 그때 옆에 있던 친구가 후배의 운전습관에 대해 한마디 했다. 남이 앞질러가는 것을 못참는 성격이라고.

세계 최고 암 병원인 미국 엠디 앤더슨 암센터MD Anderson Cancer Center에 종신교수로 있는 김의신 박사가 30년 이상의 암 전문의 생활을 하면서 암에 대한 통찰을 세 가지로 요약했다. ① 암의 원인은 정확히 모른다. 다만 유전적 성향이 강하다. 우리 몸에는 좋은 성분과 나쁜 성분이 늘 같이 있다. 그 둘이 균형을 이루며 살다가 균형이 깨지면 병이 온다. ② 암에 걸리는 것은 신이 뭔가 시련을 줘서 나를 단련시키고자 함이니 마음 자세를 그렇게 가져라. 기적적인 치유를 한 환자들의 공통점은 겸손이다. 자신을 완전히 포기하고 내려놓는 것이다. ③ 가족력에 암이 있는 사람은 해당하는 암을 공부하라. 왜 그런 암이 생겼는지 알아야 한다. 담배를 많이 피운 게 원인이라면 본인은 절대 담배를 피워선 안 된다. 그리고 암에 대한 정기검진을 자주 하라 등이다.

성공과 실패를 결정짓는 관성은 습관이다

물리적인 세계에만 관성(慣性)의 운동법칙이 적용될까? 사람은 관성의 법칙으로부터 자유로울까? 우리 인생에 작용해 행불행, 성공과 실패를 결정짓는 관성은 습관(習慣)이라고 본다. 개인이 얻는 습관은 세 가지로 분류해볼 수 있다. ① 신체적, 행동적 습관, ② 정신적, 성격적, 심리적 사고경향, ③ 사회문화적 통념 및 상식, 가치관, 관습이 이에 해당된다. 습관은 어디서 오는 것일까? 유전, 교육, 그리고 환경 요인, 세 가지 조건의 결합이라고 본다.

나의 습관들을 먼저 적어본다. 나쁜 습관들의 유래를 추적해본다. 나의 유전적 요인, 나의 생활환경을 조사해본다. 나의 버릇, 습관의 유래를 연구해서 정확히 이해할 때 습관은 객관화되고 관리할 수 있게 된다.

우리 집안은 할아버지, 아버지 모두 암으로 돌아가셨다. 집안에 암 내력이 있다고 하여 나는 30대에 암 보험을 서너 개 들었다. 부친은 담배를 많이 하셨다. 내가 클 적 고향집 안방 천장은 담배 연기로 까맣게 그을려 있었다. 우리 삼형제는 모두 부친을 반면교사로 삼아 담배를 끊었다. 부친은 일을 끝내지 않고는 쉬지 못하는 불같은 성격을 가진 분이셨다. 나는 회사생활을 하면서 나도 모르게 부친의 성정(性情)이 나의 업무 스타일에 그대로 드러나는 것을 깨달았다. 나이가 들어가면서 더 뚜렷하게 확인하게 되었다. 부친은 자주 과음하셨다. 몸을 주체할 수 없을 정도로 과음하고 귀가하시는 아버지를 동구 밖까지 나가서 여러 번 부축한 기억이 난다. 소주와 막걸리의 취기로 힘겨운 농사를 버텨내실 정도로 반 중독 상태였던 것 같다.

나는 내 부모에게서 무엇을 물려받았는가, 나의 유전적 형질은 무엇인가를 공부한다. 부모를 객관적으로 평가해보자. 부모님 인물평을 써보자. 내가 드러난다. 내가 그분께 물려받은 육체적 특징, 습관, 성격, 재능은 무엇일까? 나의 인생과 내 부모, 조상의 인생은 연결되어 있다. 최근 유전학의 새로운 발견은 우리의 신체적 유전정보뿐만 아니라 부모의 경험정보까지 유전되고 이들은 은연중에 습관, 버릇과 같은 일정한 삶의 패턴으로 나타난다는 것이다. 관성이 생겨나는 원리다. 대를 이어가면서 전해지는 집안의 내력은 어찌 보면 그 집안의 풀지 못한 숙제다.

　유전은 조상 대대로 진화해온 결과다. 우리 조상들이 구축한 습관을 내가 물려받은 것이 바로 유전이다. 나의 성격도 나의 몸도 체질도 모두 우리 조상들로부터 유전된 것이 기본 바탕이 된다. 나는 사주팔자(四柱八字)라는 것이 바로 이 습관의 굴레를 벗어나지 못하는 삶이라고 본다. 이것이 내 인생의 기본 틀로 작용한다. 습관의 기본 틀은 유전적으로 형성되고 유전적 성향을 관리하지 않고 내버려두면 시간이 흐르면서 습관이라는 형태로 우리 눈에 드러나고 타인에게 인지된다.

　나쁜 습관을 고치지 않으면 잠재되어 있는 습관은 서서히 표출된다. 내게 부정적인 일이 생겼다면 나의 나쁜 습관이 발전되어 외부로 표출된 결과다. 교육받고 노력하는 이유가 여기에 있다. 적신호가 오기 전에 나쁜 습관을 바로 잡아야 한다. 오늘 내게 일어난 일은 하루 아침에 일어난 게 아니라 습관으로 반복적으로 일어난 일들이 일정 임계치를 넘어설 때 나타나는 것이다. 병도 나쁜 습관이 원인이 되어 몸에 영향을 미칠 정도로 자라나 가시적으로 표출된 결과라고 볼 수 있다.

생활습관 개선의 1차 목표는 세 가지다. 숙면·쾌변·쾌식이다. 다른 습관을 고치기 전에 이 세 가지 기본 습관이 틀어져 있다면 이것부터 고쳐야 한다. 생활의 기본이기 때문이다.

오래된 습관과 버릇을 바꾸기 위한 최소한의 임계시간

경험상 습관과 버릇을 바꾸는 데는 최소 100일이란 시간이 걸린다고 한다. 자기개발 작전은 나쁜 습관을 고치려는 최소한의 임계시간 100일 작전이다. 30일은 과거 습관에서 벗어나고 새로운 습관을 몸에 익히게 하는 학습기간, 이어 40일은 새로운 습관을 몸에 적응하게 하는 적응기간, 나머지 30일은 몸에 익힌 습관을 점검하고 미세한 부분까지 바로잡는 완성기간이다. 나는 불교에서 말하는 100일 수행, 100일 기도의 의식이 여기서 비롯되었다고 본다. 100일간에 걸쳐 꾸준히 나를 돌아보고 나의 나쁜 습관과 행동을 관찰할 수 있다면 분명 새로운 습관이 자리 잡을 수 있는 시간이 될 수 있다.

작심삼일(作心三日)이라 했는데 무엇인가를 바꾸려면 처음 30일이 가장 힘들고 어느 정도 시간이 흐르면 서서히 익숙해진다. 마치 금단현상 같은 시기다. 이 시기를 넘기면 70일까지는 새로 익힌 습관을 익숙하게 하는 과정이다. 70일이 넘어가면 어느새 새로운 습관은 나의 일부처럼 되고 익숙해져서 크게 어려움을 느끼지 않고 자연스러운 삶의 일부가 된다.

나는 장교후보 시절 아주 특별한 경험을 했다. 완전군장에 100km 행군을 하는데 체력이 바닥나는 30km까지 엄청난 고통이 밀려왔다. 어깨는 파이는 듯 아프고 발도 터지고 몸이 천근만근 같았다. 그런데

30km를 넘어서자 70km까지는 날카로운 고통이 점차 둔화되고 묵직한 체력의 한계를 느끼는 시간이 계속되었다. 그런데 70km를 넘어선 어느 순간부터는 배낭도 내 몸의 일부가 되고 군화도 무거운 줄 모르겠고 나는 어디서 힘이 솟아났는지 나머지 구간은 전혀 힘들지 않고 내달았다. 몸에, 정신에 배인 습관이 유전으로 물려받았든지, 살아오면서 얻은 것이든지 이를 바꾸려는 데는 물리적인 시간과 노력의 양이 반드시 필요하다. 담배를 끊어본 사람들도 아마 같은 경험을 했을 것이다.

오랜 시간 몸에 밴 습관은 금방 없앨 수 없다. 나의 모순, 즉 나의 나쁜 습관, 자연법칙에 어긋나는 습관을 고쳐나가는 과정이 자기개조의 첫걸음이라 본다. 사람마다 습관이 제각각이다. 말하는 습관, 옷 입는 습관, 표정 습관 등 우리는 사회생활에서 이런 습관을 통해 상대방에게 나의 이미지를 주고 서로 영향을 받는다. 내게 일어나는 좋은 일도 나쁜 일도 모두 습관의 관성이 이끄는 경로상에 예비된 결과물들이다.

나를 관찰하는 습관은 가장 강력한 변화동력이다

나를 객관적으로 제삼자의 입장에서 전반적으로 바라볼 수 있다는 것은 가장 효과적인 자기경영의 출발점이고 좋은 습관 1호다. 나를 관찰하고 기록하는 것도 매우 효과적인 습관이다. 인사팀에서 작성하는 인물평을 들어보고, 자기소개서를 작성해보는 경험, 내 부모님의 인물평을 써보는 것 등도 모두 나를 객관적으로 관찰하게 하는 데 도움이 된다.

나를 관찰하는 대상으로는 체질(한의사 조언도 참고), 호흡 습관, 소질, 유전성, 성격, 외모, 피부, 꿈, 생체리듬, 체형, 잠자는 습관 등 매우 다양하다. 후천적 행동양식이 습관으로 고착되기도 한다.

나는 인사 업무를 15년가량 했다. 인사업무를 하면서 정기적으로 수십 명에 이르는 임원들에 대한 보고서를 작성한다. 승진심사를 위해서는 개인 성향, 리더십, 가치관, 행동양식에 이르기까지 부하직원, 동료, 상사, 심지어는 거래선의 평가까지 종합해 작성한다. 인사 업무 출신 인력들이 대부분 회사에서 동기들보다 앞서나갈 수 있는 것은 인사에 우수한 사람을 모아놓아서가 아니라 인사 업무를 보면서 다른 사람들에 대한 인물평을 자주 하게 되고 자연스럽게 나는 어떻게 보일까 하는 간접경험을 많이 하게 된다. 결국 이런 반복이 자신을 객관적으로 보려는 습관 형성으로 이어졌기 때문일 것이다. 모두가 문제라고 생각하는 데 당사자만 모르는 습관, 성향들이 드러날 때는 무척 안타깝다. 신입사원 시절에는 선배들이 있으니 허물없이 지적도 하고 해서 고칠 기회가 있다. 하지만 부장쯤 올라가면 잘못된 행동이나 버릇이 나와도 아무도 직접 이야기해주지 않는다. 나이가 들수록 지위가 올라갈수록 나를 객관적으로 봐주고 고쳐줄 사람은 없어진다. 자기 스스로 자기를 관찰할 수 없다면 자기발전, 성장은 정체된다.

우리는 자녀에게 무엇을 유산으로 남길까? 아이가 이 세상을 살아갈 때 필요한 가장 소중한 자산은 무엇일까? 그것은 바로 재산이 아니라 '바른 습관'일 것이다. 수면, 식사, 운동습관과 같은 생체리듬습관은 뇌과학적으로 보면 대부분 7세 이전까지 형성되므로 부모의 솔선수범이 큰 역할을 한다. 세 살 적 버릇이 여든까지 간다는 속담이

허언이 아닌 것이다. 일례로, 세로토닌은 뇌 전체가 조화롭게 움직이도록 하는 신경전달물질로서 충동성을 조절하고 집중력, 창의성을 발휘하는 데 도움이 된다. 세로토닌 분비를 촉진하는 활동으로 간단한 요가 동작과 같은 스트레칭, 명상과 같은 호흡훈련 등을 일찍부터 익혀두면 좋다. 육사 출신인 모 장군은 군대 생활을 마치고도 죽을 때까지 군에서 익힌 절도 있는 습관을 유지했다.

적자생존,
사회지식으로 무장한
생활의 달인

현직을 떠나 사회에 나와보니 세상이 달리 보였다. 그동안 회사일에 매여 회사 밖 세상을 돌아보지 못한 나에게는 엄청난 개안(開眼)의 시간이었다. 내가 얼마나 기업의 보호된 울타리에 갇혀 세상 물정에 어두운지 서서히 깨닫기 시작했다. 보이지 않던 사회가 눈에 들어오기 시작한다.

나와 초등학교를 같이 다녔던 두 여자 동창이 있다. 한 친구는 공부를 잘해서 시골에서 서울에 있는 좋은 대학에 들어가 모두의 부러움을 샀다. 공부벌레의 전형이다. 이 친구는 집에서 살림을 돕거나 가사 일에 참여하는 일은 없고 오직 공부만 했다. 부모를 잘 만난 덕도 있다. 반면에 공부에는 그리 두각을 나타내지 못했지만 친구들과 잘 어울리고 어릴 적부터 집안일을 도우며 부모를 따라 중앙시장에 물건도 내다 파는 등 일찍 사회생활에 눈뜬 또 다른 친구가 있다. 40년이 지난 지금 두 여자는 어떻게 되어 있을까? 첫째 친구는 학벌에 비해 사는 것도 신통치 않고 남과 어울리지 않고 고립된 삶을 살아가고 있다고 한다. 사기를 당했다는 말도 있고 무슨 종교단체에 빠져 있다는 소문도 들렸다. 반면에 둘째 친구는 탄탄하게 가정을 이루고 아주 활력 있게 살아가고 있다. 이 친구를 만나보면 감탄이 절로 나온다. 좋은 물건을 값싸게 사는 곳을 귀신같이 알고 사람을 보는 안목도 보통이 아니다. 학벌은 뛰어나지 않지만 생활에 필요한 것은 무엇이든 척척박사다. 아이들도 잘 키웠다. 주변에 다양한 사람들과 친구로 지내고 부동산 등 생활에 필요한 계약에도 밝다. 생활의 달인이 따로 없다.

산업화 시대를 살아온 베이비부머들의 공부 방식은 주로 기억력에 의존해왔다. 기억력이 곧 실력이다. 과거 경험을 체계화시킨 지식을 많이 흡수해서 누가 기억 속에 더 많은 데이터베이스를 확보하느냐가 실력이다. 사회가 성장기에 있을 때는 효율이 곧 경쟁력이므로 표준화된 공정에 표준화된 인재를 투입해 생산성을 극대화하는 방식이 지배한다. 자격과 스펙을 두고 경쟁하는 이유다. 성장기에서 성숙기로 넘어가면 게임의 룰은 바뀐다. 정보화와 더불어 지식은 이제 인터넷으로 서로 나누는 공유자산이 되었다.

사회가 고도로 진화된 오늘날은 공부법에도 새로운 패러다임이 필요하다. 인터넷상에 널려 있는 지식을 재료로 삼아 어떻게 미래를 살아가는 데 필요한 새로운 지식을 창조해내느냐가 관건이다. 진정한 실력자는 얼마나 많은 지식을 가지고 있느냐가 아니라 그 지식을 융합해서 나만의 창의, 신지식을 생산해내는 신지식인이다. 곧 창의적 지식 시대다. 혼자 공부해서 나만의 지식을 쌓던 시대는 지나가고 이제 사회 속에서 타인과 팀이 되어 가진 지식을 서로 나누고 함께 연구하는 과정을 통해 공부 효과를 배가시키는 것이 융합 시대를 살아가는 신지식인의 공부법이다. 많이 아는 것보다 알고 있는 바를 어떻게 실생활에 잘 쓸 것이냐의 활용력을 높여주는 생활기술이 앞으로는 키가 된다.

생활인의 기본소양 경제공부, 자연공부

경제는 가장 기본적인 생활공부다. 우리의 모든 사회활동은 결국 경제활동이다. 돈에 대한 욕심과 실리적인 분별력은 다르다. 싱가포르에 주재할 때다. 사업가인 싱가포르 지인이 초등학교 아이에게 자기가 필요한 물건은 반드시 본인이 직접 사게 하는 것을 보았다. 말레이 사람들이 운영하는 재래식 시장에 데리고 가서 물건도 사보고 가격흥정도 해보라고 시킨다. 자연스럽게 돈 쓰는 법을 익히고 돈과 생활이 어떻게 연결되어 있는지 배우게 하는 것이다. 나는 훌륭한 교육법이라 생각했다. 싱가포르 아이들이 일찍 경제에 눈을 뜨고 경제적으로 사고하는 습관이 여기서 비롯된다는 것을 알게 되었다.

풍족한 환경에서 자라난 요즘 아이들 중에는 소위 '돈맹'이 많다. H그룹 전무로 은퇴한 지인은 큰딸의 충동구매를 걱정한다. 옷장에 철 따라 옷이 가득한데 막상 입을 옷이 없다고 한다. 어디에 가면 좋은 품질의 옷을 싸게 살 수 있는지 관심도 없고 눈에 띄면 가격에 상관없이 산다. 직장생활을 하고는 있지만 아직 독립하지 않았으니 월급을 받아서 본인 용돈만 쓰고 나머지는 모두 저축을 한다. 그래서 그런지 입사 4년 만에 돈을 꽤 모으긴 했는데 어떻게 관리할지 아무 생각이 없다고 걱정이다.

나도 나름대로 자식들에게 경제관념을 심어주려고 노력했다. 큰아이에게 연봉이 얼마인지를 묻고 너 정도 연봉을 순이익으로 올리려면 자영업자들의 연간 매출이 얼마인지 말해주었다. 커피숍 같은 프랜차이즈 숍에 같이 갈 때면 이 가게 매출이 얼마나 될 것 같으냐, 임차료는 월 얼마일까 등을 짐작해보라고 한다. 직원이 몇 명이니 월 인건비는 얼마 들겠고, 가게 위치는 어떤지, 하루에 손님은 몇 명이나 오겠는지, 메뉴판을 보고 재료비는 얼마나 들겠으며 고객당 평균단가는 얼마일지, 이 가게의 차별화 포인트는 무엇일지 생각하게 해본다. 돈 벌기가 얼마나 어려운 일인지를 알아야 지금 내가 다니고 있는 회사의 소중함을 알고 내가 쓰는 돈을 귀히 여길 줄 알게 된다.

인간은 자연의 일부다. 자연의 순리를 따르며 살아갈 수밖에 없다. 그러므로 자연법칙이 무엇인지 이해하는 능력은 생활인의 기본 소양이다. 자연에 대한 공부는 진화 법칙과 같은 자연과학 법칙으로부터 파레토 법칙, 수요공급의 법칙 등 사회과학 법칙에 이르기까지 역사상 많은 석학들로부터 증명된 법칙들을 이해하고 바른 분별력을 갖추는 데 활용하는 공부다. 일례로 우리 인체도 자연의 일부다. 우리 몸을 알고 잘 다스리는 방법을 아는 것도 중요하다. 몸 공부를 할 필요가 여기에 있다. 굳이 소크라테스의 "너 자신을 알라"는 금언을 상기하지 않더라도 수도자의 길, 도인의 길이 아니더라도 해야 할 공부가 있다. 바른 호흡법, 명상법, 자신의 체질, 타고난 소질 등 나이 오십을 지천명(知天命)이라 했는데 하늘의 이치, 곧 자연의 이치를 이해하는 나이가 아닌가. 천지도 모르는 자, 천지의 이치, 자연법칙에 무지, 무관심한 자가 어찌 삶을 바르게 살 것인가. 지천명의 나이에 정작 깊이를 더해야 할 공부가 자연공부가 아닐까.

나의 아버지는 독학으로 역학(易學)을 공부했고 실생활에 이를 적용했다. 어릴 적 기억이 난다. 선친은 새벽에 마당 뜰에 나갔다 오셔서는 라디오 방송을 듣곤 하셨는데 일기예보가 틀리다는 말씀을 여러 차례 하셨다. 그때마다 날씨가 부친이 예견했던 대로 맞았던 적이 많았다. 부친은 천문(天文)에 밝으셨다. 초등학교 때 삼척대표로 강원도 웅변대회를 나갔다. 부친은 아침에 짐을 챙기는 나에게 차석은 하겠노라고 하시면서 내게 실망하지 말라고, 1등보다 더 실력을 인정받는 2등이 될 것이라고 했다. 그날 나는 정말 2등으로 입상했다. 더욱이 아버지는 심사결과가 발표되자 결과에 불응하며 불만을 토로하는 선생님들이 주변에 많을 것이라는 것도 이미 예견하신 것 같았다.

부친의 묘비에는 '처사(處士, 초야의 선비)'로 표기되어 있는데 참으로 부친에게 어울리는 말이다. 부친은 농사를 지으면서도 늘 『주역』을 가까이 두고 세상 이치를 공부했다. 서당에 다닌 적도 없지만 서당에 다니셨던 마을 어른들도 손주 이름을 짓거나 택일을 할 때는 부친께 상의를 해왔다. 평생 자연을 관찰하고 연구하고, 그로부터 깨달음을 얻고 생활에 응용한 생활도인이셨다. 자연공부가 더해지면서 농사일도 절기와 기상기후에 맞추어 하고 마을 사람들에게 조언도 해주셨다.

사회적응력을 결정짓는 인성역량, 사회공부

인간은 사회적 동물이다. 인성공부는 주변 사람들과 같이 어울려 사는 법을 배우는 공부다. 즉, 인간이 변화하는 환경에서 도태되지 않고 적응하여 살아남는 적자생존을 결정짓는 사회적응력은 인성역량에 달려 있다. 인성역량은 내가 배우고 얻은 재능을 사회 구성원인

상대방에게 잘 쓰는 것이고 이는 상대방을 이해하는 만큼만 가능하다. 사람을 잘 대하려면 먼저 상대방에게 표출되는 나의 나쁜 습관, 버릇부터 바로잡아야 한다. 나쁜 습관을 고쳐가려는 노력이 인성공부의 출발점이다. 일례로 병은 내가 자연법칙에 순응해 살지 못한 결과물이다. 즉, 적자생존법에서 벗어난 결과다. 병을 근본적으로 치유하려면 증상치료에 그치지 않고 병이 발생한 원인이 무엇인지를 찾아 고쳐야 재발하지 않는다. 병의 원인이 되는 생각버릇, 행동습관을 자연법칙에 맞게 고쳐나가는 것도 인성공부의 좋은 예다. 바른 인성을 갖추는 것은 사회를 이해할 때, 사회의 구성원인 사람을 이해할 때 가능하다. 사회문제에 눈을 뜨고 사람을 연구하는 것이니 곧 사람공부, 인문과학human science이다.

박사, 석사의 스펙이 중요한 게 아니다. 진정한 실력은 사람을 대하는 능력이다. 사람공부가 곧 사회공부다. 직장은 사회공부를 하는 사회학교다. 학교공부는 이론기초 공부일 뿐, 사회공부가 되지 않으면 내가 배우고 익힌 바를 활용할 수가 없다. 활용의 대상은 상대방이기 때문이다. 사회를 모르는 헛똑똑이가 범람하고 있다. 알기만 하고 실제로 사회에, 사람에게 유용하게 쓰지 못하는 사람은 지식불구자들이다.

공부의 기본은 자기반성

주변환경을 탓하지 않고 나 자신의 환경적응 능력을 먼저 돌아보자. 내가 육체적으로 정신적으로 어렵고 아프다면, 이 모든 것은 나 자신으로부터 온 것이다. 모든 상황 인식은 냉철한 자기반성에서부터 시작하자. 내게 벌어진 모든 상황은 세 가지 요인의 합작품으로 정의할 수 있다. 생각과 행동습관, 사회환경, 그리고 우연성이다. 좋든 나쁘든 내가 삶의 주인공이기 때문에 내 책임이 가장 크다. 굳이 책임의 비중을 따진다면 내 책임이 40%, 환경요인 30%, 나머지 30%는 운이다. 운은 나의 40% 노력에 따라 가변적이다. 생활습관이라는 나의 관성이 불러오는 확률적인 결과로 볼 수 있다. 환경요인도 내가 선택할 수 있고 바꾸어나갈 수 있다. 환경이 그 일을 발생하게 했다면 내가 거기에 걸려든 것이니 내가 잘못한 것부터 반성하자.

모친이 계시는 고향집을 수리했다. 손주 녀석들이 할머니 집에 가면 쥐가 많고 파리, 모기가 많다고 안 가려고 한다. 시골이니 어쩔 수 없는 환경 아닌가라고도 생각했지만 재래식 화장실을 수세식으로 바꾸고 가옥환경을 현대식으로 개조했다. 모친은 집의 구조를 새롭게 바꾸는 것을 달가워하지 않으셨다. 70년 넘게 살아오신 곳이니 물건 하나하나에 정이 담겨 있기 때문이다. 재래식 담장도 여름에 풀이 우거지면 뱀이 자주 나온다 해서 시멘트로 틈을 막고 웅덩이도 메우고 마당에 잡초가 자라나니 아예 시멘트로 주차장을 만들어버렸다. 지난여름 고향집에 가서 하루를 지냈더니 그 많던 모기, 파리는 어디로 갔는지 볼 수도 없고 쥐도 보이지 않았다. 모기, 파리, 쥐를 끌어들이는 환경이 없어진 것이다.

오늘보다 못한 삶을 사는 지름길은 모든 상황을 남 탓으로 돌리는 것이다. 어떤 일이든 자기를 반성할 기회로 삼지 않으니 일어난 상황에서 내가 배운 바가 없고 나의 발전은 없다. 내가 몸이든 마음이든 아픈 것은 내가 살아가는 방식인 버릇, 습관이 잘못되었다는 반증이다. 병의 원인이 내게 있다는 이 단순한 자연법칙을 인정해야 한다.

착하게 사는 것과 바르게 사는 것은 다르다. 열심히 노력하는 것과 바른 일을 하는 것은 다르다. 많이 아는 것과 바른 분별력을 가진 것은 다르다. 일반적으로 쓰이는 단어지만 해석이, 버전이, 개념이 성장하지 못하고 있는 경우가 많다. 우리의 의식이 진화하지 못하고 정체되어 있기 때문이다. 사회가 성장, 진화하듯이 우리를 지배하는 개념, 의식도 성장 진화해야 한다. 우리의 상식, 통념, 가치관이 시대에 맞게 새로운 버전으로 업그레이드되어야 하는 이유다.

지금의 상식이 깨져야 뉴패러다임이 열리고 미래가 보인다. 지금은 성장 시대를 졸업하고 미래의 성공 시대를 열어가야 할 때다. 반성하는 힘, 지금보다 나은 삶을 살려면 오늘 내게 벌어진 상황이 나의 어떤 부족함으로 인해 발생하였는지를 성찰하려는 태도가 나의 적응력을 진화시킨다. 사회환경이 점점 더 복잡해지고 고도로 진화하고 있다. 변화를 따라가지 못하는 개인은 육체적으로나 정신적으로 취약해진다. 사회 변화에 적응하지 못한 결과가 병이다. 우리 사회의 낮은 곳, 음지는 바로 인성공부, 사회공부가 부족해 사회적응력이 낮은 곳이다.

사회 속에서 하는 생활공부는 경청이 근본이다. 경청을 통해 우리는 정보의 유입을 최대화할 수 있기 때문이다. 나는 중학교 때 복싱 도장에 잠시 다녔는데 도장 내부 정면 벽에는 "무술로 시작해서 무예의 경지에 이르고 무도의 세계에 든다"라는 글귀가 적혀 있었다. 생활인으로서 우리 각자는 어느 경지에 있는가 자문해보자.

자연은 예고한다,
사고를 예방하는
자기반성

남아공에서는 노상강도, 도난사고 등이 자주 일어난다. 나는 기회 있을 때마다 주재원들에게 안전을 당부한다. 그런데 이상하게도 한 번 사고를 당한 주재원은 반복적으로 유사한 사고를 계속해서 당한다. 사고를 당한 주재원 가족들이 놀랄 일을 걱정해서 위로도 하지만 나는 반드시 출근을 하면 따로 불러서 묻는다. 사고를 당한 주재원은 재수가 없었다고 치부한다. 남아공이 원래 그런 사회니 재수 없게 걸렸다는 것이다. 강도가 아파트 정문 앞에서 권총을 들이대는데도 아파트 경비원이 아무런 조치를 못 취하고 먼저 도망을 쳤다는 등 불만이 많다. 나는 사고가 발생한 환경을 본인을 중심으로 재구성해보라고 재차 요구한다.

큰 사건 앞에는 이를 암시하는 작은 사건들이 잇따라 나타난다는 하인리히 법칙Heinrish's Law이 있다. 보험회사의 산업재해 사고통계를 보면 사망사고 이전에 부상사고 수십 건, 사고가 일어날 뻔한 위험했던 징후 수백 건이 먼저 발생한다고 한다. 교통사고도 마찬가지다. 대형 교통사고가 발생한 곳은 예외 없이 크고 작은 접촉사고가 예전에 자주 발생하던 지역이다. 지진 발생 전에도 초기 징후가 다양하게 나타난다고 한다. 위기는 어느 날 갑자기 오지 않는다. 자연은 반드시 징후를 앞세워 예고한다.

일상을 지배하는 관성의 법칙

나에게 일어나는 모든 상황은 내게 작용하는 관성의 법칙인 버릇과 습관이 불러온 패턴이다. 타고난 유전적 습관이든 생후 학습된 습관이든 나는 습관의 관성으로 삶에 일정한 패턴을 그린다. 나의 관성은 나를 미래의 어느 사건으로 몰아가고 있다. 우리 주변엔 한 번 이혼한 사람은 계속 이혼하고 한 번 병원에 간 사람은 계속 병원을 들락거리는 것을 자주 본다. 심지어 교통사고도, 사기사고도 일어난 사람에게 반복하여 일어난다. 왜 그럴까?

아프리카를 출장 다니다 보면 말라리아에 걸리기도 한다. 증상을 보이는 일행이 있으면 곧바로 병원에 입원해 다행히 큰일은 없었다. 이런 일을 왕왕 겪다 보니 나는 말라리아 지역을 가면 지나칠 정도로 예방을 한다. 모기약을 준비하는 것은 기본이고 모기에 물리기 쉬운 식사자리에서는 양말 속으로 바지를 넣어 발목을 덮고 목 칼라 깃을 세워 목을 보호하는 등 과도할 정도로 대비를 한다. 말라리아 위험지역을 같이 출장 가는 젊은 직원들은 내가 단단히 일렀음에도 불구하고 금방 잊어버리고 남아공에서 하듯이 행동하며 주의를 게을리한다.

큰 사고를 피하려면 내게 보이고 들리는 사소한 모든 것을 자연의 경고로 받아들이고 예비하는 자세가 필요하다. 내가 인지하지 못할 뿐, 자연은 나를 준비시킨다. 항상 깨어 있으라 한다. 학습효과가 있다면 그 경고를 피해 갈 수 있다. 사소한 사고를 환경 탓으로 돌리고 나를 돌아보는 반성의 시간을 갖지 않으면 더 큰 사고로 연결된다. 야생의 동물들은 모두 각자의 센서를 가지고 있다. 곤충들은 더듬이 같은 안테나를 갖고 위험신호를 감지한다. 센서 기능이 얼마나 뛰어난가에 따라 생존 여부가 결정된다. 사람도 마찬가지다. 사람이든 동물이든 환경을 감지하는 능력을 발달시키지 못하면 도태된다.

나를 돌아보는 반성의 힘

태국 법인장으로 재임하던 2007년 현지 거래선이 유통구조를 바꾸려는 우리 회사에 불만을 품고 현지 실력자와 손을 잡고 법인을 위협했던 적이 있었다. 유통혁신은 일상적인 혁신활동이었고 현지 변호사와 사전에 법적 문제를 검토하고 결정한 사항이기 때문에 그대로 추진했다. 나는 태국 법체계의 후진성, 거래선의 비정상적인 요구를 탓했다. 1년여의 시간이 흐른 다음 나는 서서히 이 사건이 내게도 문제가 있지는 않았을까, 꼭 이렇게까지 거래선과 틀어졌어야만 하는 일이었을까, 그때 서로 윈윈하는 길은 없었을까 하는 생각이 들었다. 거래선의 불합리한 압박에 굴복하지 않겠다는 나의 고집, 유통혁신의 성과만을 바라보고 거래선의 어려움과 처한 상황을 헤아리지 못한 나의 이기적 사고가 원인이 되었다는 생각이 들기 시작했다. 그때까지만 해도 나는 거래선 요구 사항에 대한 사내 변호사, 현지인 리더들이 제안하는 타협안에 대해 원칙대로라는 완고한 태도로 일관했었다. 거래선이 보내는 여러 가지 위협신호를 모두 무시해버린 것이다. 사건이 터진 이후로, 내 자신에게로 화살을 돌리고 반추하기 시작할 때부터 나는 막무가내 같았던 거래선의 입장을 조금씩 이해하기 시작했다. 이런 나의 태도 변화는 거래선과의 법정다툼을 중지하고 화해방안을 찾는 시발점으로 작용했다. 일단 일어난 일은 나의 대응자세에 따라 개선되거나 개악된다. 상황에 대응하는 나의 자세가 상황을 악화시키기도 하고 상황에서 쉽게 벗어나게도 한다. 모든 상황에서 원인을 나로부터 찾기 시작하면 상황은 개선된다. 즉, 더 나빠지지 않고 개선 쪽으로 방향을 튼다. 반면 상황을 환경 탓으로 돌리고 상황을 비판하기 시작하면 상황은 더 악화된다. 아무리 상대편의 잘못이 커 보이더라도 나에게 문제는 없는지 다시 한 번 살펴봐야 하는 이유다.

학교공부는 1등,
사회공부는 몇 등입니까?

1990년대 초반쯤 되는 어느 날 나는 출근길에 당시 동남아 지역장으로 계시던 상사로부터 전화 한 통을 받았다. 당시 나는 주재원으로 방콕에 있었다. 상사는 다짜고짜 "이번에 박 대리를 과장으로 승진시키지 못해 미안하다"고 말하고는 전화를 끊었다. 나는 내가 과장 승진 대상인 줄도 몰랐다. 사무실에 출근했더니 나와 같이 근무하던 동료 주재원의 책상 위에 꽃다발이 놓여 있었다. 동료는 과장으로 승진하고 나는 미끌어진 모양이다. 그제야 분위기 파악이 되었다. 나는 고과도 좋은 편이었다. 내가 왜 승진에 누락돼야 하는지 알 수 없었다. 대리 때 해외로 발탁이 되어 동기생들보다 앞서나가던 내가 과장진급을 못한 것이다. 그 이유를 분명하게 말해주는 사람은 아무도 없었다.

주재생활을 끝내고 본사 인사팀으로 귀임했다. 우연한 기회에 인사파일을 열람하다가 나의 과장 승진조서를 발견했다. "박 대리는 일욕심은 많지만 자신감이 과해 주변과 팀워크를 이루지 못하고 독불

장군 성향이 있다. 1년 정도 자숙하고 자성하는 기간이 필요하다"가 승진누락의 결론이었다. 왜 이런 평가를 받았을까 생각해보니 한 가지 떠오르는 일이 있다. 대리 시절 싱가포르에서 분기별로 열리는 지역회의에 참가했을 때 생긴 일이다. 당시 부장급 대선배님들이 모인 회의에서 나는 책상을 치며 불만을 표출한 적이 있었다. 소위 '박 대리 양심선언' 사건이다. 당시 동남아 권역은 경쟁사에 시장점유율이 밀려 절치부심(切齒腐心)하던 때다. 나는 방콕 주재원으로 인도차이나 시장을 맡고 있어 그날 미얀마 시장동향에 대해서 발표를 했다. 마라톤회의로 내 차례가 되었을 때는 코를 골면서 자는 사람이 대부분이었다. 다들 전날 과음을 한 탓도 있었다. 나는 참석자 대부분이 지점장인 고참 부장급들이고 내가 최연소자라는 사실을 잠시 잊고 갑자기 일어나서 "경쟁사에 진다고 자존심도 없냐고 질책을 받으면서 어떻게 회의 시간에 잠이 오느냐, 이렇게 모여서 술 먹고 잠자는 게 우리 회사 문화냐"고 목소리를 높였다. 순간 회의 분위기는 싸늘해졌다. 말은 틀리지 않았지만 새파란 대리가 고참부장들에게 꾸중하듯이 했으니 누가 발언의 진의를 받아들이랴. 그 사건 이후 나는 나의 성정을 바로잡아야겠다는 생각을 하게 되었다.

사람을 대하는 역량을 키우는 것이 사회공부다

나이 오십이 되면 사람의 진정한 실력이 보인다. 학교 다닐 때는 공부 잘하고 IQ 높은 친구가 잘될 줄 알았는데 사회생활을 해보면 그렇지 않다는 것을 깨닫게 된다. 무엇이 차이를 만들까? 학교 성적 외에 다양한 실력이 존재한다는 것을 알게 된다. 학교생활이 이론학습이라면 사회생활은 현장실습이다. 사회 실력은 사회공부를 통해 얻어진다. 사회공부는 사람과 어울려 살아가는 법을 배우는 인성공부와 삶의 이치를 배워가는 자연법칙공부다.

태국 법인장 시절 위랏이라는 현지인 기사가 있었는데 전직이 도시바 태국 법인장 기사를 했다고 한다. 전 직장에서 교육을 잘 받아서인지 기사로서의 프로페셔널리즘이 묻어났다. 본사에서 출장 온 손님을 모실 때마다 항상 칭찬을 받았다. 그럴 때마다 나는 위랏을 교육시켜준 도시바에 고마웠다. 내가 서울 본사로 귀국해 경험한 기사 중 한 사람은 위랏과는 정반대였다. 전에 모시던 상사가 현장출장이 많아 가족처럼 대해주었다고 한다. 아랫사람에게 잘해주는 것만이 능사가 아니다. 기사로서 가져야 할 기본적인 에티켓과 직업의식을 가르쳐주지 못했다면 사적으로 가족처럼 아무리 잘 대해준다고 해도 그 사람에게 득이 아니라 오히려 독이 될 수도 있다.

학교를 졸업하면 공부가 끝났다고 생각하는 젊은이들이 많다. 사회는 공동체 속에서 살아가기 위한 제2의 학교다. 학교는 과거 지식을 배우는 곳이지만 직장은 학교에서 배운 것을 실습해보는 실습학교다. 인터넷의 발달로 이제 모든 지식을 공유하는 시대가 열렸다. 인터넷으로 모든 지식을 스스로 학습할 수 있는 환경이 만들어졌으므로 미래의 학교교육은 인성교육으로 전환되어야 한다. 우리 사회가 물질주의에서 인본주의로 진화하고 있기 때문이다. 물질과학 시대에서 사람을 연구하는 인문과학 시대로 옮겨 가고 있다. 인문학이 화두가 되는 이유다. 평생공부의 진정한 의미가 여기에 있다.

신입사원 시절 아주 똑똑한 동년배 사원이 있었다. 숫자감각이 뛰어나고 판단력도 빨라 부서장이던 부장이 총애하던 인력이다. 발탁

승진으로 대리도 먼저 되고 부서 내에서 가장 잘나가던 사원 중의 한 명인데 이 친구가 왠지 과장부터는 차장에 누락되고 승진에 뒤처지기 시작하더니 내가 주재를 마치고 인사팀으로 돌아올 때는 아무 부서에서도 받아주지 않는 기피 인력이 되어 있었다. 왜일까?

인간은 사회적 동물이다. 사회는 사람과 사람이 모여 사는 공동체다. 공동체는 어떻게 작동하는가? 사회를 이해하지 못하면 사회 속에서 올바르게 살아갈 수 없다. 사회 구성원은 사람이므로 사람을 연구해야 사람을 어떻게 대할 것인가를 이해할 수 있다. 사람을 대하는 능력이 곧 사회 능력이다. 사람 대하기 공부가 사회공부의 시작이다. EQ는 사회성지수다. 사회공부의 기본은 경청에 있다. 경청은 만나는 사람들의 말을 비판하지 않고 겸손하게 있는 그대로 받아들이는 태도다. 사회공부는 나의 습관을 바로잡아나가는 인성공부가 출발점이다. 조직에 속해 있다면 조직 일원으로서의 공인 마인드, 조직과 사회를 위해 내가 도움이 되겠다는 홍익 마인드 모두가 사회공부가 지향하는 목표다.

내 역량을 상대방에게 잘 쓰는 사람이 실력자

사회 일원으로서 나의 역할을 하기 위해 우리는 실력을 쌓는다. 내가 아는 것을 상대방을 위해 잘 쓰는 사람이 진정한 실력자다. 즉, 남에게 잘 쓰는 법을 배우는 것이 사회공부의 목적이다. 상대방에게 잘 쓰려면 상대방, 즉 고객을 잘 이해하도록 연구해야 한다. 좋은 학벌과 스펙을 가진 직원들이 중도에 도태되는 경우가 많다. 사람공부를 못한 것이다.

신입사원 시절 입문 교육과정 중에 판매실습이 있다. 2인 1조가 되어 회사 제품을 들고 나가 일정량의 제품을 시간 내에 판매하는 것이다. 하루는 판매실습을 나가 아침부터 밤늦게까지 울산 시내를 돌아다녔다. 하지만 우리는 한 대도 팔지 못했다. 결국 대학선배가 근무하는 회사를 찾아가 강매하다시피 목표 물량을 떠넘겼지만 회사로 돌아오는 길에 마음이 편치 않았다. 제품 탓도 해보다가 울산 시민의 야박한 인심도 탓해보았지만 역시 답은 아니다. 하루 종일 거리를 쏘다니며 불특정 다수에게 무작정 팔려고만 달려들었고 제품의 특장점을 줄줄이 외우는 것으로 판매는 가능하다고 생각했다. 보기 좋게 실패했다. 무엇이 부족했던 것일까? 우리는 그때 제품을 쓸 사람보다 그것을 팔아야 하는 내 입장에만 골몰해 있었다. 역지사지(易地思之)가 부족했던 것이다.

영업사원이 판매목표를 달성하기 위해 제품을 팔려고만 달려들지 말고 이 제품은 누구에게 필요한 것이고 언제 필요로 할 것인지 먼저 조사해야 하질 않은가. 상대방에게 도움이 되게 상대방 관점에서 먼저 생각해보는 것이 영업의 기본이다. 우리가 살고 있는 공동체, 이 사회는 지금 무엇을 필요로 하는가? 무슨 문제에 봉착해 있고 이를 어찌 해결할 것인가를 먼저 생각해야 한다.

내 삶의 이념은 사회공부의 성적표

파스칼은 '인간은 생각하는 갈대'라고 표현했다. 인간이 동물과 다른 점은 이념으로 산다는 점이다. 삶의 이념은 우리 삶의 방향성이다. 방향성이 없는 삶이라면 인생 자체를 포기한 것이나 다름없다. 사회의 일원으로 나는 어떻게 사회에 기여할 것인가가 나의 삶의 이념이다. 오늘 나의 삶의 질과 사회적 위치, 신분은 모두 나의 삶의 이념이 물질화된 것이다. 사회 속에서 사람들이 누리는 삶의 질의 차이는 곧 개개인 이념의 수준 차이로부터 온다. 질 높은 삶을 살고 싶다면, 경제적으로 더 나은 삶을 살고 싶다면 먼저 내 이념의 수준을 들여다보자. 인간은 사회적 동물로서 사회의 일원으로 서로 공생하고 있다. 공생은 상호 역할 분담 속에서 지탱된다. 내가 어떤 역할을 할 것인지, 어떻게 기여할 것인지는 내가 어떤 인생을 살 것인지를 결정한다. 지금 나에게 묻는다. 나는 무엇을 위해 사는가?

사회연구는 곧 나의 이념을 발전시켜나가는 과정이다. 사회연구를 더 많이 할수록 질 높은 이념을 정립할 수 있다. 우리 사회가 가지고 있는 공동체 이념은 무엇인가, 사회이념은 무엇이고 시대정신은 무엇인가를 파악해보자. 나는 미국, 유럽, 중앙아시아, 중남미, 아프리카에 이르기까지 매년 150여 일 이상 출장을 다니면서 지구촌이 빠른 속도로 하나의 공동체를 향해 진화하고 있음을 보아왔다. 케냐의 나이로비 맥주 바에서 있었던 일이다. 가수 싸이의 '강남스타일'이 나오자 한 종업원이 손님을 초대해 같이 춤을 추기 시작했고 급기야 백인, 흑인, 히스패닉계 할 것 없이 모두 나와 말춤을 추었다. 남수단에 출장 갔을 때는 길거리가 온통 세계 각국에서 봉사활동을 하러 온 구호단체 직원들로 붐볐다. 프랑스에서는 기여와 공유를 키워드로 다양한 사회활동이 일어나고 있다. 프랑스의 퐁피두 혁신센터 베르나르 소장은 지구촌의 한계에 봉착한 후기자본주의 사회에는 대전환이 필요한 시점이라고 주장한다. 인류공동체사회주의가 지구촌의 시대정신이라는 말이다.

해외여행은 우리에게 내가 소속해 있는 사회와 다른 사회를 객관적으로 비교할 수 있는 기회를 준다. 해외여행이 우리의 안목을 넓히는 데 매우 좋은 공부거리를 제공하는 것이다. 사회 인프라를 공부해보자. 도로, 공항과 같은 하드 인프라도 있고 교통 시스템, 학교 운영 같은 소프트 인프라도 있다. 한 나라의 사회 인프라 수준을 파악해보면 그 나라의 사회 운영 수준을 알 수 있다. 선진국은 인프라에서 우리보다 앞서 있고 복지국가로 불린다면 복지 인프라가 우리보다 앞서 있기 때문이다. 우리가 우리 사회의 인프라 수준을 이해할 때 더 나은 사회의 모습을 그릴 수 있고 사회 구성원으로서의 내 역할, 나의 인생이념을 찾을 수 있는 안목을 기를 수 있다.

출세는 삶의 과정,
성공은 삶의 목적

올해 96세인 김형석 교수는 "정신적으로 늦게 철드는 사람들은 성공을 박수를 받고 인기가 오르는 것으로 착각한다. 그러나 정말 인간답게 살기 위해서는 존경을 받아야 한다"라고 했다.

나는 산골에서 지방대를 나와 국내 대기업에서 임원이 되었다. 고향에 가면 모두들 근산골 누구 집 아들이 성공했다고 한다. 임원으로 승진했을 때는 초등학교 정문에, 시내 대로에 "축 ○○ 출신 박광기 ○○ 승진"이라고 플래카드가 나붙었다. 수십 년간 보지 못한 동문들로부터 축하인사도 쇄도했다. 성공한 것처럼 보였다. 하지만 나는 회사 일에 쫓겨 동창회는 물론 고향 모친을 찾아뵙는 것도 연 1~2회 정도밖에 할 수 없었다. 직급이 올라가면서 경제적으로 여유는 생겼지만, 때로 회사 일로 성취감도 느꼈지만 내 마음은 비어 있었다. 나이가 들고 세상을 더 많이 보게 되고 알게 되면서부터는 내면의 고민도 깊어졌다.

남들은 성공했다고 부러워하겠지만 과연 내가 성공한 것일까? 성공했다면 나 자신도 행복해야 하지 않을까? 오히려 그 반대로 왜 이렇게 살아야 하는지, 영혼 없이 회사 일에 매여 다람쥐 쳇바퀴 돌 듯 하는 생활에서 더 이상 의미를 찾을 수가 없었다. 이제 이 학교를 졸업할 때가 왔음을 직감했다. 출세와 성공은 다르다. 출세는 어찌 보면 성공하기 위한 과정이고 단계다. 무엇보다 지금의 나 자신을 사랑하고 내가 하고 싶어 하는 일을 하는 삶이 성공의 기본 조건이 아닐까. 내가 행복하지 않다면 내 인생은 실패다. 내가 행복하지 못하면 남들도 행복하게 할 수 없다. 먼저 나를 행복하게 하는 방법을 공부해보아야 하겠다. 그동안 나는 나에게 너무 무관심했다. '국제시장'의 주인공 덕수의 부인은 베트남으로 떠나는 남편에게 호소한다. 이제 당신 인생도 좀 챙기라고 말이다.

칭찬은 출세이고 존경은 성공이다

지천명에 이른 50대가 하고 싶어 하는 일은 뜻있고 보람 있는 일이다. 사회로부터 칭찬이 아니라 존경받고 싶어 한다. 출세는 성공을 위한 준비다. 50대는 출세로 얻은 힘으로 존경받을 일을 시작하는 나이다. 인생의 말년이 아니라 지금까지의 경험과 실력으로 사회에 도움이 되는 일로 성공을 거두는 시기다. 50대 이후에 자기 스스로 인정할 수 있는 일을 해내지 못하면 실패한 인생이고 100세까지 남아 있는 긴 노후는 재앙이다.

우리 사회에 성공한 장관, 총리가 있는가? 진정한 평가는 임기 후 무슨 일을 이루었는가에 달려 있다. 실패한 장관은 임기 중에 이루어낸 일이 없는 사람이다. 장관이 일을 하려 하면 언론이 비판기사를 써서 아예 일을 벌리지도 못하게 유도한다. 언론은 왜 임기 후 무슨 업적을 달성했는지는 평가하지 않고 임기 중에 추진하는 일의 뒷다리만 잡는가? 성공한 총리, 성공한 장관이 없다. 고위직으로 올라간 인사는 많아도 무언가 일을 이룬 성공한 인사는 드물다. 모두 출세한 것이지 성공한 바가 없다.

직업의 본질을 찾는 것이 성공의 출발점

교사가 진정한 교사가 되고 의사가 진정한 의사로 거듭날 때 하는 일에 보람을 느낀다. 타이틀만 석사, 박사는 성공이 아니다. 성공할 일을 위해 갖춘 자격일 뿐이다. 사회 지도층이 왜 존경받지 못하는가? 사회에 성공한 사람이 없다. 출세해서 그 자리에 갔을 뿐 자리에 맞는 역할을 하고 임기를 끝낸 성공한 사람이 없다. 사회가 어려울 때 국민을 탓하지 말자. 리더가 일을 안 했기 때문이다. 중소기업이 어려운 것은 중소기업의 리더들이 일을 제대로 안 했기 때문이다.

방편에 머무르지 않고 일의 본질을 찾는 것이 성공 시대를 여는 뉴 패러다임이다. 검사, 의사, 변호사… 이들 직업의 본질은 무엇인가? 일례로 의사는 인체수리공에 머무르지 말고 병이 안 생기게 병의 근본 원인을 잡는 심의(心醫)가 되어야 한다. 검사는 범인을 잘 잡아들이는 처벌형 저승사자에서 범죄가 일어나지 않도록 사회환경을 바꿔나가는, 사회를 맑게 하는 파수꾼이 되고 변호사는 피고를 변호하는 대변인에서 냉철하게 상황을 분별해주는 멘토가 되는 것이 각자 업의 본질일 것이다. 속이 아파 피부에 병이 생겼는데 피부에 연고만 바르다고 될 일인가. 문제의 원인을 밝혀 재발이 일어나지 않도록 하는 것이 진정으로 성공한 업적이 아니던가.

성장기의 경쟁을 버리고 상생의 길을 여는 것이 성공이다. 모자란 것을 서로 채워주는 것이 상생이다. 다음의 3대 질문에 답해보자. ① 내가 지금까지 배우고 얻은 역량이 무엇인가, 내가 가진 것이 무엇인가? ② 내가 가진 역량을 필요로 하는 상대방이 누구인가? 누구에게, 어느 지역에 도움이 될 것인가? ③ 상대방을 위해 어떻게 잘 쓸 것인가, 어떻게 적용할 것인가? 결국 성공한다는 것은 사회에, 상대방에게 필요한 사람이 되어 존경을 받는 것이 골자다.

경쟁에서 벗어난 윈윈 솔루션이 성공이념

경쟁에서 벗어나 서로 윈윈하는 솔루션을 찾을 때 우리는 서로 존경한다. 상생 솔루션을 찾으려면 시대정신을 읽어낼 수 있어야 한다. 사회가 내 눈에 보이지 않으면 이를 읽어낼 수 없다. 사회 속에서 명분 있는 일을 찾을 때 우리는 존경받는다. 내가 지금 어렵게 살고 있다면 사회를 보는 안목이 부족해 나만의 성공이념을 세우지 못했기 때문이다.

나는 사원 시절 꿈꾼 바가 하나 있다. 부자가 되는 것도 아니고 대기업의 사장이 되는 것도 아니지만 비즈니스맨으로의 삶을 선택했으니 언제고 의사가 병든 환자를 고치듯 병든 기업을 고치는 의사가 되겠노라고. 내가 대기업에서 부사장이란 직위를 내려놓고 회사를 떠날 때 어쩌면 내가 꿈꿔온 사장, 진정한 CEO가 되기 위한 공부기간을 갖고 싶었는지도 모른다. 사장 역할은 대기업이 아니어도 중소기업이라도 좋다. 진정 CEO로서 어려움에 처한 회사를 살릴 수 있고 지금까지의 경영수업으로 체득한 바를 실행에 옮길 수 있는 환경이 주어진다면 그 자리가 바로 내가 바라는 CEO 자리가 아닐까 한다.

100세 시대,
인생 1막에서 쌓은 것으로
2막을 열자

2015년 안식년이 내게는 대학 졸업 후 군대생활을 포함해 30년 만에 가진 1주일이 넘는 최초의 휴가였다. 회사가 그렇게 하라고 한 것도 아니다. 그냥 내가 정한 책임감으로 그렇게 살았다. 누군가는 아침에 해가 뜨기를 조바심 내면서 기다리는 사람이라고 나를 평했다. 하지만 밤낮없이 달려온 어느 날 문득, 나는 내가 영혼이 없는 좀비처럼 회사 일을 해나가고 있음을 발견하게 되었다. 회사 생활 대부분은 관리이다. 유사한 업무활동이 매년 반복된다. 그렇게 달려온 회사를 박차고 나온 것은 나와의 조용한 대화를 갖고 나만의 2막을 준비하고 싶었기 때문이다.

퇴임을 결심한 나는 휴일에 집에 앉아 팀원들에게 보내는 작별인사를 썼다. 왜 내가 그만두는지 내밀한 이야기를 다할 수는 없었다. 회사의 현재 인사 시스템은 회사가 퇴임을 통보하는 방식이다. 나는 언제부터인가 마음먹은 바 있지만 내가 회사를 선택해 입사했듯이 퇴임도 내가 정한 시간에 스스로 하겠다는 생각을 가지고 있었다. 박수 칠 때 떠나지는 못할지언정 30여 년 달려온 나 자신에 대한 작은 예의라 생각했다. 스스로 정한 경영 성과에 책임을 지고, 명예로운 퇴직을 하고 싶었다. 그렇게 하려면 내가 물러나야 할 때를 정할 수 있는 명분부터 스스로 정해야 했다. 나는 그해 이익목표를 내 스스로 책임을 묻고 진퇴를 결정하는 기준으로 삼기로 했다. 팀원이 성과급을 100% 받는 최소한의 이익목표였다. 팀장으로서 내 면이 걸린 문제이고 또 팀원에게는 내 방침을 따라 열심히 해준 최소한의 보상이다. 반면 목표를 이루지 못한다면 팀원들을 독려해온 내 방향과 리더십에 책임을 져야 할 것이다.

나에게는 장성한 두 딸이 있다. 내가 회사에 매달려 있는 지난 시간 동안에 잘 커준 두 딸이 내게는 어쩌면 인생 1막의 최고 성과다. 무일푼으로 상경해 경제적인 안정도 얻었고 사회적 지위도 얻었다. 나는 지금 무엇을 해야 하나? 30여 년간 나를 키워준 회사에, 사회에 보답해야 하지 않는가. 이제 은혜를 갚아야 할 때다. 50대 중반에 새로운 내 인생 2막을 새로 시작하고 싶다는 동기가 그렇다.

1막은 준비과정, 2막이 본론인 시대

바야흐로 100세 시대가 우리 사회의 화두다. 한국 사회 700만 베이비부머들이 은퇴를 앞두고 있다. 나를 포함한 이들은 인생 2막을 어떻게 시작해야 하는가? 청년들에게도 일자리가 부족하니 우리 사회가 이들에게 제공할 일자리는 더욱 없다. 이들이 노령화 사회의 망조가 될 수도 있다. 은퇴 후 20~30년은 더 일해야 하는데 이들에게 바람직한 인생 2막은 무엇인가?

"돈 있으면 골프장 가고 돈 없으면 산에 간다"로 은퇴자 부류를 표현하는 말이 있다. 요즘 베이비부머 은퇴자들을 만나보면 경제적으로 여유가 있든 없든 아직 은퇴할 나이가 아니라는 것에 모두 공감한다. 100세 시대에 인생 2막은 선택이 아니라 필수다. 1막은 준비 과정이 되어버렸고 2막이 본론이 되었다. 은퇴가 아니라 새로운 시작인 것이다. 1막 은퇴 후에도 최소 70~80세까지는 할 수 있는 일을 찾아야 한다. 1막보다 훨씬 더 긴 2막 여정이 우리 앞에 놓여 있다.

환갑이 60세이고 50세에 은퇴를 하던 20년 전의 구패러다임은 사라진지 오래다. 100세 시대의 환갑은 80세다. 얼마나 오래 사느냐가 아니라 무엇을 하면서 사느냐가 중요하다. 할 일이 없으면 사는 것 자체가 재앙이다. 우리 사회는 대체로 30대까지는 공부하고 40대에 배운 것을 펼치고 지천명인 50대에 이르러서야 내 인생을 산다. 부모로서 가족 부양의 기본 의무를 마치고 비로소 내 인생을 시작한다. 건강도 내가 무슨 일을 하느냐에 달려 있다. 사회에 보람된 일을 하면 건강은 자연스럽게 지켜진다고 본다.

2막의 인생 목표는 어디에 두어야 하는가

인생 1막이 나 자신과 가족을 위한 삶이었다면 인생 2막에는 오늘의 나를 있게 해준 회사에, 사회에, 국가에 뜻있는 일을 찾아 지금까지 내가 쌓아온 경험으로 감사하고 보답하는 일이 남아 있다. 인생 1막이 얻는 시기라면 2막은 상대방에게 갚는 시기다. 이 사회에서 자라온 지식인으로서 사회에 진 빚을 갚아야 한다.

나는 회사를 떠나면서 앞으로의 또 다른 30년을 생각했다. 지금껏 공부한 것이고 이제 지천명을 지나 사회에 도움되는 일을 찾아서 하리라. 임원이 되고 사장이 되는 것은 출세일 뿐이지 결코 성공한 것은 아니다. 지금까지 회사에서 공부하고 가장으로서의 책임을 다했다면 이제부터는 사회를 위해, 내게 오는 모든 인연에게 도움이 되는 일을 하는 데 바쳐야 하겠다. 이것이 내 인생을 사는 길이고 2막 인생의 목적이다.

2막은 어떻게 준비할 것인가

베이비부머 은퇴자의 귀농 귀촌이 유행이 되고 자영업 창업이 급증하고 있다. 20~30년 쌓은 전문성을 버리고 새로운 분야에 뛰어든다는 것은 사회자원의 낭비이고 성공 확률도 낮다. 내가 쌓아온 전문지식과 경험을 필요로 하는 상대방은 누구일까를 찾아 1막에서 쌓은 내 역량을 어떻게 잘 활용하고 운용하느냐에 2막 인생의 답이 있다. 그러나 사회에 대한 이해가 부족하면 나의 쓸모를 찾기가 쉽지 않다. 1막에서 은퇴하면 사회공부부터 시작해야 하는 이유다.

베이비부머 은퇴자는 우리 사회의 중심축이다. 이들이 흔들리면 우리 사회 전체가 중심을 잃는다. 이들의 경제적 안정이 사회 안전망의 기본이다. 금융기관에서는 경쟁적으로 1% 저금리시대라며 은퇴자들에게 재산관리 포트폴리오 프로그램을 팔고 있다. 이들이 은퇴 생활을 위해 준비한 자산이 있다면 이를 현명하게 사용하는 방안은 무엇인가? 먼저 2막을 준비하기 위한 공부, 자기개발 투자부터 해야 한다. 지위가 올라가면 그에 상응하는 안목을 갖추어야 한다. 그러나 나는 어느 날 회사인간이 되어버린 나 자신을 발견하게 되었다. 경영기능공 같은 내가 거기에 있었다. 내가 하는 사업의 미래를 볼 수 없었다.

2010년 초에 이건희 회장이 "앞으로 10년 후면 지금 1등 하는 사업은 모두 사라질 것이다"라고 경고했다. 당시 9년째 세계 1등을 하던 TV사업도 예외가 아님을 감지하고 있었다. 어느 사업도 시장의 수요곡선을 벗어날 수는 없기 때문이다. 그러나 내 현재의 안목으로는 내가 몸담고 있는 사업이 어떻게 발전해야 하는지 비전을 구상할 수가 없었다. 주간실적, 월간실적, 분기실적에 치여 단 2~3년 앞도 생각할 겨를이 없었다. 설사 시간이 주어진다 해도 내 현재의 지식으로는 사업의 미래를 내다본다는 것은 불가능했다. 직원들을 대할 때마다 답답한 마음은 커갔고 나는 불면의 밤을 지새웠다.

적자에 허덕이던 태국법인을 맡았을 때는 리테일 기반의 유통혁신으로 전 제품에서 1등을 해보자는 비전으로, 아프리카 초대 지역장으로서는 검은 대륙을 5년 후에 100억 달러 시장으로 키워보자는 비전으로 임했다. 동남아 지역장 때는 스마트폰 특수를 넘어 지속성장하도록 아웃스테이션(outstation, 잠재력이 큰 지방시장 개발) 전략을 세웠다. 동남아에서 제2의 성장동력을 찾자는 비전으로, 조직과 나 자신의 에너지를 찾았다. 그러나 지금의 나는 사업의 근본적인 미래보다 악화하는 수익력을 막기 위해 비용을 줄이고 직원들을 독려하면서 임시처방에만 급급하고 있다. 완전히 방전된 나의 한계를 직시하는 계기는 이렇게 왔다. 재충전할 수 있는 공부가 필요한 때임을 깨달은 것이다. 나와 같은 베이비부머들은 1막의 경험과 기술을 토대로 2막을 위한 준비, 즉 사회 공부를 통해 재충전의 기회를 가질 때 새로운 역할을 찾을 수 있을 것이다.

인생의 항해를 도와줄
단순한 판단 기준
70:30

30여 년간 회사생활을 해오면서 80:20 법칙, 즉 파레토 법칙Pareto principle 만큼 일상적 경영활동에서 수시로 활용한 분석도구는 없다. 경영활동의 성과는 효과적인 선택과 효율적인 집행에 달려 있다. 제한된 자원을 어떻게 분배할 것인가를 선택하고 집중해 최대한의 성과를 내는 과정이다. 수백 개의 거래선 중 어느 거래선에 집중할 것인가, 어느 제품을 어느 시장에 집중할 것인가, 수십 개의 프로세스와 기능 중에 어디에 집중할 것인가 등 모두 선택 기준을 요구하는 질문들이다. 내가 처음 아프리카를 맡았을 때도 사하라사막 이남 50개 중에 어느 시장에 집중할 것인지가 제일 첫 번째 질문이었다. 매출이든, 이익이든 먼저 얼마만큼의 성과를 낼 것인지를 정하고 목표달성의 80%에 기여하는 20%의 동인을 찾는 것이 가장 기본적으로 해야 할 경영판단이다. 파레토 법칙은 '수단이 목적화되는 우를 범하지 않도록' 하는 가장 강력한 판단도구다.

사물의 판단 기준 70:30과 3단계 법칙

오늘날 우리는 복잡한 사회구조와 정보의 홍수 속에서 선택과 판단을 강요받고 있다. 우리가 살아가는 환경, 자연에는 일정한 법칙과 패턴이 있다. 순천자흥 역천자망(順天者興 逆天者亡)이라 하질 않는가. 자연법칙에 순응하며 사는 삶이 가장 지혜롭다는 것은 우리의 상식이다. 즉, 바른 생활은 자연법칙을 바르게 알고 잘 활용할 때 가능하다. 진리는 단순하고 간결하다. 경제성의 원리, 간결함의 원리라고 부르기도 하는 오컴의 면도날Ockham's Razor처럼 우리에게는 우리 인생의 항해를 도와줄 단순하고 간결한 판단 기준이 필요하다.

우리는 보통 80:20의 파레토 법칙을 통계학이 얻어낸 상식으로 여기며 우리 사회구조를 설명하는 데 자주 사용하고 있다. 그런데 우주의 자연현상을 대체적인 비율로 따져보면 8:2라기보다 7:3 쪽에 가깝다. 지구는 물 70%, 육지가 30%고 공기는 질소가 70%, 산소가 30%이며, 우리 몸도 수분이 70%이니 우주의 일부인 인간도 결코 자연법칙에서 예외는 아니다.

우리가 살고 있는 이 세상은 점선, 면, 공간의 3차원 구성이다. 우리의 삶도 과거, 현재, 미래로 구분해볼 수 있다. 도입－성장－성숙의 생명주기 곡선, 이륙-추진-균형의 3단계 법칙, 헤겔의 정반합(正反合) 등 모두 어떤 현상이나 변화를 보는 3단계 논리다. 우리는 유난히 숫자 3을 좋아한다. 3차원에서 살아가는 인간의 속성이리라. 70:30을 우리 인생에 적용해 3단계 법칙으로 구분해보자. 나는 우리 인생도 30% 정도는 유전적 환경이고 70%는 자기 노력에 달려 있다고 본다. 지금 내게 주어진 생활환경이 30%, 인생의 주인공인 나 자신의 노력이 40%로 결국 내 의지에 따라 영향을 받는 부분이 70%다. 나머지

30%의 유전적 환경은 무엇인가? 내 삶의 기본 틀로 작용하는 것들이다. 나는 유전적 환경을 운이라고 본다. 내가 선대로부터 물려받은 삶의 밑그림 같은 것이다.

생활 속의 다양한 응용, 4 : 3 : 3

다양하고 복잡한 상황 속에서 우리는 7:3, 4:3:3의 3단계 법칙, 세 가지 정리법 등 우리 일상생활의 모든 면에서 기준잣대로 활용할 수 있다. 최소한 70%의 확신을 가질 수 있는 충분한 검토를 한 후 일에 대한 결정을 내린다든지, 문제의 원인을 최소한 세 가지 이상으로 분석해 입체적인 시각으로 사물을 판단하는 습관 등이 좋은 예다.

사물의 판단 기준은 70:30의 비중과 기점으로 파악한다. 일의 완성을 100으로 본다면 일의 시작, 일의 방향, 일의 기초를 닦고 설정하는 것이 30이고 일을 진행하여 완성해나가는 것이 40이다. 곧 70까지 이루어야 틀이 잡히는 것이다. 마지막 숙성, 마무리, 보완 30을 통해 100이 완성된다. 학교 성적표도 70점이 기준점이고 70% 미만은 부족이고 최소 70 이상은 되어야 합격이다. 손정의 사장은 그의 대표 전략으로 "7할 이상의 승률을 만들어놓고서 싸운다"고 한다. 성공 가능성을 70% 정도 만들어놓고 행동으로 옮기는 기준으로 삼는 것이다.

급한 불을 끄는 임시조치 70%와 구조적 미래조치 30%가 그러하다. 구글은 이를 약간 변형하여 70:20:10의 투자법칙을 운영하고 있다. 70%는 현재의 핵심사업에, 20%는 핵심사업과 관련된 분야, 나머지 10%는 현재 사업과 전혀 상관이 없는 새로운 분야에 투자한다.

개인자산을 투자한다 해도 안전자산 40%, 중위험자산 30%, 고

위험자산 30%로 나누는 것이 포트폴리오 전략이다. 회사의 성장도 30% 성장률이 최대다. 그 이상은 부실로 연결된다. 핸드폰사업이 성장기에 있을 때 과도한 공장투자와 과도한 시장점유율 경쟁이 업계에 화를 불렀다. 다지고 갈 기회를 놓친 것이다. 과욕을 부리면 관리력이 성장하지 못해 부실로 이어진다.

사업도 마찬가지다. 기기 기술이 성숙되기 전까지는 하드웨어 가치가 70%이고 소프트웨어가 30%지만 기기가 성숙되면 70%가 소프트웨어 가치고 하드웨어 가치는 30%로 역전된다. 하드웨어에서 소프트웨어로 가치가 이동하는 기점을 잘 파악하여 이를 주도하는 업체가 시장을 이끌어간다. 핸드폰이 좋은 예다. 핸드폰의 소프트웨어 가치가 이미 30% → 40% → 70%로 달라져 있는데 여전히 하드웨어 혁신에 힘의 70%를 쏟아 붓는다면 어찌 되겠는가?

효율적인 시간관리는 우리 삶의 기본 토대다. 30% 수면, 30% 휴식, 40% 일하는 시간으로 기본 틀을 정한다. 단, 30% 휴식 시간은 노는 시간이 아니다. 노는 데는 에너지가 소비되지만 쉬어주면 에너지가 충전된다. 독서로 지적 충전을 하고 여행으로 안목을 넓히고 문화활동으로 두뇌를 자극하는 일들은 충전을 위한 휴식이다. 오늘날과 같은 두뇌노동 시대의 생산성은 근무시간이 아니라 창의역량으로 결정되기 때문이다.

모든 문제와 해결은 최소한 세 가지 요소로, 일의 진행은 3단계로 정리해볼 수 있다. 문제의 원인 규명도, 해결책도 세 가지로 정리하면 단순해진다. 문제해결도 혼자하기보다는 최소한 3명의 당사자가 힘을 합칠 때, 지혜를 모을 때 쉽게 정리된다. 문제가 발생하는 원인도 직접적인 피해를 입는 당사자인 내가 40% 책임, 그 문제에 있어 나의 상대방이 되는 사람이 30% 책임, 그리고 우리가 살아가고 있는 사회 환경이 30% 책임으로 구분해볼 수 있다.

3단계 결재, 3개 이상 안을 비교 후 선택, 세 사람에게 의견을 묻기 등이다. 일례로 부동산 투자를 한다면 최소 3명의 부동산업자로부터 최소한 3개 이상 의견을 들어야 하고 생명에 영향을 줄 수 있는 병을 진단받았다면 최소 3명 이상 다른 의사와 병원에서 진단을 받아보아야 한다.

멘토를 갈망하는 시대,
진정한 멘토를 찾아서

지난 30여 년간 회사생활을 하면서 내 삶에는 세 분의 멘토가 있다. 업무적으로 나를 믿고 단련시키고 "항상 멀리 보면서도 발밑을 조심하라"고 가르쳐주신 분이 있다. 그분의 나에 대한 신뢰가 나의 에너지원이 되었다. 나는 그분에게서 추상(推想)을 버리고 실질(實質)을 배웠다. 냉철한 안목(眼目) 뒤에 숨겨져 있는 순수하고 따스한 인간적 매력도 보았다. 첫 번째 멘토는 내가 회사 생활에서 만난 최고의 인연이 되었다.

내게 영웅의 카리스마를 보여준 분은 만델라 대통령이다. 그분의 고향 쿠누 마을에서 자당(慈堂)이 지은 교회를 재건축해주면서 맺게 된 친분은 그분이 돌아가시기 전까지 계속되었다. 만델라는 나의 선친과 동년배여서 처음 뵐 때부터 오래전부터 알던 분처럼 친근하게 느껴졌다. 나는 만델라를 통해 거인의 면모를 보았다. 세계의 공인, 세계의 리더로서 한 인간의 위상을 보았다. 국제사회를 읽는 안목,

한 국가를 경영하는 비전을 직접 들을 수 있었던 것은 분명 내 인생에 큰 행운이었다. 만델라는 오프라 윈프리와의 인터뷰에서 "내가 만약 감옥에 가지 않았다면 인생의 가장 어려운 과제인 스스로를 변화시키는 일을 달성하지 못했을 것이다. 감옥에 앉아서 생각할 기회는 바깥세상에서 가질 수 없는 기회였다"고 했다. 나는 만델라의 일화를 통해 그가 27년간 감옥에서 얼마나 자신의 마음과 몸을 갈고 닦으려고 노력했는지를 느끼며 전율을 느꼈다.

또 한 분은 내게 이 사회를 보는 눈을 일깨워주었다. 50세가 넘어서 멘토를 만난다는 것은 축복이다. 나이가 들면 본인의 관(觀)이 굳어져 남의 말을 듣지 않으려 하고 세상이치를 조금은 아는 나이이기에 멘토 자체를 인정하기가 쉽지 않다. 그분의 '국제사회 빈곤퇴치와 대한민국의 역할'에 대한 통찰은 신선한 충격이었다. 아프리카 산업화와 도시화를 위해 기업의 사회적 책임 차원에서 어떻게 기여할 수 있을까를 평상시 고민해오던 나는 그분의 원대한 철학적, 원리적 비전과 구상에 깊은 감명을 받았다.

바른 생활법칙을 알려주는 사람이 진정한 멘토다

법륜스님의 '즉문즉설', 김난도 교수의 '아프니까 청춘이다', 안철수의 '청춘 콘서트', 삼성의 '열정낙서' 등 요즘 토크쇼가 인기다. 모두들 멘토를 갈망한다. 인터넷을 보면 지식이 넘쳐나는데도 사람들은 지식에 목말라한다. 이 시대는 무슨 지식을 갈망하고 있는가? 우리에게 진정한 멘토는 있는가? 시대에 맞는 바른 생활 법칙을 가르쳐주는 사람이 진정한 멘토다. 수억 년의 진화과정을 거치면서 모든 생명이 변화하는 자연환경에 적응해왔듯이 사회도 끊임없이 진화하고 있고 사회에 적응하려면 시대에 맞는 바른 생활 법칙을 이해해야 한다. 우리 사회는 그때그때의 경우에 따라 변하는 방편(方便)에 매여 본질을 보지 못하는 어리석음을 자주 범한다.

한국 사회가 정체에 빠져 한 발자국도 못 나가고 있다. 비정규직, 노사관계, 청년실업, 명퇴, 복지수급자 대책 등 처방이 난무하지만 백약이 무효하다. 개선 기미는 보이지 않고 악화일로에 있다. 이 사회의 모든 운영규칙이 시효가 다 되었기 때문이다. 각 분야의 정체성은 기업만의 문제가 아니다. 종교단체도 별반 도움이 되지 못하고 있다. 현재의 생활을 이끌어주지 못하고 수천 년간 내려온 설법과 설교로 대중에게서 멀어지고 신도수가 급감하고 있다. 옳은 가르침을 따르려고 하기보다 기도하고 복을 구하는 게 먼저라면 차원 높은 종교단체가 미신과 다를 바가 없지 않은가.

이 시대 진정한 멘토는 자리를 차고앉은 유력인사나 사회 저명인사가 아니라 지금의 정체를 벗어나게 하는 뉴패러다임을 제시하는 사람이다. 우리 사회의 통념, 상식을 깨는 진리는 무엇인가? 과거사에 빠져 있는 한일관계, 남북관계 등 우리로 하여금 미래로 나아가지 못하게 하는 개념들, 우리를 정체시키는 구패러다임의 희생으로부터 우리를 해방시킬 새로운 패러다임과 개념을 제시할 수 있는 멘토가 진정한 멘토다.

새로운 운영규칙을 제시하는 자가 진정한 멘토다

첫째로 우리에게 적자생존의 사회환경 적응에 필요한 생활법칙을 제시해줄 수 있어야 한다. 실질적으로 삶에 적용시켜 우리 삶을 업그레이드할 수 있는 방법과 원리가 필요하다. 둘째로 성숙된 공인의 마인드와 사고를 지녀야 한다. 인간은 개인에서 공인으로 진화한다. 내 개인, 가족을 넘어서 사회, 국가, 세계를 관점에 두고 더 넓은 전체상과 이상을 추구할 수 있어야 한다. 셋째로 미래를 열어가는 새로운 지식이다. 새로운 지식은 곧 앞선 지식이다. 사회문제에 대해 비판만 할 게 아니라 대안 제시, 뉴패러다임을 제시할 수 있어야 한다. 과거 지식을 전달하는 것이 아니라 미래를 살아가기 위한 새로운 운영규칙을 제시하는 자가 이 사회의 진정한 멘토다.

언론은 우리 사회 각 분야에서 뉴패러다임을 일으키는 멘토가 어디 있는지 찾아 국민에게 알려야 한다. 신문지상에 매일 유명 지식인들의 의견이 실리지만 문제인식만 재탕, 삼탕이지 대안 제시는 찾아보기 어렵다. 과거에는 지식이 일부에 한정된 사회여서 유명인의 말이 중요시 됐지만 지금은 모두가 지식인이다. 유명인의 권위에 의존하거나 현혹되지 말고 스스로 이치에 맞는지, 근거가 있는지를 판단해야 한다.

누구나 각자의 인생에서 만난 멘토가 있을 것이다. 멘토는 우리 곁에 와 있으나 우리가 눈을 감고 있을 수도 있다. 알려져 있는 인사가 아니기에 귀를 닫을 수도 있다. 우리 사회의 리더들이 새로운 패러다임을 전하는 진정한 멘토를 만날 때 각자의 조직에서 재도약의 혁신이 일어나고 사회는 진화한다.

이 시대의 진정한 멘토를 찾는다면, 유명 정치인, 유명 교수, 고위 관료, 연예인과 같은 사람들의 토크쇼만 찾아다니지 말고 내가 가장 고민하는 바가 무엇인지 스스로 정의를 내리고 그 분야에 새로운 관점을 제시하는 글과 동영상들을 인터넷에서 찾아보자. 진정한 멘토는 위안이나 공감에 그치지 않는다. 그만의 철학으로 나의 관점과 사고를 흔들어 바꾸어주고 그래서 내가 빠르게 진화하는 사회에 뒤떨어지지 않고 앞서갈 수 있도록 도와준다. 멘토는 나의 정신적 성장을 이끌어주어서 미래의 적응력을 고양해줄 수 있는 사람이다.

2011년 11월 남아공의 만델라 자택에서 故 만델라 전 대통령과 이야기를 나누는 박광기 삼성전자 부사장.

나의 미래,
인연 관리에
달렸다

나는 군복무 중에 운천 1기갑 여단에서 전차 소대장으로 근무한 적이 있다. 포천과 운천 사이에 있는 문암리에는 6·25 참전 시 전사한 태국병사 1,000여 명의 이름이 새겨진 참전기념비가 있다. 서울에서 산정호수를 찾아오는 관광객이 많이 들르는 곳이므로 25전차 대대에서 청소 등의 관리를 맡고 있었다. 야미리 부대에서 기념비까지 병사를 인솔해 아침 구보를 하는 반환점이기도 하다. 나는 당시 주말이면 운천에서 회식을 하고 부대로 복귀하는 길에 그곳에 잠시 들러 잔디밭에 앉아 제대 후 일들을 상상해보곤 했다.

그 무렵 이상한 꿈을 세 차례나 꾸었다. 너댓 명의 무장한 태국병사들이 나타나 자기 나라로 초대를 하겠다는 꿈이다. 세 차례 모두 또렷하게 기억에 남는 군인들이 등장했다. 1987년에 제대하고 1990년 1월에 그룹 지역전문가 1기로 태국으로 발령을 받았다. 1991년 3월엔 태국 주재원으로 발령을 받았고 2006년엔 태국 법인장으로 발령을 받았다.

거래선 송사로 어려움을 겪고 있을 때 이상하게도 주변에 힘이 되어주는 태국 인사들은 모두 군 출신이었다. 왕실 추밀원장인 프렘 수상도 그중 한 분이었다. 태국과 나의 이러한 인연이 범상치 않음을 확연히 느낀 적도 있었다. 2006년 태국 법인장으로 근무하던 시절, 나는 태국 육군참모총장을 역임한 차야씻 장군과 함께 촌부리 여왕 경비대를 방문하고 경비단 내에 세워져 있는 한국전 참전기념비에 헌화했다. 태국 군부의 참모총장 전관예우로 예포가 울리고 묵념을 하는 순간 몸 전체로 흐르는 전류 같은 묘한 느낌을 지금도 잊을 수 없다.

인연은 어떻게 올까, 인연은 우연인가

나에게 플러스로 작용하는 인연도 있고 마이너스로 작용하는 인연도 있다. 나는 여기에 자석의 원리가 작용하여 나의 수준에 맞는 인연이 온다고 본다. 부부의 만남도 그러하고 친구 사귐도 그러하다. 유유상종(類類相從)이다. 내게 좋은 인연이 오려면 나의 수준을 먼저 올려야 한다. 나의 지적 수준을 올리면 내 주변환경도, 인연도 내 수준에 맞추어온다. 어떤 인연도 상대방을 탓할 바는 아니고 내게서 비롯되었음을 자각하고 공부하는 자세로 대한다는 게 기본이다.

서울에 있는 파리가 부산으로 가는 데 얼마나 걸릴까? 중간에 길을 잃어버리지는 않을까? 파리가 운 좋게 서울역에서 부산행 KTX 안으로 들어간다면 일은 단번에 해결된다. 파리가 만난 KTX는 우리 인생에서 만나는 인연과 같다. 회사생활에서도 인연이 참 중요하다. 어느 시기에는 나와 잘 맞는 상사나 부하 직원과 일할 때가 있는가 하면 어떤 때는 정말 안 맞는 사람 때문에 출근하기가 싫을 때도 있다. 내가 신입사원 시절 당시 부서장이던 부장에게서 가장 총애받던 자신감 넘치고 유능한 사원이 있었다. 그랬던 그가 타 부서로 옮겨가면서 새 부서장과 맞지 않아 갈등을 일으키더니 하위고과를 맞고 그 이후로는 회사에 대해 부정적으로 변해버렸다. 다른 부서에 가서도 끝내 자신감을 회복하지 못하더니 부장진급도 못하고 차장으로 퇴사했다.

살아가면서 고비고비마다 누구를 만나느냐에 따라 우리의 삶은 결정된다. 결국 우리의 인생은 우리가 만나는 인연이다. 좋은 일도 나쁜 일도 모두 인연의 결과다. 인연은 최고의 자산이다. 우리 사회가 전통적으로 학연, 지연, 혈연을 중시해온 배경이다. 만일 회사에서 내가 승승장구한다면 나와 맞는 상사를 만난 덕분도 분명이 있고 사기를 당했다면 사기꾼을 인연으로 만난 결과다.

내게 온 인연은 어떻게 대해야 상생할 수 있을까

그러면 내게 온 인연은 어떻게 대해야 상생할 수 있을까? 모든 인연으로부터 배운다는 자세를 인연을 대하는 기본으로 하고 상사나 선배는 내게 가르침을 주는 분으로 예우한다. 그분들로부터 배우려는 자세가 원칙이다. 상사나 선배가 기뻐하는 것은 내가 그로 하여금 정신적으로 성장하는 데 도움을 받고 있다는 사실이다. 자기를 배우겠다고 따라오는 후배를 싫어하고 내치는 선배는 없다. 상사에게는 많이 질문하고 의견을 구하는 것이 가장 효과적인 인연 대하기다. 즉, 배우려는 자세가 윗사람을 움직이고 나를 받아주게 한다.

1990년대 초 주재원 시절 치앙마이 지방출장을 갔다가 우연히 당시 소니 태국 사장이던 소마야 사장을 회사 거래선의 사무실에서 만나게 되었다. 그 거래선은 태국 북부의 가장 큰손이었는데 나를 소마야 사장에게 소개해주었다. 그 당시 소니는 태국 시장에서 절대적인 존재였다. 시장점유율 1등은 물론이고 브랜드력이 강해 파나소닉, 샤프와 같은 일본 브랜드보다도 10~20% 프리미엄 가격을 받던 시대다. 나는 소마야 사장에게 브랜드 관리, 서비스, 매장관리 등 많은 부문에서 소니를 벤치마킹하고 있다고 말씀드렸다. 그는 우리 회사 제품의 질이 좋고 가격경쟁력이 있다고 많은 격려를 해주었다. 사실 우리 회사는 당시 브랜드 존재감이 거의 없었고 OEM 판매를 병행하던 시대였다. 소니의 경쟁의 대상은 아니었다.

　2006년 태국 법인장으로 부임했을 때 나는 소마야 씨의 근황을 추적했다. 오래전에 퇴임했으나 방콕에서 일본 중견업체 고문 역할을 하고 있었다. 소마야 씨는 나를 기억했고 개인 고문으로 초빙하고 싶다는 나의 청을 흔쾌히 수락해주었다. 소마야 고문과 나는 간부직원 30여 명을 데리고 버스로 보름간 태국 방방곡곡을 돌며 상권 보는 법, 매장 리테일 관리 노하우를 현장에서 직접 배울 수 있게 했다. 전 자업계에 최초로 리테일 기법을 전문화시킨 계기가 되었다. 간부 모두를 데리고 일본 유통의 양대산맥인 요도바시와 빅카메라를 방문해 일본의 앞선 리테일링 노하우를 직접 체험하게도 했다. 모두 소마야 고문이 주선한 덕이다. 태국법인은 그 이후 세계에서 전자업계 리테일 유통혁신의 벤치마킹 메카가 되었다.

　아랫사람이나 후배는 내가 도움을 주고 배움을 주는 것이 기본 원칙이다. 먼저 그들의 이야기를 많이 들어주는 것이 최고의 인연 대하기다. 아랫사람에게 하는 경청이 진정한 경청이다. 저 사람의 고민이 무엇일까, 어떻게 도움이 될까, 저 사람의 미래의 더 나은 모습이 무엇일까를 진지하게 고민해본 적이 있는가? 내가 100% 상대방 관점에서 생각하고 바라볼 때 내게서 상대방에게 필요한 지혜가 나오는 법이다.

내게 온 인연을 관리하는 최고의 비법은 신뢰다

신뢰는 내가 상대방과 나눈 대화의 언행일치(言行一致)에서 온다. 내가 한 말을 철저히 지키는 것이 내 신용을 쌓는 첫걸음이고 외길이다. 그냥 지나가는 립서비스라 할지라도 기억하고 지켜주는 것이 비결이다. 지킬 자신이 없다면 함부로 약속하지 말자. 쉽게 내뱉은 말을 대수롭지 않게 생각하고 잊어버리는 것은 상대방을 무시하는 행위이고 나의 신뢰를 떨어뜨리는 치명적인 실수다. 특히 갑을 관계가 아닌 인연 사이에서 더욱 그러하다.

산업한류 아프리카 빈곤퇴치 프로젝트를 하면서 사회 각계각층의 많은 인사들을 만나게 되었다. 사회적으로 명망 있는 인사들 중에도 언행일치를 지키지 못하는 경우가 다반사였다. 본인에게는 사소한 일이라 금세 잊어버렸을 수도 있지만 본인에 대한 신뢰에 금이 가고 있다는 사실에 무지한 탓이다.

태국 10대 재벌 중 하나인 사하그룹 분시티 회장과 나는 특별한 관계를 유지하고 있다. 내가 남아프리카공화국으로 옮겨간 후에도 나를 찾아 직접 그 먼곳까지 여행을 다녀가기도 했다. 내가 태국 법인장 재임 시 거래선과의 송사 건으로 태국 경찰에 체포될 때 보석금을 지불한 이도 분시티 회장이다. 직계 아들이 없는 분시티 회장이 후계자로 지목한 위차이에게 정기적으로 나를 만나 경영 조언을 들으라고 지시할 정도로 나에 대한 믿음이 있다. 분시티 회장의 나에 대한 신뢰는 내가 대주주인 그분에게 정기적으로 보고한 경영 현안들이 실제로 이루어지는 것을 보면서 쌓인 것이다. 젊은 사람이 성격도 급하고 욕심도 많지만 결국 보고한 대로 성과를 만들어내는 데 신뢰를 준 것이다.

영혼의 충전,
여행은 공부다

태국 법인장 시절, 나는 유통구조 혁신을 추진하면서 거래선과 송사에 얽혀 경찰에 사기죄로 체포되는 등 힘든 시기가 있었다. 송사는 거의 2년 이상 진행되었고 상대방은 현지 언론과 인맥을 동원해 내게 협박을 일삼았다. 본사는 나를 믿고 기다려주고 있었다지만 어찌 되었든 송사의 당사자가 되어버린 나는 조속히 사업을 정상화시켜 신뢰를 회복해야겠다는 압박감이 매우 심했다. 바늘방석 위에서 보낸 2년여 세월이었다.

정신적으로 힘들고 지칠 때마다 나는 혼자 그곳에 갔다. 방콕에서 1시간가량 떨어져 있는 태국의 14세기 수도, 고도 아유타야다. 방콕의 번잡함을 벗어나 나만의 시간을 가질 수 있는 최적의 장소다. 강가에 위치한 호텔 라운지에 앉아 강물에 유유히 떠가는 부초를 보면서, 강 건너편에 있는 세월의 흐름을 그대로 간직한 사원과 불탑을 바라보면서 나는 마음의 휴식을 취하곤 했다. 일상에서 벗어나 유구한 자연의 일부로, 초월적 자아를 바라볼 수 있는 힐링의 시간과 공간이다.

우리나라 우울증 환자가 급격하게 증가하고 있다. 사회가 복잡해지고 사람들의 교육 수준이 높아지면서 생각도 복잡해지고 이상도 커졌을 것이다. 요즘 힐링센터, 토크 콘서트, 멘토십 등 마음의 힐링을 찾는 사람들이 부쩍 늘었다. 고도성장기에는 먹고사는 생계에 매달려 마음을 살펴볼 여유가 없었지만 이제 먹고사는 기본적인 문제가 해결되고 나니 사람들은 그 이상의 삶의 의미를 찾는 데 갈증을 느낀다. 마음돌봄mind care이 새로운 트렌드가 되고 있다.

여행은 최고의 공부이고 충전이다

몸이 편안한 휴식을 취하려면 적당한 공간과 시간이 필요하다. 방해받지 않은 일정량의 시간과 공간 말이다. 몸이 하루의 일과로 피로해지듯이 마음도 쉽게 상처받는다. 항상 잘 관리해야 할 대상이다. 나는 내 마음을 휴식시키고 충전시킬 수 있는 3개의 안식처를 정해놓고 필요를 느낄 때마다 방문한다. 마음의 고향인 태국 아유타야, 내 에너지의 원천인 강원도 근산골 고향 마을, 그리고 내가 가보지 못한 새로운 공간이다.

얼마 전 주말에는 한국에 거주하는 중국인들이 모여 사는 인천 중국촌을 다녀왔다. 분명 인천의 한 부분이지만 중국촌에서는 마치 중국에 온 듯한 느낌을 받는다. 그들이 한국에서 어떤 삶의 모습을 만들어가는지, 저들에 비친 한국의 모습은 어떨지가 궁금하고 신선하다. 처음 가본 곳은 나의 두뇌를 자극하는 충전의 공간과 시간이 된다. 내가 살아가는 패턴과 완전히 다른, 한 번도 경험해보지 못한 공간을 향해 떠난다. 서울의 외곽, 새롭게 떠오르는 상권과 거리, 노인들이 모이는 곳, 젊은이들이 모이는 곳, 외국인 근로자들이 사는 곳 등 나의 일상과 다른 삶이 펼쳐지는 공간을 나는 자주 방문한다. 새로운 삶의 경험이고 내 시야의 지평을 넓혀준다. 시골장터, 수산시장, 산사, 오지마을, 해외여행은 나에게 새로운 영감을 준다.

여행은 치유다

지금은 두뇌노동의 시대다. 두뇌의 참된 휴식은 곧 두뇌 충전에 있다. 삶의 역동을 다시 확인하고 나의 안목을 자극하는 공간을 찾아가자. 청춘과 열정, 세련미가 가득한 공간일 수도 있고, 호젓한 카페일 수도 있다.

나는 해외주재를 하면서도 가끔 본사 회의차 서울에 들어오면 주말을 이용해 시골에 혼자 계시는 구순 모친을 찾아뵈었다. 지금은 버스길이 나서 10리 길을 걸어다니는 사람이 없지만 내가 클 때는 산중턱을 따라 나 있는 오솔길로 학교를 걸어다녔다. 밤늦게 그 길을 걸어올 때는 무섭기도 했고 눈 내린 날 아침에는 무릎까지 푹푹 빠지는 눈을 헤치고 다녔다. 오솔길 곳곳에는 어릴 적 추억이 남아 있다.

삼척시에 도착하면 나는 차에서 내려 지금은 인적이 드문 오솔길을 걸어서 고향 마을로 들어간다. 풀이 무성해 때로는 길을 찾기가 쉽지는 않지만 그 길을 걸으면 나도 모르게 나의 삶이 주마등처럼 스치면서 지금의 나를 돌아보는 힐링의 시간과 공간이 된다. 학창시절 성장해오면서 그렸던 미래에 대한 꿈들이 하나둘 떠오르고 내가 서 있는 곳, 오늘의 내가 객관적으로 인식된다. 고향은 항상 나에게 지금까지 살아온 과정을 파노라마처럼 보여주는 공간이다.

태국 아유타야는 나를 일상에서 벗어나게 하는 마력을 지녔다. 일상의 생각의 흐름에서 벗어나 시간과 공간을 아득하게 우주로, 영원으로 나의 의식을 팽창시켜주는 공간이다. 살라 아유타야, 타이거 방은 내가 즐겨 찾는 나만의 공간이다. 시간이 멈춘 그곳, 강 건너편 사원, 불탑들, 모래를 실어 나르는 바지선, 와인 한 잔, 현지인을 싣고 강을 오가는 가라오케가 요란한 배들….

강가 식당에 앉아 사람들이 망중한을 즐기고 있다. 석양이 지고 동쪽 하늘에 천둥번개가 치고 빗방울이 떨어지니 손님들이 안으로 들어가버린다. 바람결이 시원하다. 추위를 느낄 정도다. 건너편 둑 너머 개 짖는 소리와 절에서 들려오는 풍경소리, 고목나무에서 새들이 잠자리를 찾는 소리들, 태국 깃발과 왕실 깃발이 함께 나부끼고 강물 따라 흐르는 부초에 피어난 흰 꽃, 조명이 들어와 강물에 비친 사원과 불탑의 그림자가 모두 나를 최면으로 유도하는 세팅이 되어 나의 의식을 현실에서 유리시킨다. 나는 아유타야에서 태고의 나의 존재를 생각한다. 내가 있기 전의 나를 생각한다. 어느 순간 나는 광활한 우주의 점이 되고 지금의 일상이 사소하게 느껴진다. 대단한 치유력을 지녔다. 놀러 가는 여행이 아닌 쉬러 가는 여행은 치유이고 휴식이고 충전이다.

한국형 산업화 단지
프로젝트가 답이다

'개도국 한국형 산업화 단지 조성 프로젝트'는 정권교체에 영향을 받지 않고 10~20년 지속되어야 할 사업이며 범국민을 융합하는 시범showcase사업이 될 것입니다. 청장년 일자리 창출은 물론 중소기업을 해외로 진출시키고 특히 부실기업을 구조조정할 수 있는 레버리지가 될 뿐만 아니라 인프라사업에 진출할 수 있는 교두보가 됩니다. 대기업과 중소기업의 진정한 상생모델이고 국제사회에 대한민국의 역할을 재설정하는 롤모델이 될 것입니다.

1. 산업구조 혁신

고비용 구조를 감당할 수 없는 저부가가치 사업을 국내에 두는 것은 악순환일 뿐이고 국내제조-해외수출 구조에서 현지생산-현지판매 체제로 옮겨 가야 합니다. 국내도 일자리가 모자라는데 개발도상국으로 내보내면 일자리가 더 줄어드는 게 아니냐고 반문하겠지만 실상은 내수포화에 과당출혈 경쟁으로 수익성 악화가 더 문제입니다. 30% 정도 생산능력만 해외로 빼도 국내시장은 숨통이 트일 것이고 수익력이 개선되면 추가고용으로 이어지고 고부가가치 제품개발 여력도 생기는 선순환 계기를 마련해줄 수 있습니다

▶ 산업은행과 수출입은행이 상장사 수백 개 좀비기업을 구조조정 하고 싶지만 파장을 우려해 쉽게 손을 댈 수 없습니다. 산업단지 프로젝트는 좀비기업에도 부채상환 연장, 부채탕감 조건으로 재생의 기회를 열어주고 개발도상국 인프라사업으로 주력산업과 주력시장을 전환시키는 계기가 됩니다.

2. 기회의 신샌드위치론

많은 분들이 우리 경제의 위기를 설명할 때 샌드위치론을 듭니다. 중국과 일본에 끼어 경쟁하고 있다는 뜻이지요. 우리는 선진국 30%와 개발도상국 70%의 경계에 위치하고 있어 선진국과 개발도상국의 교량 역할을 할 수 있는 유일한 나라입니다. 우리의 역할은 중국, 일본과의 경쟁이 아니라 압축성장을 따라오고 있는 개발도상국 150여 개 국가의 경제개발을 지원하는 것입니다.

3. 대한민국 주식회사, 국가브랜드 사업

대한민국이 오면 빈곤에서 벗어날 수 있다는 신화를 개발도상국에

쓰는 것이야말로 우리의 역할이고 비전이고 희망입니다. 한국의 압축성장은 아직 미완성입니다. 개발도상국 경제발전의 롤모델이 되고 희망이 되어주어야 할 책임이 우리에게 있습니다. 영국기자 대니얼 튜더가 쓴 책, 『기적을 이룬 나라, 기쁨을 잃은 나라』가 바로 한국의 현재 과제를 대변하고 있습니다. 아프리카와 같은 개발도상국 진출은 한국형 뉴프런티어 전략이고 제2의 중동 붐, 국제시장 V2입니다. 우리가 받은 국제사회 원조를 환원하고 신용을 쌓으면 국격이 올라가고 이는 통일을 앞당기도록 국제적 지지를 확대할 수 있습니다.

4. 산업한류(한류 2.0)

전 세계적으로 한류가 뜨고 있습니다. 드라마, 음악에서 시작한 한류가 이제 한류 2.0으로 산업 부문에서 일어나야 합니다. '한국형 산업화 단지 프로젝트'는 개발도상국에 산업한류를 일으켜서 국제사회에 우리가 받은 국제원조를 환원하고 진정한 선진국으로 도약할 수 있는 대국굴기 프로젝트입니다. 반기문 총장, 김용 총재와 같은 글로벌 리더가 한국 사람으로 있는 이때를 놓쳐서는 안 됩니다.

▶ 한국이 압축성장 과정을 콘텐츠화하면 개발도상국의 하버드가 될 수 있습니다. 세계 150여 개국의 개발도상국에게는 대한민국이 살아있는 교과서입니다. 한국 대학의 국제화는 바로 '한국의 압축성장 콘텐츠'를 분야별로 체계화한 학과, 한국 도시계획학과, 새마을운동학과, 한국 환경관리학과, 한국 산림학과, 한국 수자원개발학과, 한국 글로벌경영학과 등 개발도상국 유학생, 공무

원을 대상으로 한국학과가 개설되어야 합니다.

▶ 한국을 찾아오는 1천만 요우커가 지금은 쇼핑관광에 머무르나 한국은 교육관광의 메카로 변신할 수 있습니다. 모든 관광 코스에 교육 콘텐츠를 개발해 넣는다면 한국관광은 'power travel'로 거듭날 수 있고 이는 새로운 관광자원이 됩니다. 미래 관광업은 배우고 연구하는 학습관광, 안목을 높여주는 교육사업으로의 진화가 본질입니다. 세계 최고의 ICT 인프라를 토대로 한국을 여행하는 세계인 누구라도 자국어로 대한민국의 교육관광 콘텐츠를 즐길 수 있는 '소통이 자유로운 대한민국'의 통번역 시대를 한국이 열 수 있습니다.

▶ 중국과 경쟁할 것이 아니라, 동남아의 물류, 교육, 마이스 산업(MICE, 회의Meeting · 포상관광Incentives · 컨벤션Convention · 전시회Exhibition), 금융, 인재, 연구개발의 허브가 된 싱가포르의 모델을 참고해야 합니다. 싱가포르가 역내 가치사슬regional value chain에서 기획력을 국가 역할 차별화의 핵심 요인으로 발전시켜 동남아의 쉐어드 서비스shared sirvice 허브, 베스트프랙티스 센터the center of excellance 가 되었듯이 우리나라도 중국의 싱가포르가 될 수 있습니다.

▶ 무역 1조 달러 시대에 우리 GDP의 76%가 무역에 의존하고 있습니다. 이 정도의 무역 규모를 유지하고 확대하려면 최소한 우리 국민의 30%는 국외에 있어야 합니다. 국외에 있는 우리 국민이 바로 우리 무역을 떠받치고 있는 교두보이고 네트워크입니다.

우리 국민이 시스템적으로 해외로 나가는 길을 열어주는 것이 이 프로젝트입니다.

5. 상생사회로 진화

지금 우리 사회는 고도성장기에 성장동력으로 작용하던 경쟁 패러다임이 과당출혈 경쟁으로 변질되어 갈등을 증폭시키고 있습니다. 성장지향적 구패러다임이 더 이상 작동하지 않는 상황인데도 우리의 관점이 변하지 않고 있기 때문입니다. 해외시장에서 한국 기업 간 이전투구식 수주경쟁으로 악명이 높습니다. 국내에서도 제 살 깎아먹기식 경쟁이 난무합니다. 대·중소기업의 동반성장론도 적합업종, 부당하도급, 불공정거래 개선 등 규제에 방점을 두고 있지, 대기업과 중소기업이 힘을 합쳐 같이 성장할 수 있는 길은 찾지는 못하고 있습니다.

▶ 중국 요우커 유치를 위해 인두세를 낸다는 뉴스보도에 아연실색했습니다. 경쟁의 대상을 고객이 아닌 경쟁사로 인식한 대표적인 사례입니다. 이런 전략은 시장이 성장기에 있을 때 시장점유율market share 확대를 가져오고 절대이익이 늘어나는 선점효과를 가져오기도 하지만 시장이 성숙기에 이르면 곧바로 상호 출혈경쟁으로 변질되어 서로가 지는 게임lose lose game이 되는 것입니다. 대·중소기업 간, 기성세대와 청년세대 간, 민과 관이 힘을 모아 시너지를 낼 수 있는 사업모델을 찾을 때 우리는 경쟁이 아닌 상생사회로 진화할 수 있습니다. 인프라사업 수주도 자금이나 기술

면에서 우리가 강대국 대비 절대우위가 없기 때문에 압축성장 노하우를 집대성한 KDI의 KSP 사업, KOICA의 ODA사업, 대기업 사회공헌 CSR 사업, 현지에 진출한 중소기업의 다양한 업종 등 모든 요소를 한데 모아 '대한민국 주식회사' 이름으로 접근할 때 시너지를 얻을 수 있습니다. 금모으기운동, 중동파견 건설산업역군과 같이 국민적인 지지가 무엇보다 필요한 이유입니다.

▶ 우리 사회는 지금의 저성장기를 비정상적 불황으로 볼 것이 아니라 우리 경제가 생명주기 곡선상 도입기 – 성장기를 지나 성숙기를 맞이했다고 보아야 합니다. 성장기의 양적 팽창으로 인한 모순과 갈등에서 내실을 다지고 질적 변화를 이루어내는 '성숙'의 시기가 도래한 것이고 이는 저성장기가 '뉴노멀'이라는 뜻입니다. (2015년 4월 5일, 베이비부머 대상 강의)

프로젝트에 던져진
질문과 답
(Q & A)

그동안 뉴패러다임미래연구소에 소속된 나를 포함한 프로젝트팀은 전직관료, 경제학자, 주요 단체장 등 국내외 100여 명의 인사들에게 프로젝트를 소개하고 수많은 도전적인 질문들을 받았다. 이분들의 경륜과 날카로운 비판, 조언 모두가 프로젝트의 완성도를 높이는 데 크게 기여하였다. 우리나라의 오피니언 리더들과 전문가들이 아프리카 빈곤퇴치 프로젝트에 던진 가장 많은 질문과 대안들을 정리해보았다.

질문1

모두 저성장을 우려하고 있는 상황에서 기업 임원 출신 베이비부머들이 주축이 되어 우리나라의 재도약을 위한 프로젝트를 추진하고 있다. 먼저 프로젝트 배경과 목적을 간단하게 소개해달라.

1. 우리 사회는 지금 함께 바라보고 달려가야 할 미래희망 비전이 없다. 1970, 80년대에는 "잘살아보세"로 가난에서 벗어났고 1990년대, 2000년대에는 "1등이 되자", "극일하자, 일류가 되자"는 성장비전을 가지고 달려왔다. 오늘 우리 사회가 세대 간, 이념 간, 지역 간, 계층 간 갈등이 증폭되고 있는 근본 원인은 우리 모두 함께 바라보고 달려가야 할 희망이 없기 때문이다. 이 답답한 경제상황에 돌파구를 열어 대한민국 국운을 바꿀 수 있는 국가비전은 과연 무엇일까를 고민했다.

2. 청년실업을 해소하기 위해 청년희망펀드를 모으고 있는데 이 또한 청년일자리를 만드는 데 쓰려면 사업이 생겨야 한다. 실업자에게 실업수당을 지급하고 교육시켜준다고 일자리가 늘어나지는 않는다. 오늘 우리 사회 지식인들은 요란한 문제 제기, 현상 진단만 경쟁하듯이 하고 있다. 모두 정부 탓만 하고 대안 제시는 보이지 않는다.

질문2

우리나라 경제문제를 진단하는 경제학자, 관료 등 목소리는 다양하다. 실제로 사업을 주업으로 하고 있는 기업체 임원들이 바라보는 우리 경제의 가장 근본적인 문제는 무엇인가?

1. 오늘 우리 사회가 겪고 있는 모든 문제의 근본은 바로 저성장이다. 저

성장의 본질은 우리 국민 88%의 생계를 책임지는 중소기업이 매출의 87%를 내수시장에 의존하고 있다는 것이다. 내수가 포화된 지는 오래 전이고 우리 GDP의 무역의존도는 무려 76%에 이른다. 어려움을 겪고 있는 중소기업은 대부분 전통 제조업종에 국내제조-해외수출 체제로 '저부가가치, 고비용'의 구조적 악순환에 빠져 있다. 해당 업종이 아직 성장기에 있는 중앙아시아, 동남아시아, 아프리카와 같은 개발도상국 시장으로 나가지 않고는 중소기업이 다시 성장할 수 있는 길이 없다는 뜻이다.

2. 우리 기업은 고도성장기에는 상호 경쟁하면서 성장했지만 지금은 포화된 내수시장을 놓고 '과당출혈' 경쟁으로 변질되었다. 고부가가치 사업으로 옮겨 갈 만한 투자 여력도, 우수인재 유치도 어려운 상황에서 정부지원금으로 연명을 유지하는 좀비기업들이 늘고 있다.

그럼 중소기업이 어떻게 개발도상국으로 진출할 수 있을까?

1. 중소기업이 혼자서 해외로 나가는 것은 성공 확률이 낮다. 그룹으로 진출시켜야 인프라를 공동으로 사용하고 시너지를 내서 경쟁력을 확보할 수 있다. 중소기업을 한데 모아 그룹으로 나가려면 대기업이 글로벌 브랜드 신용을 활용해 구심점 역할을 해주어야 한다. 대기업이 중소기업에게 판로를 열어주는 것이 진정한 상생이다. 정부가 나서서 가교 역할을 해주면 대기업과 중소기업 동반진출이라는 상생모델을 현실화시킬 수 있다.

2. 요즘 부실기업 구조조정이 도마에 올라 있는데 상장사 234개 사가 좀

비기업으로 전락해 100조 빚을 지고 있다고 한다. 대안 없이 도산시킬 수도 없고 계속 연명자금을 대줄 수도 없는 진퇴양난으로 시간만 가고 있다. 매년 중소기업 정책자금에 세금이 14조 원가량 투입된다. 이 돈이야말로 밑 빠진 독에 물 붓기 아닌가. 이들 기업에게 부채탕감이나 부채상환 연장 조건으로 해외로 나갈 수 있는 기회를 열어준다면 구조조정도 속도를 낼 수 있다.

3. 또한 중소기업을 대거 개발도상국에 진출시키려면 무엇보다 명분이 필요하다. 빈곤퇴치 기치를 내걸고 현지가 필요로 하는 업종과 기술로 맞춤형 공단을 만들어 산업화를 지원하는 것이 최적의 윈윈 솔루션이 될 수 있다. 특히 아프리카는 국제사회가 빈곤퇴치 해법을 찾지 못하고 있는 지역이다. 세계의 제조업 순환 또한 일본-한국-중국-인도를 거쳐 아프리카로 옮겨 갈 것이고 미래에는 10억 인구가 새로운 소비시장으로 성장할 것이니 아프리카에서 시작해 지구촌으로 확대하면 된다.

대기업은 무엇을 보고 나가겠는가? 사업성이 있어야 할 터인데, 중소기업 해외진출을 도와주는 것만으로는 동기가 약하지 않을까?

산업단지가 조성되면 도시화로 이어지고 도시화는 각종 인프라 수요를 유발한다. 요즘 유라시아 인프라시장, 고속철, 원전 등과 같은 인프라시장을 주목하고 있지만 우리나라의 수주성과는 미미하다. 인프라사업이야말로 문어발 업종으로 비난받던 우리 대기업의 강점이고 미래다. 산업화단지 조성은 현지신용을 얻기 위한 마중물 투자인 셈이다. 개발도상국의 인프라시장은 우리가 가장 잘할 수 있는 사업이지만 현지신용을 얻는 것이 우선이기 때문이다. 가장 최근에 산업화와 도시화를 경험했고 그 경험을 가진 베이비부머들은 우리만이 가진 자산이다. 인프라사업은 단품제조 경쟁우위의 우리나라 산업이 옮겨 가야 할 새로운 성장엔진산업이 될 수 있다.

이미 개발도상국에 공단들이 많을 터인데 타 산업단지와 차이점은 무엇이고 청장년층 일자리는 어떻게 만들어지는 것인가?

1. 개발도상국은 산업화를 촉진시키기 위해 제조업 유치에 적극 나서고 있으나 입주기업 제한, 오퍼레이션 실패로 크게 성과를 거두지 못하고 있다. 중국, 인도와 같이 내수시장이 큰 국가는 상대적으로 어려움이 적지만 아프리카 국가처럼 작은 나라들은 시장 규모가 크지 않아 기업 유치가 쉽지 않다.

2. 산업단지의 성패는 ① 입주기업 확보 ② 기술전수 및 공단의 효율적 운영에 달려 있다. 특히 입주기업 유치는 정부가 인센티브 제공 등을 하여 주도적으로 나서야 가능하다. 기술전수와 초기 공단설립을 효율적으로 하려면 대규모의 기술인력이 현지에 나가 정상화될 때까지 직접 해야 한다. 대규모 기술인력 파견이 공단 조기 정상화의 관건인 셈이다. 또한 언어와 국제 경험이 부족한 기술자들과 현지인 간에 통역, 인력관리 등 교량 역할을 해줄 대규모의 현장관리자도 필요한데 이는 우리 청년들이 제격이다.

3. 개발도상국에는 싼 인건비를 찾아 철새처럼 옮겨 다니는 수출목적으로 조성된 단지들은 많다. 내수 중심으로 현지가 필요로 하는 업종과 기술로 맞춤형 단지를 조성한다는 점도 다른 공단과는 차별화된 명분이다.

공장 가동 후 3년 내 자생력을 갖추고 기술이전을 완료하는 것이 목표이다. 원가경쟁력을 확보하고 내수시장을 키우려면 원부자재를 현지화해야 한다. 새마을운동을 접목해 부락 단위로 납품자재 개발을 조직화시켜야 하는데 파견인력이 주도적인 역할을 해야 한다. 현지 채용 규모의 30% 정도는 우리 인력을 파견해야 하는 이유다.

7년 내 인류기아 해결, 3년 내 30개 공단조성 목표는 너무 야심차다.

30개 공단은 사하라사막 이남에 있는 아사 위기에 처한 900만 인구를 구제하기 위한 최소한의 상징적인 목표(직접고용 수혜가족 450만 + 경제 전후방 연쇄효과 수혜가족 450만)다. 인류기아 퇴치는 한국만이 아닌 국제사회 공통의 과제다. 세계은행의 자금을 활용할 명분과 국제사회 지지를 얻어내려면 1~2개 시범공단으로 한국만의 프로젝트로 축소시켜서는 안 된다. 7년 내 인류 기아퇴치란 목표를 내걸고 국제사회 동참을 유도해야 한다. 생활필수품 300여 개를 생산하려면 150~200여 개의 중소기업의 입주가 필요하고 이는 7년 내 공단이 완전히 가동될 때의 목표다.

언어, 현지 풍토와 문화 등 한국인 퇴직자 현지 적응 문제는 어떻게 해결할 생각인가?

무작위 은퇴인력이 아니라 먼저 생산품목을 선정하고 해당 중소기업이 정해지면 그 기업의 현직 기술자나 퇴임한 인력을 다시 수배해 현지로 보내야 한다. 기술인력은 '간단한 영어 교육 + 현지 에티켓 교육'을 묶어 2~3개월 출퇴근 교육을 시키면 현지 적응은 큰 문제 없다. 한국에 공장이 있든 아프리카에 있든 기술자들은 해당 생산라인에서 제품생산에만 전력하며 100% 기숙사 생활을 전제로 한다. 은퇴 기술인력을 보좌하는 차원에서도 영어가 되는 대졸청년 인력이 필요하다. 7(은퇴기술인력):3(대졸청년) 비율로 보내 현지인 작업자와 기술인력 간의 중간관리자 역할을 수행하게 해야 한다.

재원조달 방안은 한국 내와 글로벌로 구분하는가?

세계가 해결하지 못한 인류기아를 퇴치하기 위한 사업이므로 세계은행에 한국 정부와 대기업의 보증으로 15~20년 무이자 장기대출을 신청한다. 단, 주체 측인 한국이 솔선수범하는 차원에서 선행 투자 격인 현지인 기술연수 교육투자비는 ODA자금으로 집행한다. 세계은행이 그동안 빈곤퇴치를 위해 수많은 투자를 시도했지만 성공한 예는 드물다. 세계은행이 그동안의 투자실패를 만회할 기회이기도 하다. 공단 이익의 70% 현지 재투자, 원부자재 70% 현지조달 노력, 생산품의 70% 현지판매로 자급자족 유도 원칙은 세계은행이 공단에 저리나 무이자론을 제공할 명분이 된다. 빈곤퇴치는 세계은행의 설립 목적이고 빈곤퇴치 프로젝트는 세계은행이 해야 할 일을 대신하는 일이기 때문이다.

질문 9

공단을 운영할 만한 시장수요는 있는가?

내수 및 주변국 수요를 합쳐서 70% 판매를 목표로 한다. 초기는 UN의 구호물자 조달시장, 대기업의 종합상사가 아프리카산 무관세 지역인 구주, 미국 등에 수출판로를 확보해준다. 특히 글로벌 캠페인으로 공단 제품 우선 구매 및 FMCG의 CSR 차원 글로벌 소싱을 유도한다.

질문 10

새마을운동의 역할은?

새마을운동 콘텐츠는 현지 원부자재 개발시 부락 단위 납품 원부자재로 선정된 원자재의 균일품질관리, 1차 가공, 납품주기 안정화 등의 작업을 체계적으로 추진하도록 주민을 조직화하는 데 주도적인 역할을 해야 한다. 공장 내에 있는 새마을학교는 70% 기술교육 + 30% 인성교육 과정으로 편성한다. 도난방지, 안전교육, 5S관리, 노사관리 등은 새마을운동 콘텐츠로 구성해야 한다.

질문 11

누가 오너십을 갖고 추진하는가?

한국이 프로젝트 제안자initiator이므로 먼저 국내 민·관기구를 만들어 시범공단을 추진한다. 이후 국제사회로 조직을 확대하여 UN 산하에 '세계 빈곤퇴치 민간기구'를 구성한다.

질문 12

부지선정은 어디에 할 것인가. 구매력 있는 시장인가? 빈곤층이 많은 나라가 중심인가?

구매력, 인프라 코스트를 감안해 부지를 선정하되 주변국에서 원부자재 납품과 완제품 판매가 물류상으로 용이하도록 국경에 위치한 도시를 원칙으로 한다. 입지선정은 타당성 조사를 통해 구체화시킨다.

질문 13

현지 각국의 부정부패 등 현실적인 문제에 대한 위험분산 방안은 무엇인가?

개발도상국 공단 운영 실패는 대부분 운영실패에 있다. 현지인의 무능력, 정부의 부정부패 등이 가장 대표적인 실패 이유다. 구호자금이나 공단 이익금을 정부나 현지인 기구에 맡기지 않고 별도 기구를 만들어 투명하게 파견인력이 직접 관리하고 공개하는 시스템을 구축해야 한다. 초기 3년간 대규모 기술인력이 파견되어 공단을 정상화시키고 직접 운영하면서 현지인을 일대일로 가르치고 기술전수를 하는 것이 가장 큰 위험분산이다.

질문 14

에티오피아에 한국형 산업단지를 시범사업으로 추진하고 있다. 현재까지 진행 성과는 어디까지 와 있고 어떻게 추진할 것인가?

1. 먼저 산업단지의 중심이 되는 주력업종(앵커업종)과 회사를 선정해야

한다. 에티오피아는 앵커기업 후보로 원부자재 현지화에 유리한 섬유와 현지 정부가 요청하고 있는 농기계를 우선적 앵커업종으로 검토하고 있다. 기타 식품, 의료, 화학 등 300종, 150개 중소기업이 그룹으로 진출하고 국내 과잉경쟁의 주범인 유휴설비를 활용해서 초기 투자비를 최소화한다.

2. 현지 사업타당성 조사도 시장성을 감안한 적합업종과 원부자재 현지화 가능 제품 선정 중심으로 진행할 예정이다. 현지 고용 3만 명의 최소 30%인 1만 명은 우리 기술자와 청년인력을 파견한다. 현지 정부가 전력과 같은 기본 인프라를 제공하기 때문에 1,500~2,000억 정도의 단지 조성 투자가 예상된다. 특히 현지 진출 중소기업에게는 파견인력 체재비 및 사전교육비가 가장 큰 부담이 되는데 초기 3년을 지원하는 방안으로 시범단지 프로젝트를 대한민국 재도약의 해법을 보여주는 국민희망프로젝트로 온 국민에게 알려 뜻을 한데 모을 수 있도록 국민펀드 모금 캠페인도 검토하고 있다.

프로젝트가 다른 국가로 확대되려면 어떤 점들이 해결되어야 하는가?

1. 가장 중요한 점은 사업성을 확보할 수 있는 체제구축이다. 대기업은 5~10년 이상 장기로 인프라 선점기회를 사업화한다. 중소기업은 기술자 파견인력 체재비가 초기 진출 시 코스트 부담이 가장 큰데 이를 감당할 정도로 중소기업은 자금력이 없다. 시장수요 제한 등으로 최소한 3년 정도는 운영해야 손익분기점에 이를 것이므로 초기 3년간은 정부 정책자금이나 실업수당, 재취업 교육비 등으로 입주기업이 자생력을

갖도록 코스트를 지원해주어야 한다.

2. 현지 정부와 우리 정부가 쌍무협정을 맺어 3년 내 단지가 자생력을 갖추도록 공동목표를 세우고 시설비용 지원, 원부자재 현지개발, 물류, 통관, 세제지원, 현지 경제개발계획과의 부합ALIGN 등은 물론이고 정권교체에 영향받지 않고 양국 간 협정이 준수되도록 쌍방 간 책임을 명확히 해야 한다.

3. 먼저 시범단지를 성공 사례로 만든 후에는 UN과 세계은행의 자금지원을 받아 산업화단지를 확대한다. 한국 외에는 대규모 기술인력을 파견할 수 있는 국가가 없으므로 한국은 인력자원 투자로 단지운영의 주체 역할을 하고 국제사회는 자금지원, 단지 주변환경 개선을 위한 구호활동 등으로 역할을 분담하는 것이 효과적이다.

정부와 UN에 프로젝트를 제안했다고 하는데 어떻게 진행되고 있나?

1. 빈곤퇴치는 산업화와 도시화가 솔루션이다. 한국, 중국에서 이미 검증된 모델이다. 아프리카에도 단지인프라는 조성되어 있지만 비어 있는 공단이 많다. 수출 중심의 업종이 먼저 진출해 원가경쟁력을 확보하지 못하고 실패하는 것이다. 또한 초기에는 파견인력이 대거 투입되어 공단 정상화 시점까지 기술전수를 해주어야 하는데 기술인력 제한 및 코스트 문제로 이렇게 하지 못하고 있고, 중소기업 유치에도 어려움이 많다.

2. UN은 2016년부터 30년간 2030년까지 15년간 SDG(지속가능발전목표)

17개 과제를 선정해 추진하는데 170여 개의 세부 실행 아이템을 수행하게 된다. 지금 우리가 추진하고 있는 프로젝트는 1번 과제 빈곤퇴치, 8번 일자리 조성, 9번 산업화 과제 모두에 해당된다. 프로젝트 성격상 10~20년 장기적으로 추진되어야 하므로 UN의 과제가 되면 정권에 상관없이 지속할 수 있는 명분과 세계은행으로부터 자금을 유치하는 데도 도움이 될 것이다. 170여 개 세부 아이템은 추진국가의 결정사항이므로 정부를 계속 설득해나갈 예정이다.

3. 특히 2015년 9월 UN 정기 총회에서 이번에 박 대통령께서 새마을운동을 개발도상국에 확산하도록 적극 지원하겠다고 말씀하셨으니 동 프로젝트가 새마을운동을 체계적으로 현지에 정착시키는 데 기본 토대가 될 것이다.

베이비부머가
청년들에게

요즘 신문은 광복 70주년, 과거의 영광을 복기하는 기사로 가득 차 있습니다. 몇 안 되는 미래기사는 모두 암울합니다. 아무도 희망을 이야기하지 않습니다.

제가 군대를 제대할 때가 80년대 후반이었습니다. 당시 제대를 한 달 정도 앞두고 지방대라는 핸디캡을 의식해 일곱 군데씩이나 입사 지원서를 냈는데 일곱 군데 모두 합격을 했습니다. 저뿐만이 아닙니다. 그때 다들 서너 군데 합격해놓고 어느 회사를 갈까 고민을 했지요. 주말이면 면접을 마치고 부대로 복귀하는 길에 면접비를 모아 동료들과 소주를 했던 기억이 납니다. 모두 선배세대가 70년대 경공업에서 중화학으로 산업구조를 바꾼 덕분이지요. 반면에 제가 조카처럼 아끼는 친구의 아들은 최근에 입사원서를 30여 차례 썼는데 아직 한 곳도 합격을 못했다고 합니다.

여러분, 청년고용을 제약하는 1순위로 청년 여러분의 높은 눈높이를 지목하고 있습니다. 동의하는지요? 중소기업은 연봉이 적어 우수 인재가 오지 않는다고 합니다. 인재는 갈 자리에 안 가는 게 아니라 안 갈 자리에 안 가는 것이지요. 연봉이 적더라도 중소기업일지라도 같이 클 수 있는 미래가 있고 장래성이 있다면 왜 여러분이 가지 않겠습니까?

한편으로는 대학진학률이 너무 높아 산업과 미스매치가 생기니까 정원을 줄이겠다고 하는데 공부 많이 하는 것을 막을 수는 없지요. 한국은 IQ 지수로 보면 세계 최고로 두뇌가 우수하고 또 84% 대학진학률로 알 수 있듯이 가장 많이 배우며, OECD국가 중 근무시간 기준으로 가장 열심히 일하는 나라입니다.

단군 이래 가장 똑똑한 글로벌 세대로 불리는 여러분이 비좁은 국내에서 경쟁하려고 크지 않았습니다. 국제사회에 우리 우수한 청년을 필요로 하는 나라가 차고 넘치는데 그 길을 열어주지 못한 이 사회의 책임이 큽니다. 저는 여러분의 선배세대로서 청년세대에게 길을 열어주지 못해 미안한 마음을 갖고 있습니다.

요즘 저는 명퇴 인사를 알리는 메일을 자주 받습니다. 개발팀에서 30년 근무한 부장 한 분은 은퇴 후에 따로 계획한 게 없어 노모가 계시는 고향으로 내려가 복분자 재배를 하겠다고 합니다. 우리 사회에 720만 베이비부머 은퇴 쓰나미가 밀려오고 있습니다. 이들은 100세 시대를 살아가야 합니다. 아직 몸은 쉴 나이가 아닙니다. 이들이 30년간 익힌 기술을 하루아침에 버리고 한 번도 해보지 않은 농사일로, 자영업으로 뛰어듭니다. 그 외에는 생계를 이어갈 일자리가 마땅히 없기 때문이지요.

우리 경제는 2011년 4%대로 성장률이 떨어진 이래 10여 년 이상 저성장의 늪에서 벗어나지 못하고 있습니다. 우리 국민의 88%를 고용하는 중소기업은 매출 87%를 내수에 의존하고 있고 내수가 포화에 이른 것은 오래전입니다. 고도성장기 성장동력으로 작동했던 상호경쟁이 과당경쟁, 출혈경쟁으로 변질되어 공멸의 위기를 초래하고 있습니다. 올챙이가 성장해 개구리가 되고도 좁은 우물 안에 남아 있으면 서로 부딪히고 밟힙니다. 새 새끼도 크면 좁은 둥지를 떠나지 않습니까. 세상에 어떤 사업도 산업과 시장의 수요곡선을 벗어날 수 없습니다. 새롭게 성장하는 산업으로 옮겨 가든지, 기존 업종이 아직도 성장기에 있는 새로운 시장을 찾아내든지 두 가지밖에는 길이 없습니다.

우리 중소기업은 세계에서 유일하게 3D업종부터 하이테크에 이르기까지 모든 기술을 가지고 있습니다. 이 기술들을 수십 년간 익혀온 달인들이 바로 베이비부머들입니다. 3D업종에서 일할 사람이 없으니 방글라데시, 필리핀 등 외국 근로자를 수입해서 하고 있습니다. 그런데 말입니다. 그 기술을 필요로 하는 나라에 나가서 해야지 왜 아직 여기에서 보유하고 있어야 합니까?

청년실업, 중소기업 문제, 장년층 실업 등 모든 본질은 모두 성장이 정체된 산업구조에 있습니다. 내수가 포화니 중소기업은 해외로 나가라, 청년도 해외에서 기회를 찾으라고 합니다. 하지만 시스템적으로 나갈 수 있는 길이 열려 있지 않은데 각자가 알아서 어떻게 하겠습니까?

청년실업 대책, 경기부양 대책, 중소기업 대책 등 각자 처방이 난무하고 있지만 상황은 여전히 악화되고 있습니다. 고도로 진화된 오늘날 우리 사회는 모든 것이 서로 연결되어 있기 때문에 부문별 처방으로는 문제해결이 불가능하지요. 여러분, 대한민국의 미래를 희망으로 바꿀 솔루션은 없겠습니까?

이제 잠시 지구 반대편, 아프리카 이야기를 하겠습니다. 사하라사막 이남에는 과거 50년간 선진국 중심으로 1,000~1,500조 원에 이르는 엄청난 원조자금을 투입했습니다. 우리나라 1년 GDP와 맞먹는 금액이지요. 중국이 세계의 공장이 되면서 세계 기아인구는 감소했지만 아직도 아프리카 기아는 인류의 풀지 못한 숙제로 남아 있습니다.

세계에 내로라하는 경제학자들이 총동원되어서 수많은 원조사업을 시도했지만 아직도 매년 900만 명 이상이 기아로 인한 질병으로 죽어가고 있습니다. 여러분, 부산, 인천, 대구광역시를 모두 합친 인구가 매년 굶어 죽는다는 뜻입니다. 참담한 실패입니다. 아프리카 정글의 야생동물도 그렇게 굶어 죽지는 않습니다. 인류의 수치이지요.

2011월 11월 5일, 저는 만델라 대통령이 말년을 보내고 있는 고향마을 쿠누를 방문했습니다. 만델라 대통령은 제게 과거 50년간 구호활동이란 명분으로 아프리카에 했던 원조형 지원들이 아프리카인의 영혼을 빼앗고 자립의지를 훼손시켜서 후손들에게까지 죄악이 되고 있다고 했습니다. 만델라 대통령은 제 선친과 연세가 같습니다. 그는 한국의 새마을운동이 국민에게 자립정신을 심어주었다고 높게 평가합니다. 아프리카에 필요한 것은 물자원조가 아니라 자립정신을 키워주는 교육이고 스스로 필요로 하는 것을 생산하도록 기술전수를 하는 것이 자립의지를 키우는데 가장 효과적인 수단이라 했습니다.

저는 그분의 부탁도 있었고 회사의 사회공헌 활동 취지에도 잘 맞아서, 학교시설도 없고 전기도 없는 시골마을을 대상으로 태양광 인터넷 스쿨을 보급하기 시작했습니다. 40피트 컨테이너를 개조해서 지붕에 태양광 패널을 얹고 인터넷을 연결해 이동식 학교를 만든 것이지요.

그런데 몇 개월 후에 인터넷 스쿨을 다시 가보았더니 학생들이 없었습니다. 학교에 다녀도 월급을 주고 뽑아주는 회사가 없으니 부모가 학교에 보내지 않는 것입니다.

그때 저는 다시 한 번 이들에게 필요한 것은 돈이 아니라 일거리고, 필요한 기술을 가르쳐줄 사람임을 확인했습니다. 온 세계가 아프리카에 굶어 죽는 아이들을 돕겠다며 후원금을 내고 있지요. 우리가 선의로 내민 도움의 손길이 그들을 가난의 굴레에 옭아매는 결과를 낳고 있지는 않을까요? 여러분, 그들 스스로 일어설 수 있도록 아프리카를 바꿀 솔루션은 없겠습니까?

저는 이제 대한민국과 아프리카를 동시에 바꿀 수 있는 '헝거제로(기아퇴치)2023' 프로젝트를 소개합니다. 2023년까지 아프리카는 물론 세상의 기아를 제로화시키겠다는 이 프로젝트에는 콜롬비아대 제프리삭스 교수, 에티오피아 물라투 대통령, 지금은 고인이 된 넬슨 만델라 대통령, 국내 전현직 대기업 임원 100여 명 등 많은 인사가 뜻을 같이하고 있습니다.

기아를 원천적으로 해결하기 위해서는 "일거리 제공＋생필품 자급자족＋자립정신 배양"의 3요소를 결합한 사업모델이 필요합니다. 생필품 공단은 노동집약이라 일자리를 대규모로 제공하고 원부자재를 현지에서 구할 수 있고 생산기술이 단순해 현지인에게 쉽게 전수할 수 있습니다. 극빈국이 경제개발 자립 기초를 마련하는 데 베스트 산업이지요.

화면에 보시는 공단은 에티오피아에 추진하고 있는 시범공단입니다. 대기업과 중소기업이 동반진출해 대기업은 전력, 유틸리티 같은 인프라와 판매망을 조성하고 중소기업은 생필품 생산을 책임지는 구조입니다. 생필품 공단은 제품이 수백 종이기 때문에 수백 개의 중소기업이 필요합니다. 현지에 숙련된 노동자가 없기 때문에 초기에는 생산라인을 운영할 기술 인력이 대규모로 파견되어야 하지요. 현지인 관리자가 육성될 때까지는 기술 인력과 현지인 간에 교량 역할을 수행할 현장관리자도 대규모로 투입되어야 합니다. 현지인들이 혼자 일어설 수 있을 때까지 손을 잡고 일으켜줄 사람이 필요합니다.

900만 아사 인구를 구하려면 3만 명 규모의 이런 공단이 아프리카에만 30여 개가 만들어져야 합니다. 초기 운영지원을 위해 현지인 고용 규모의 최소 30%인 30만 명의 우리 인력이 나가야 합니다. 20만여 명의 기술자와 10만여 명의 현장관리자가 투입되어야 한다는 뜻이지요.

한국은 세계 30% 선진국과 70% 개발도상국의 경계에 위치해 있습니다. 기아 상태에 있는 저개발국이 필요로 하는 생필품산업 기술은 물론 개발도상국·중진국에 필요한 중화학공업 기술 등을 모두 보유하고 있습니다. 한국은 열강들에 비해 원조자금은 턱없이 부족하나 기술을 보유한 베이비부머가 은퇴 시대를 맞고 있고 국제감각을 갖춘 고학력 청년층, 문어발로 비난받던 대기업의 다업종, 중소기업 업종의 다양성 등은 한국만이 보유한 강점입니다.

국내에서 어려움을 겪는 중소기업의 기술과 인재가 바로 개발도상국이 필요로 하는 자산입니다. 더욱이 내수시장에 87% 매출을 의존하고 있는 우리나라 중소기업은 내수 포화로 어려움을 겪고 있지만 이들 업종들이 개발도상국에서는 아직 성장기에 있습니다. 대기업이 앞장서 대한민국의 중소기업까지 포함된 다양한 사업 포트폴리오를 묶어 70% 개발도상국을 대상으로 한국이 지금까지 쌓아온 개발 경험을 활용해 개발도상국이 필요로 하는 기술과 업종으로 맞춤형 공단사업을 펼쳐 경제발전을 지원한다면 현지로부터 환영받고 선진국이 아닌 70% 개발도상국에서 새로운 성장 모멘텀을 찾을 수 있습니다. 우리나라가 열강과 차별화되게 해외시장에 진출하는 신패러다임입니다.

대한민국이 광복 70주년을 맞아 국제사회 원조를 환원하는 차원에서 '국제사회 기아퇴치 및 저개발국의 산업화 지원'의 기치를 걸고 대·중소기업이 개발도상국에 동반진출해 각국의 경제발전 단계에 필요로 하는 업종과 기술로 맞춤형 '공단사업'을 전개합니다. 사하라 사막 이남의 극빈국부터 2~3개 '생필품 시범공단'을 조성하고 생필품 중심의 경공업형 공단은 중화학 중심의 기술집약형 공단, IT전자 첨단제조 공단, 스마트 도시개발사업, 국가 경제개발 컨설팅사업으로 발전시키고 아프리카에서 중앙아시아, 남미, 동남아, 중동, 중국 등으로 시장을 확대해나갑니다.

여러분, 누가 현장관리자 역할을 잘 수행할 수 있겠습니까? 저는 언어와 현지 적응력이 뛰어난 우리 청년 여러분의 역할을 기대하고 있습니다. 여러분이 1~2개월 정도의 기본적인 관리자교육만 이수하면 중간관리자 역할을 훌륭히 수행할 수 있을 것이라 믿습니다.

또한 전 세계에 어느 나라 국민이 아프리카가 필요로 하는 모든 기술을 가지고 있고 현지에 나가 열정과 헌신으로 기술을 가르치겠습니까. 그렇게 대규모 기술자를 여유 인력으로 가지고 있는 나라가 어디 있겠습니까? 여러분의 아빠세대는 굶주린 아프리카 사람들을 열등하다 여기지 않고 본인들의 어릴 적 경험부터 먼저 떠올리지요. '헝거제로(기아퇴치)' 프로젝트를 소개하면 눈시울을 붉히며 제일 먼저 달려가 인생 2막을 아프리카에 걸겠다는 분들이 의외로 많습니다.

이분들은 유럽 사람들이 300년에 걸쳐 경험했을 농경사회, 산업화, 정보화, 오늘의 지식사회에 이르기까지를 모두 경험한 인류에 유례없는 사람들이지요. 제가 살아온 이야기를 유럽 사람들에게 하면 마치 타임머신을 타고 온 사람인 양 취급합니다. 30년이란 생물학적 시간에 300년이란 긴 역사적 시간을 산 것과 같은 것이지요.

저도 강원도 산골에서 태어나 30여 년 동안 세계 93개 나라를 가보았습니다. 제 고향은 제가 중학교 2학년 때까지 전깃불이 들어오지 않을 정도로 깊은 산골이라 저는 늘 근산골 촌놈이라 불렸습니다. 또 20여 년은 해외에 주재하면서 잘사는 나라에서도 살아보고 못사는 나라에서도 살아보았습니다. 특히 아프리카는 50개 나라 중에 46개국을 방문했고 언젠가 다시 돌아가 그들을 위해 무언가 할 것이라는 생각을 하고 있습니다.

그러나 여러분, 해외 경험이 부족한 아빠세대의 기술은 청년 여러분의 국제감각과 현지 적응력으로 현지에 잘 적용될 때만 비로소 빛이 납니다. 우리 청년들이 기술을 가진 아빠세대들과 함께 힘을 합칠 때만 가능한 솔루션이지요.

그러면 여러분, 헝거제로 프로젝트가 '아프리카의 생필품 공단'으로 끝날까요? 아닙니다. 기아퇴치 명분을 내건 공단사업은 현지 정부와 국민으로부터 신용을 쌓는 선행투자입니다.

아프리카를 시발점으로 해서 중앙아시아, 남미, 동남아로 개발도상국 경제발전에 맞는 맞춤형 공단사업을 전개하는 것이지요. 생필품,

중화학 업종들이 개발도상국에서는 아직 성장기에 있기 때문에 그들의 경제성장과 함께 우리도 같이 성장할 수 있는 길이 열리지요. 또한 10~15년 미래시장을 선점하는 계기가 됩니다.

공단이 만들어지면 도시화로 이어지고 전력, 통신, 도시계획 등 도시 인프라 업그레이드 수요가 급팽창하게 됩니다. 인프라사업이 새로운 성장기회가 되는 셈이지요. 인프라시장은 현재 우리 주력산업인 자동차, 조선, 핸드폰 등 단품제조와는 비교가 되지 않을 정도로 엄청난 시장입니다. 여러분이 쓰고 있는 스마트폰 시장이 3,000억 달러가 조금 안 되는데 세계에서 가장 낙후된 사하라사막 이남 인프라시장만 해도 3,000억 달러가 넘습니다. 1조 달러에 육박하는 유라시아 SOC시장 등 지금 세계 각국은 인프라사업 전쟁을 벌이고 있습니다. 그러나 인프라사업 고객은 현지 정부이므로 무엇보다 현지 국민의 신용확보가 관건입니다. 어떻게 하면 현지의 신용을 얻을 수 있을까요?

대한민국이 진출하면 그 나라는 가난에서 벗어날 수 있다는 신화를 쓰는 것이지요. 우리나라는 가장 최근에 산업화와 도시화를 경험했고 국제사회 선진국 30%와 개발도상국 70%의 경계에 위치하고 있어서 개발도상국 경제개발에 최적의 교과서고 그들을 가장 잘 이해하는 파트너입니다. 생필품과 같은 기초산업과 중화학공업은 70% 이상 해외로 이전하고 국내는 첨단산업 중심 구조로 재편시키는 토대가 마련됩니다. 베이비부머 은퇴 기술인력이 중소기업과 함께 해외로 나갈 수 있는 길이 열리고 대졸청년들은 공단의 관리자로 진출해 개발도상국에서 성장할 기회를 찾게 됩니다.

국제사회에 우리의 압축성장을 따라오고 있는 150여 개의 개발도상국으로 나아가 맞춤형 공단사업을 펼쳐 기술을 전수하고, 그 신용으로 개발도상국의 급성장하는 인프라시장을 선점하는 것이야말로 한국의 재도약을 위한 새로운 산업구조이고 성장엔진이며 청년 여러분의 미래인 것입니다.

구글, 애플이 하지 못할 일, 중국, 미국이 하지 못할 일, 우리가 가장 잘할 수 있는 우리만의 미션입니다.

청년세대와 베이비부머의 꿈은 연결되어 있습니다. 부모의 고생은 자식이 빛나게 살 때 보상받습니다. 산업화 시대 열사의 중동에서, 공장에서, 오직 아들딸을 훌륭하게 키워 세상으로 내보낼 꿈으로 달려왔습니다. 제 아이가 실업자로 고통받는다면 저의 삶이 실패라는 뜻이지요.

청년 여러분과 베이비부머가, 중소기업과 대기업이, 민과 관이 모두 협력하여 국제사회의 일원으로 우리만의 역할을 찾을 때 우리는 성장하고 존경받습니다. 세계가 해결하지 못한 기아문제를 대한민국이 해결한다면 개발도상국으로부터 그들의 경제발전을 지원하는 진정한 파트너로 신용을 확보한다면 대한민국의 국격은 국제사회에 빛날 것입니다. 금년은 광복 70주년입니다. 앞으로는 한국이 6·25전쟁 폐허 속에서 최초로 국제사회 지원을 받았던 국가로 가장 단기간에 피원조국에서 원조국으로 발전한 경험을 활용해 국제사회에 보답하고 인류평화에 기여할 때입니다. 이것이야말로 청년세대가 만들어갈 한류 2.0이고 상생사회의 시작입니다.

이제 더 많은 대한민국의 청년들이 공단진출을 발판으로 국제사회에서 성장기회를 찾고 꿈을 펼치게 될 것입니다. 기술을 가진 아빠세대, 베이비부머의 은퇴는 더 이상 우리 사회의 부담이 아니라 청년세대에게 길을 열어주는 희망이 될 것입니다.

　여러분과 저희 세대가 함께 만들어갈, 미래 30년은 성장의 경쟁 시대 70년에서 상생의 성공 시대 30년이어야 합니다. 상생은 너와 내가 경쟁이 아니라 힘을 융합할 수 있는 솔루션을 찾을 때만 일어납니다. 국내에서 힘을 갖춘 70년에서 둥지를 떠나 세계로 비상하는 30년이 되어야 합니다. (2015년 8월 24일, CBS TV '세상을 바꾸는 시간, 15분')

KI신서 6343

저성장을 극복할 대한민국 뉴패러다임
어떻게 다시 성장할 것인가

1판 1쇄 인쇄 2016년 1월 20일
1판 1쇄 발행 2016년 1월 27일

지은이 박광기
펴낸이 김영곤 **펴낸곳** (주)북이십일 21세기북스
출판기획팀장 신주영 **출판기획팀** 남연정 권오권 **디자인** 이하나
출판사업본부장 안형태
출판영업마케팅 이경희 민안기 김홍선 정병철 이은혜 백세희
홍보 이혜연 **제작** 이영민

출판등록 2000년 5월 6일 제10-1965호
주소 (우 10881) 경기도 파주시 회동길 201(문발동)
대표전화 031-955-2100 **팩스** 031-955-2151
이메일 book21@book21.co.kr **홈페이지** www.book21.com
페이스북 facebook.com/21cbooks **블로그** b.book21.com

ISBN 978-89-509-6290-6 03320
책값은 뒤표지에 있습니다.